DRC

国务院发展研究中心 研究丛书2015

Development Research Center of the State Council

丛书主编 ▪ 李 伟

路在何方

促进民办教育健康发展研究

佘 宇 等著

PATH AHEAD

POLICY ANALYSIS FOR PROMOTING HEALTHY DEVELOPMENT OF PRIVATE EDUCATION

中国发展出版社
CHINA DEVELOPMENT PRESS

图书在版编目（CIP）数据

路在何方：促进民办教育健康发展研究/佘宇等著．—北京：中国发展出版社，2015.8

（国务院发展研究中心研究丛书．2015／李伟主编）

ISBN 978－7－5177－0370－9

Ⅰ．①路…　Ⅱ．①佘…　Ⅲ．①民办学校—教育研究—中国　Ⅳ．①G522.74

中国版本图书馆CIP数据核字（2015）第169115号

书　　　名：路在何方：促进民办教育健康发展研究
著作责任者：佘　宇　等
出 版 发 行：中国发展出版社
（北京市西城区百万庄大街16号8层　100037）
标 准 书 号：ISBN 978－7－5177－0370－9
经　销　者：各地新华书店
印　刷　者：北京科信印刷有限公司
开　　　本：710mm×1000mm　1/16
印　　　张：18.5
字　　　数：178千字
版　　　次：2015年8月第1版
印　　　次：2015年8月第1次印刷
定　　　价：48.00元
联 系 电 话：（010）68990642　68990692
购 书 热 线：（010）68990682　68990686
网 络 订 购：http：//zgfzcbs.tmall.com//
网 购 电 话：（010）68990639　88333349
本 社 网 址：http：//www.develpress.com.cn
电 子 邮 件：forkids@sina.cn

“促进民办教育健康发展研究”
课题组

课题顾问

韩　俊　中央财经领导小组办公室副主任　研究员

葛延风　国务院发展研究中心社会发展研究部部长　研究员

课题负责人

佘　宇　国务院发展研究中心社会发展研究部研究室副主任
　　　　副研究员

课题组成员

王　宾　中央财经领导小组办公室处长　副研究员

单大圣　国务院发展研究中心机关党委　副研究员

王莹莹　国务院发展研究中心宏观经济研究部　助理研究员

韩　巍　中国劳动保障科学研究院　助理研究员

王　颖　湖南省政府发展研究中心社会发展研究处　助理研究员

曹启挺　长沙民政职业技术学院社会工作学院　讲师

徐宗阳　北京大学社会学系　博士研究生

王斯敏　北京大学社会学系　硕士研究生

倪旭君　中央财经大学统计与数学学院　博士研究生

总　序

推进高端智库建设　引领中国经济新常态

国务院发展研究中心主任、研究员　李伟

去年，中央提出我国经济发展进入“新常态”的重要判断。认识新常态，适应新常态，引领新常态，成为当前和今后一个时期我国经济发展的大逻辑。

一年来，面对错综复杂的国际国内环境，在经济下行压力加大、经济发展结构性矛盾凸显的形势下，党中央、国务院带领全国各族人民和干部群众，全面贯彻党的十八大和十八届三中、四中全会以及中央经济工作会议精神，坚持稳中求进的工作总基调，加强和创新宏观调控，深入推进改革开放，力求实现稳增长、促改革、调结构、惠民生、防风险的综合平衡。同时，重点推进“一带一路”、京津冀协同发展、长江经济带重大发展战略，大力推进“中国制造2025”的工业强国战略和“互联网+”行动计划，鼓励和促进“大众创业、万众创新”。这些战略部署和政策措施取得了积极成效，在一定程度上对冲了经济下行压力。从今年上半年各项经济指标看，经济增长与预期目标相符，结构调整继续推进，农业形势持续向好，发展活力有所增强。同时，经济下行压力依然较大，一些企业经营困难，经济增长新动力不足和旧动力减弱的结构性矛盾依然突出，需要我们继续保持战略定力，持之以恒地推动经济结构战略性调整；

同时加强危机应对和风险管控，及时发现和果断处理可能发生的各类矛盾和风险。

一年多来，国务院发展研究中心对我国经济进入新常态问题进行了深入研究。我们认为，新常态是我国经济运行度过增速换挡期、转入中高速增长后的一种阶段性特征。我国经济发展进入新常态，符合后发追赶型国家经济发展的一般规律，是后发优势的内涵与强度、技术进步模式发生变化后的必然结果，其实质是追赶进程迈向更高水平的新阶段。

新常态下的经济发展，增长速度已经不是核心问题，关键是要提质增效。只有做好认识新常态、适应新常态、引领新常态的大文章，才能实现我国经济向形态更高级、分工更复杂、结构更合理的阶段转换。而实现这一阶段转换的重要标志，一是经济体制改革的阶段性任务基本完成，二是结构调整及发展方式转变取得实质性进展，三是新的经济增长动力基本形成。如果不能完成这样的转换，我们的“两个一百年”目标将很难实现，也难以跨越类似一些拉美国家曾经遭遇的“中等收入陷阱”。

新常态下，风险、挑战与机遇并存。一方面，我们要看到，过去30多年中国经济在快速增长的同时，也积累了不少风险。在经济快速增长时期这些风险往往被掩盖，一旦速度降低后可能会逐渐暴露出来。制造业严重的产能过剩问题，面临资产重组和结构调整，不可避免地会引发产业更替、企业劣汰、员工转岗。在地方政府性债务、影子银行、房地产、企业互联互保等方面都潜伏着不少风险，“高杠杆、泡沫化”，最终都会向财政金融领域聚积。同时，当经济达到中等收入水平之后，不仅经济问题会更加复杂，政治、社会问题也会更加突出。人们的温饱问题基本解决之后，就会对公平、正义提出更高的要求，相应的政治诉求也会不断提升，过去长期存在的贫富差距问题、腐败问题、环境问题、食品安全问题、社会信用缺失问题等，都有可能成为引发社会动荡的诱因。一旦社会稳定不能得到有效维持，追赶进程就会被迫放缓甚至中断。

在看到风险与挑战的同时，我们更应重视新常态下蕴藏着的新机遇。经济发展进入新常态，没有改变我国发展仍处于可以大有作为的重要战略机遇期的判断，改变的是重要战略机遇期的内涵和条件；没有改变我国经济发展总体向好的基本面，改变的是经济发展方式和经济结构。经济结构调整难免阵痛，但调整成功了就会提升资产质量，提升产业结构，并创造新的工作岗位和更大的价值。虽然一些传统产业需求饱和了，面临转产调整，但一些新兴技术、新的业态和新的需求正在涌现，供给创造需求的空间十分巨大。虽然国际市场对我国传统出口商品的需求增长放缓了，但我们利用装备能力、产业配套能力和资本输出等优势，在新一轮国际分工中，迎来向产业链中高端迈进的历史机遇。保护环境、治理污染表面看会增加成本，但提供需求快速增长的生态产品，走低碳、绿色发展道路，环保技术、新能源等领域则会带来新的增长动力。

总之，中国经济发展所处的新常态，既是由过去时发展而来的现在时，更是蕴含着巨大变革和创新活力，迈向历史发展新阶段的未来时。在这个演化过程中，认识新常态很重要，适应新常态也很重要，但更重要的是引领新常态，推动中国经济发展迈上新台阶。作为直接为党中央、国务院重大决策提供研究咨询服务的智库机构，国务院发展研究中心应该、也有信心能够对此发挥重要而独特的作用。

当前，国务院发展研究中心自身的建设与发展正在迎来一个新的历史机遇期。继2013年4月和2014年1月习近平总书记两次对国务院发展研究中心有关智库建设工作的报告作出重要批示之后，今年1月中办、国办公布的《关于加强中国特色新型智库建设的意见》将中心列为第一批国家高端智库建设试点单位，同时又列为负责联系协调智库的党政所属政策研究机构。我们深感使命光荣、责任重大、前景广阔。

在这样的背景下，“国务院发展研究中心研究丛书”连续第六年与读者见面了。今年的中心研究丛书包括19部著作，集中反映了过去一年多中心的优秀研究成果。其中，《信息化促进中国经济转型升级》全面、深入地研究了新一代信息技术正在对产业结构产生的深刻影响，分析了信息化推动中国经济转型升级的有利条件与挑战，并提出了实施信息化推动经济转型升级的“2+2”战略及政策建议，有助于人们理解和落实2015年政府工作报告提出的“互联网+”和“中国制造2025”战略；《国家（政府）资产负债表问题研究》《支撑未来中国经济增长的新战略性区域研究》等10部著作，是国务院发展研究中心各研究部（所）的重点研究课题报告；还有8部著作是优秀招标研究课题报告。

不久前，国务院发展研究中心刚刚度过了35岁生日，正从“而立”走向“不惑”。根据我们已经上报中央的国家高端智库建设试点方案，中心将实施“政策研究与决策支持创新工程”，推进研究提质、人才创优、国际拓展、保障升级四大计划。我们真诚地欢迎读者朋友们对这套丛书不吝批评、指正，提出宝贵的意见和建议；并热切地期待在今后的工作中继续得到社会各界的关心、支持与帮助，使我们在建设国际一流的中国特色新型智库、服务于改革开放和经济社会发展、推动国家治理现代化的道路上不断进步，为国家、为社会作出更大的贡献。

2015年8月1日

序言

Foreword

鼓励社会力量发展民办教育意义重大。加快发展民办教育，可以对政府主导的公办教育体系形成有益的补充，全面提升教育服务能力；通过发展民办教育，实现办学主体多元化和办学形式多样化，可以更好地满足广大人民群众多层次、多样化需求；通过社会力量广泛参与，有利于推进教育领域多方面的体制和机制创新。在欧美发达市场经济国家，民间和社会力量在教育事业发展方面一直扮演着非常重要的角色。改革开放以来，我国民间经济能力迅速提升，对支持教育发展的积极性日益高涨，加快推进社会力量办学已经具备了非常好的社会基础。

民间和社会力量参与教育事业发展，除以不同方式参与相关领域的公共决策、质量与目标监督以及捐资、捐赠外，主要是直接办学，方式有两种：一是出于社会公益目标，捐资、出资兴办各种类型不以营利为目的的学校；二是以获得经济收益为目标，投资举办相关教育培训机构，以企业方式运作。从欧美发达市场经济国家的经验看，两种形式都有，但以前者为主。比如在欧美的大学中，有很多私立大学，但大多数都属于不以营利为目的的非营利机构。私立中小学大都也是如此。营利性教育机构主要集中在针对个性化需求的培训领域。形成这种局面，影响因素很多，但主要是基于教育公益属性的公共政策选择结果。国际上，也有些国家，如南美诸国，私立民办学校以营利性为主，其结果是中低收入家庭的青少年被广泛排斥，导致严重的社会分化。近年来，相关国家政府也开始调整政策，在大力发展公立教育的同时，更多鼓励社会力量兴办非营利机构，以追求教育的公益性，突出公平目标，防范社会分化过度。

在欧美发达市场经济国家，对社会力量办学大都建立了比较严格的支持和约束政策体系，且对两类办学方式有着截然不同的规范方式。对于民间和社会力量出资兴办非营利学校，一方面是给予足够的政策支持，主要是对出资捐资者给予相应的应纳税款减免或抵扣，对非营利学校日常运行和资金往来减免税收，免费或低价供给土地，通过合同方式让有关机构参与公共服务等等。在强化支持的同时，也有非常严格的约束手段，主要是控制资产处置权和剩余分配权。非营利学校一旦建立，就要明确法人财产权，包括出资人在内的任何个人都不可随意处置和转移资产。同时，也不可随意对剩余进行分配。有关财务收支、人员薪酬等要全面公开，接受社会监督。营利性学校按照企业登记，产权私有、依法自主经营，照章纳税。

鉴于教育发展必须坚持的公益属性以及世界各国的经验、教训，未来民办教育的发展方向应该是非常明确的：鼓励民间资本以不同方式办学，重点是办公益性教育事业。在这方面，我国有优良传统，古有孔子、武训等伟大历史人物，近有陈嘉庚等一批仁人志士。

为更加有力地动员社会力量发展公益性教育事业，完善制度建设是关键。近些年来，国家陆续出台了一系列鼓励民办教育发展的政策，发挥了积极成效。但总体上看，有关政策的支持力度还不足，有些政策落实还不到位，影响了民间资本办教育的积极性。与此同时，规范性政策建设也相对滞后，致使部分领域民办教育发展不规范，过分追求经济利益。因此，明确区分营利性和非营利性办学方式，采取不同的支持和管理方式，尤其是对社会力量举办非营利学校强化支持、合理规范，是促进民办教育健康发展的前提。

2010 年颁布的《国家中长期教育改革和发展规划纲要（2010－2020 年）》和党的十八届三中全会通过的《中共中央关于全面深化改革若干重大问题的决定》对鼓励社会力量兴办教育都提出了明确的方向、思路。但必须清楚认识到，具体改革任务的实现以及目标的达成还需要更为细致的制度建设与政策安排，未来改革和发展的任务仍然艰巨。由于时间和能力所限，“促进民办教育健康发展研究”课题组在此呈现的仍然是阶段性研究成果，相关结论和观点仅代表课题组一家之言，欢迎大家批评指正。我们相信，通过社会各界的共同努力，我国民办教育事业一定能够实现健康可持续发展。

葛延风

2015 年 4 月

前言 Preface

民办教育是我国教育事业的重要组成部分。改革开放以来，民办教育从无到有，从小到大，获得了显著的发展，在弥补国家教育经费不足、提高教育的资源供给能力，以及提供多样化的教育服务、推动教育改革等方面，发挥了重要作用。党的十七大以来，我国教育事业进入促进公平、提高质量、内涵式发展的新时期，民办教育在继续发展壮大的同时，在提高质量、办出特色方面取得了显著进展。可以说，随着一系列重要政策文件特别是《民办教育促进法》《民办教育促进法实施条例》《国家中长期教育改革和发展规划纲要（2010－2020年)》（以下简称《教育规划纲要》）的颁布实施，大力扶持、依法管理民办教育的力度显著加大，公办教育与民办教育共同发展的格局正在逐步形成。

《2012年全国教育事业发展统计公报》显示，全国共有各级各类民办学校（教育机构）13.99万所，各级各类民办学校在校生3911.02万人。其中，民办幼儿园12.46万所，占总数的68.75%；在园儿童1852.74万人，占总数的50.27%。民办普通小学5123所，占总数的

2.24%；在校生597.85万人，占总数的6.17%。民办普通初中4333所，占总数的8.15%；在校生451.41万人，占总数的9.48%。民办中等职业学校2649所，占总数的27.14%；在校生240.88万人，占总数的14.25%。民办普通高中2371所，占总数的17.55%；在校生234.96万人，占总数的9.52%。民办普通高校707所，占总数的28.87%；在校生533.18万人，占总数的22.30%。民办学前教育、高等教育和培训事业发展迅速，民办中小学教育发展平稳，顺应了国家教育发展需要和人民群众日益多样化的教育需求。

正如《教育规划纲要》指出的那样，“民办教育是教育事业发展的重要增长点和促进教育改革的重要力量”。我国民办教育的蓬勃发展，既扩大了教育资源总量，增加了教育的选择机会，也促进了教育投入体制改革，办学管理体制的创新，增强了教育改革发展的活力。在提高教育服务水平、满足人民群众多样化教育需求方面发挥了积极作用，为实现教育事业的整体跨越、经济社会发展进步作出了重要的贡献。

但是，和其他领域的改革一样，当前我国民办教育发展也步入了攻坚期和深水区。虽然过去一段时间教育行政部门和一些地方政府，在发展民办教育上作了许多有益探索，也推出不少得力举措，但就全局和总体而言，一些长期制约民办教育发展的制度桎梏和政策壁垒还没有从根本上消除。在“要不要发展民办教育”和“怎样发展民办教育”两大核心问题上，相关政府部门仍然没有形成共识和采取统一行动。由于受到各种主客观因素的制约和干扰，当前在民办教育体制改革和机制创新问题上，一些部门仍不同程度存在不敢、不愿、不让、不会改革创新的状况。这种局面导致社会力量兴办教育的动力不足、热情消退，严重制约我国民办教育的健康可持续发展。

本研究试图回答当前困扰民办教育健康发展的几个关键性问题。

一是，如何确定发展民办教育的政策目标？鼓励发展民办教育，是为了弥补公共教育经费投入不足甚至推卸政府责任，是为了民间资本（社会资金）寻找出路，还是囿于办学的所有制形式、争取和维护民办教育办学群体自身利益、为了促进而促进？

二是，如何确定民办教育机构的法人属性？“不得以营利为目的”与“合理回报”的折中处理，造成了哪些问题？如何解决“合理回报”无从衡量，执行成本高以至于无法执行的问题，如何解决部分民办教育机构既享受与公办同等税收优惠政策、又如企业般营利以获取利润的问题，如何引导社会捐赠及公共经费投入、清除民办教育机构向非营利方向发展的障碍？

三是，如何确定政府对民办教育机构的扶持原则及方式？政府是“补供方”还是“补需方”，公共财政的投入范围和重点在哪里，哪些领域应当更强调政府责任，资助的原则、方式如何放在整体教育政策目标中统筹考虑？如果补贴政策不当，很有可能会影响甚至损害实现一个国家的总体教育目标，损害教育公平的实现。

四是，如何处理好民办教育发展与规范的问题？没有规范，发展就不可能持久；没有发展，规范也就失去存在的意义。从战略上讲，发展是第一位的；但在战术上，规范又是第一位的。如何把握好发展与规范的度，力求在加强规范的同时，赋予民办学校充分的自主权，而不是把它的手脚捆死；又该如何去理解规范针对的不只是民办学校，还有政府行为？

本研究具有一定的理论意义和实践意义。党的十八届三中全会决定在“深化教育领域综合改革”中明确提出，“健全政府补贴、政府购买服务、助学贷款、基金奖励、捐资激励等制度，鼓励社会力量兴办教育”。对我国民办教育发展中涉及的若干关键性问题的回答，将有助于更好落实三中全会及《教育规划纲要》提出的改革任务。而且，对于民办教育健康发展的研究，将在理论上进一步明晰民办学校的属性、与政府和市场的关系等，这都将有助于丰富关于民办教育研究的理论。同时，民办教育也是我国民办非企业单位最重要的服务领域之一。民办非企业单位，是以提供公共服务为主的非营利性社会组织，是社会事业建设的重要参与主体。从2012年我国民办非企业单位的分布来看，教育类共有117015个，占比高达52%，明显高于其他行业的数量。而且，民办教育的发展历程，在一定程度上也体现了民办非企业单位的发展历程，民办教育发展中面临的诸多问题也具有一定的代表性。因此，对民办教育发展中涉及的若干关键性问题的回答，也将有助于促进其他民办非企业单位健康发展。

本研究的特点和创新之处在于：

首先，注重宏观视角。从整个教育的大背景和整个社会环境的角度入手，客观评判当前民办教育的生存、发展环境，找出各种问题的教育、社会等根源，以做出符合实际的政策选择。

其次，以问题为导向。抓住民办教育发展中的关键性问题，进行深入探讨。既有现状的概述与分析，更尝试着对问题背后的规律和理论进行探索。

再次，开展比较研究。充分吸收和借鉴国外民办教育（私立教育）发展的实践和经验，归纳出反映民办教育发展的一般规律。

复次，进行利益相关者分析。拟选取教育管理部门、不同类型民办学校负责人、家长、学生等主要利益相关者，通过深入访谈了解其对各项民办教育政策的看法与评价，以此作为研究判断的重要依据。

最后，健全和完善民办教育基本制度。鉴于2002年颁布的《民办教育促进法》仍有很多关键的政策问题含糊不清。其中有几个基本政策非常不明确，在实践中给民办学校的发展造成很大的被动。例如，民办学校的属性；“合理回报”如何明确，以及与之相关的税收优惠政策有哪些；民办学校教师是国家的教师，还是与公办学校不同的教师；等等。政策的混乱状况亟待清理。

因此，本研究将进一步澄清围绕民办教育发展的错误观念，对若干关键政策问题予以明确，进而提出促进民办教育健康发展的基本原则和若干关键措施。

作　者

2015年5月

目录

Contents

第四部分　背景报告

第十一章
典型国家私立教育发展概述

第十二章
美国特许学校发展情况及启示

内容摘要 Abstract

民办教育是我国教育事业的重要组成部分。改革开放以来，民办教育从无到有，从小到大，获得了显著的发展，在弥补国家教育经费不足、提高教育的资源供给能力，以及提供多样化的教育服务、推动教育改革等方面，发挥了重要作用。和其他领域的改革一样，当前我国民办教育发展也步入了攻坚期和深水区。虽然过去一段时间教育行政部门和一些地方政府，在发展民办教育上作了许多有益探索，也推出不少得力举措，但就全局和总体而言，一些长期制约民办教育发展的制度桎梏和政策壁垒还没有从根本上消除。对此，本研究提出以下思路和建议。

其一，进一步明确民办教育目标定位和活动范围。在义务教育阶段，必须坚持政府办学为主体；在非义务教育阶段，引导民办学校提供多层次、多样化的教育服务，增强教育选择性。由于我国现有的小学及以上公办教育资源较为充足，基本能够满足城乡居民子女教育需求，这些学段也不宜盲目发展民办教育，特别是那些缺乏特色、与公办学校雷同的民办学校。鉴于教育事业发展必须坚持的公益属性以及世界各国的经验、教训，民办教育的发展方向应该明确为鼓励和引导社会力量重点兴办公益性教育事业。考虑到不同学段的特殊性，高中及以上将是未来民办教育发展的重点领域。

其二，区分营利性和非营利性，加快建立民办学校分类管理制度。根据国际惯例和我国国情，建议按照学校法人财产独立完整、举办者投入属于捐赠、办学盈余不用于分配、剩余资产用于社会公益事业四个特征来认定非营利性民办学校，按照投资办学并获取利润回报认定营利性民办学校。除了明确分类标准外，还需要建立和完善包括办学许可和注册登记制度、产权、资产管理和财务会计制度、法人治理和内部管理制度、教师人事制度等在内的相关配套政策。针对不同类型的民办学校，公共财政的投入范围和重点，以及具体的管理办法、措施和扶持政策等也需要加以明确。这也是一些教育发达国家比较成熟的经验，是国际上管理民办教育的通行做法。

其三，理顺政府与民办学校关系，引导和规范民办教育发展。从激励角度来看，要进一步改善民办教育发展环境。既要尽快清理并纠正现有的各类歧视性政策，也要尽快制定与完善相关扶持、优惠政策。从约束角度来看，要进一步规范民办教育发展。既要对民办学校的办学行为、教师的准入、教育教学质量水平、教育服务标准等加强行业监管，也要对财务会计、登记管理等方面加强一般性监管。

总之，鼓励和引导民办教育发展，需要进一步加强顶层设计，推动相关法律法规的顺利修改，从宏观框架下彻底理顺民办学校的法人属性，明确其市场定位以及各级政府的职责，制定长远发展规划，在发展和规范中找到政策平衡点，推动民办教育健康发展。此外，中央政府在加强顶层设计时，也需要积极吸收地方有益的探索，通过系统评估，对已取得的可复制、可推广的经验进行总结、提炼、推广。同时，对基层探索保留一定宽容度以及试错空间。只有顶层设计与基层探索形成自上而下与自下而上的发展合力，才能共同促进民办教育健康发展。

总报告

促进民办教育健康发展的思路与建议

民办教育是我国教育事业的重要组成部分。改革开放以来，民办教育从无到有，从小到大，获得了显著的发展，在弥补国家教育经费不足、提高教育的资源供给能力，以及提供多样化的教育服务、推动教育改革等方面，发挥了重要作用。随着经济社会发展和国情深刻变化，我国教育事业发展呈现出新的阶段性特征，亟须继续加快发展民办教育，发挥其重要作用。和其他领域的改革一样，当前我国民办教育发展也步入了攻坚期和深水区。虽然过去一段时间教育行政部门和一些地方政府，在发展民办教育上作了许多有益探索，也推出不少得力举措，但就全局和总体而言，一些长期制约民办教育发展的制度桎梏和政策壁垒还没有从根本上消除。本报告认为，应进一步明确民办教育目标定位和活动范围；理顺政府与民办学校关系，引导和规范民办教育发展；区分营利性和非营利性，加快建立民办学校分类管理制度；夯实民办学校内涵式发展，提高民办教育质量水平。

改革开放以来，我国民办教育事业快速发展，成为教育事业的重要组成部分。但是，受各种因素的制约，民办教育发展过程中还存在不少困难和问题，发展还不够科学。因此，进一步完善制度机制，促进民办教育健康发展，重要而紧迫。而且，加强民办教育健康发展的研究，也将有助于在理论上进一步明晰民办学校的属性、与政府和市场的关系等，进一步澄清围绕民办教育发展的错误观念，并对若干关键政策问题予以明确，从而健全和完善民办教育基本制度。

一、我国民办教育发展进入新阶段

民办教育是我国教育事业的重要组成部分。改革开放以来，民办教育从无到有，从小到大，获得了显著的发展，在弥补国家教育经费不足，提高教育的资源供给能力，以及提供多样化的教育服务，推动教育改革等方面，发挥了重要作用。党的十七大以来，我国教育进入促进公平、提高质量、内涵式发展的新时期，民办教育在继续发展壮大的同时，在提高质量、办出特色方面取得了显著进展。可以说，随着一系列重要政策文件特别是《民办教育促进法》《民办教育促进法实施条例》《国家中长期教育改革和发展规划纲要（2010－2020年）》的颁布实施，大力扶持、依法管理民办教育的力度显著加大，公办教育与民办教育共同发展的格局正在逐步形成。

《2012年全国教育事业发展统计公报》显示，全国共有各级各类民办学校（教育机构）13.99万所，各级各类民办学校在校生3911.02万人。其中，民办幼儿园12.46万所，占总数的68.75%；在园儿童1852.74万人，占总数的50.27%。民办普通小学5123所，占总数的2.24%；在校生597.85万人，占总数的6.17%。民办普通初中4333所，占总数的8.15%；在校生451.41万人，占总数的9.48%。民办中等职业学校2649所，占总数的27.14%；在校生240.88万人，占总数的 14.25%。民办普通高中 2371 所，占总数的 17.55%；在校生 234.96 万人，占总数的 9.52%。民办普通高校 707 所，占总数的 28.87%；在校生 533.18 万人，占总数的 22.30%。见图 1、图 2。民办学前教育、高等教育和培训事业发展迅速，民办中小学教

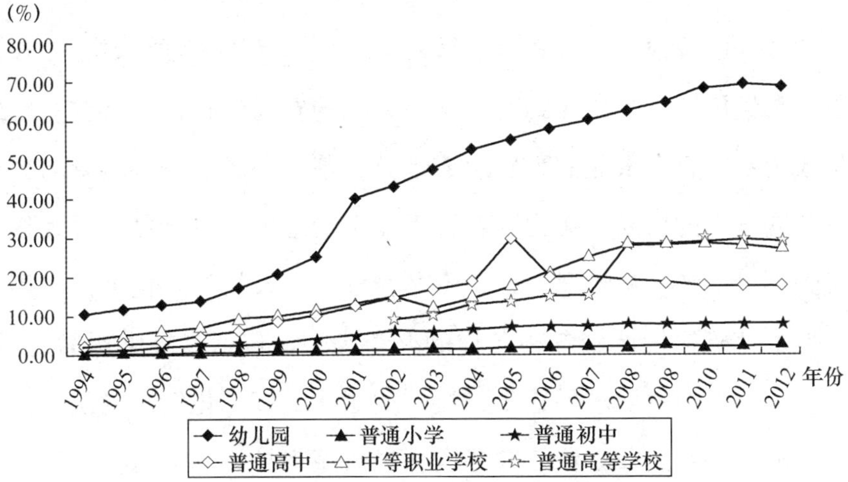

图 1　1994～2012 年各类民办学校占比

数据来源：历年《中国教育统计年鉴》。

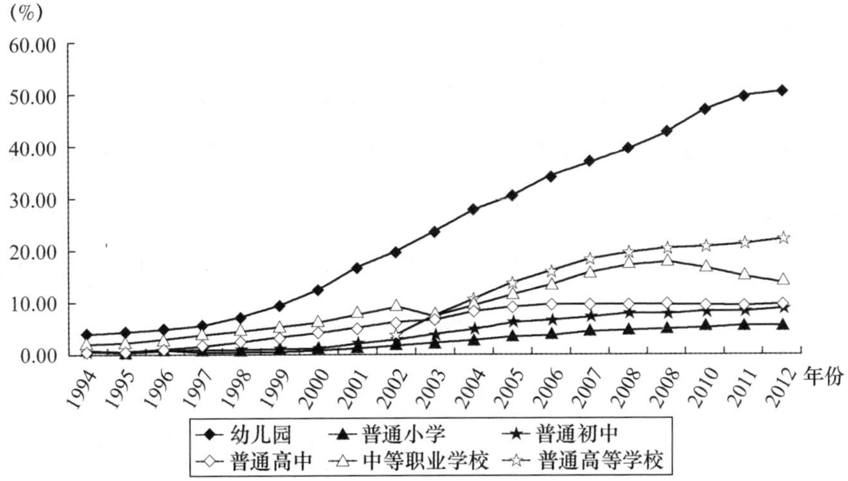

图 2　1994～2012 年各类民办学校在校生占比

数据来源：历年《中国教育统计年鉴》。

育发展平稳，顺应了国家教育发展需要和人民群众日益多样化的教育需求。

我国民办教育发展的成就主要体现在以下几个方面。

1. 民办教育快速发展，事业规模和所占比例都有较大提升

改革开放以后的短短几十年时间，我国民办教育从几乎没有到发展到如此大的规模，本身就是一种发展成就。无论是学校数还是在校生数，都经历了一个从无到有、从小到大的发展过程，民办教育已经逐步成为我国教育事业的重要组成部分，基本形成了民办教育与公办教育共同发展的格局；在我国教育事业中的地位，也从可有可无逐步过渡到不可或缺。从类型上看，民办教育也由最初的文化补习班等非学历性教育机构发展到各种各样的办学类型，包括高等学历教育等；从最初低层次的发展水平逐步过渡到高层次、多元化发展的阶段。从地域类型来看，民办教育的发展也从少数城市扩展到全国，呈现出欣欣向荣的态势。

2. 民办教育的发展缓解了公办教育供给不足的状况，帮助实现了部分适龄人口的受教育权利

我国民办教育发展的最初动力，正是由于公共教育经费投入不足造成的供给不足。长期以来，除了北京、上海等极少数大城市，我国大部分地区的公办中小学教育机会供给都是绝对不足的。其中，中西部地区小学、初中、高中供给都不足，东部地区主要是高中阶段教育机会不足。民办教育的发展迅速缓解了公办教育供给不足的状况，为没有机会上学的适龄人口提供了宝贵的就学机会，保障了受教育的权利，特别是为我国农村地区实现“普九”作出了历史性贡献。而且，民办教育的发展还在一定程度上解决了进城务工人员随迁子女的教育问题。

3. 民办教育作为一种选择性教育，满足了人民群众日益增长的差异化教育需求

改革开放以来，我国经济高速发展，收入差距持续扩大，社会阶层迅速分化，从一个同质性较强的社会转变成一个富于多样性的社会。人们的教育需求也日益多样化，不再满足于公办教育相对单一的教育内容和教育方式。于是，针对各类差异需求的民办学校应运而生，成为一种全国性的普遍现象。民办学校的发展，满足了社会不同人群对于多样化教育的选择需求，不仅为择校提供了更多可能，也为择校创造了一个较为公平的市场环境。可以说，民办教育在不同程度上优化了教育资源配置，提高了教育教学质量，发挥了自身的特色。

4. 民办教育推动了教育管理体制改革和促进了政府职能转变

民办教育在改革开放后应运而生，其在早期的一些“非制度化”做法，也加快了政府对教育的职能转变，逐渐从干预管理到出台相关政策，依靠法律法规来规划和引导。民办学校的出现和成长也给现有的公办学校带来了竞争压力，有些地区民办学校的发展已经明显影响了公办学校生源和师资的稳定。面对民办学校带来的竞争压力，公办学校不得不加强和改进学校的教学、管理，以稳定生源和师资。另一方面，民办教育在特色办学、人才流动等方面的成功经验也为公办学校正在进行的一系列改革起到了示范作用。因此，民办教育在推动公办学校改革以及整个教育体制改革方面能够发挥积极的作用。

总之，我国民办教育的蓬勃发展，既扩大了教育资源总量，增加了教育的选择机会，也促进了教育投入体制改革，办学管理体制的创新，增强了教育改革发展的活力。在提高教育服务水平、满足人民群众多样化教育需求方面发挥了积极作用，为实现教育事业的整体跨越、经济社会发展进步作出了重要的贡献。

二、当前我国民办教育发展面临的突出问题

随着经济社会发展和国情深刻变化，我国教育事业发展呈现出新的阶段性特征，亟须继续加快发展民办教育，发挥其重要作用。主要体现在以下五方面。

第一，教育保障能力显著增强，财政对教育的投入不断加大，“有学上”的问题已基本解决，正在向“上好学”的方向发展；而且，随着家庭经济条件的不断改善和提高，城乡居民多层次、多样化的教育需求也不断增加。所有这些，亟须创新教育服务提供方式。

第二，与其他公共部门普遍存在的问题一样，公办教育活力不足，办学形式单一，机制僵化，亟须引入社会力量激发活力。

第三，社会发育不断成熟，公民参与社会公益的积极性不断加强。其中，一部分是从事非营利事业，有捐资办学的热情；而另一部分则是有投资办学的热情。亟须分类加以引导与规范。

第四，随着我国经济发展“新常态”，这对高素质人力资源供给提出了更高要求，也更强调教育教学与产业发展紧密结合；而民办教育尤其是民办职业教育在这方面更加具有优势。

第五，某些学段（如学前教育、普通高等学校教育）为了促进教育公平，仍然需要通过大力发展民办学校（幼儿园）来增加教育资源供给。

但是，我国民办教育发展仍面临很多突出问题，还不能很好地适应教育事业发展新的阶段性特征的要求。总体来看，民办教育经过几十年的发展，虽然已经具有一定规模，但发展仍然不充分、不规范、不平衡，这在本质上就是发展还不够科学的表现。“不充分”是指，

与 OECD 国家的私立教育相比，我国民办教育的规模不大，层次还较低，质量还不高，影响也比较小（陶西平、王佐书，2010）。“不规范”是指，关于民办教育健康发展的政策制定比较滞后，相关的法规体系尚不完备。“不平衡”是指，民办教育在地区间、学校间的差异很大。比如，东部地区（温州、上海等地）的民办教育发展较好，而中西部地区的民办教育则发展较为滞后；同一个地区，有的学校发展良好，有的学校问题重重。

而且，和其他领域的改革一样，当前我国民办教育发展也步入了攻坚期和深水区。虽然过去一段时间教育行政部门和一些地方政府在发展民办教育上作了许多有益探索，也推出不少得力举措，但就全局和总体而言，一些长期制约民办教育发展的制度桎梏和政策壁垒还没有从根本上消除。在“要不要发展民办教育”和“怎样发展民办教育”两大核心问题上，相关政府部门仍然没有形成共识和采取统一行动。由于受到各种主客观因素的制约和干扰，当前在民办教育体制改革和机制创新问题上，一些部门仍不同程度存在不敢、不愿、不让、不会改革创新的状况。这种局面导致社会力量兴办教育的动力不足、热情消退，严重制约我国民办教育的健康可持续发展。

当前，我国民办教育发展亟待解决十大问题①，即法人属性问题、产权属性问题、学校权利问题、教师权益问题、会计制度问题、营利与非营利问题、合理回报问题、优惠政策问题、市场监管问题、政府服务问题。如果将这些问题进行归类，大致可以分为以下四类：第一类是民办学校的属性问题，包括“营利与非营利问题”与“法人属性问题”；第二类是民办学校的产权、资产和会计制度问题，包括“产

① 鲁昕：《落实〈规划纲要〉促进民办教育发展——在 2010 年中国民办教育发展大会暨中国民办教育协会年会上的讲话》，郑州：中国民办教育协会，2010 年。

权属性问题”、“合理回报问题”和“会计制度问题”；第三类是民办教育发展中的政府职责问题，包括“优惠政策问题”、“市场监管问题”和“政府服务问题”；第四类是民办学校的治理问题，包括“学校权力问题”和“教师权益问题”。而且，无论是十大问题还是四类问题，都是环环相扣、紧密相连的，并非彼此孤立存在。

三、各地促进民办教育健康发展的改革实践

针对当前我国民办教育发展面临的突出问题，部分地区在体制机制方面进行了一些改革探索并取得了初步成效。从调研情况来看，各地促进民办教育健康发展的改革实践主要体现在以下几个方面。

（一）出台民办学校的分类登记管理办法

作为国家民办教育综合改革试点的温州市，在 2011 年“1 + 9”政策基础上，2013 年又出台了“1 + 14”民办教育综合改革系列文件①。其中，最具开创性的措施，就是关于民办学校的分类登记管理办法。温州市认为，法人属性混乱是民办教育发展的源头性问题，“民办非企业法人”的属性不清晰，使得民办学校不能享受政府政策

① “1 + 14”系列文件包括《中共温州市委、温州市人民政府关于实施国家民办教育综合改革试点，加快教育改革与发展的若干意见》，以及《关于民办学校分类登记管理的实施办法（试行）》《关于进一步加强民办学校教师队伍建设的实施办法（试行）》《关于完善民办教育社会保险制度的实施办法（试行）》《关于公共财政补助民办教育的实施办法（试行）》《关于非营利性民办学校财务管理的实施办法（试行）》《关于明确非营利性民办学校法人财产权的实施办法（试行）》《关于落实民办学校优惠政策的实施办法（试行）》《关于加强民办学校现代学校制度建设的实施办法（试行）》《关于民办学校办学水平评估的实施办法（试行）》《非营利性民办学校会计核算办法（试行）》《关于县（市）民办学校教师在市本级临时性参加社会保险的暂行规定》《关于落实民办学校金融支持和优惠政策的实施办法（试行）》《关于落实民办非企业法人学校改制为企业法人学校的办法（试行）》《关于进一步加强民办学校党建工作的若干意见》14 个附件。

优惠，还要按照企业标准缴纳税费。因此，温州市从民办学校的营利和非营利性质出发，确定了两类法人登记管理机制。非营利的民办学校在各民政部门登记，成为“民办事业单位法人”，依法获得合理回报；营利性的民办学校在工商部门登记，成为“企业法人”，按照市场机制依法获得利润。在分类管理的基础上，对民办事业单位法人和企业法人，分别制定并执行详细的政策配套体系，如招生收费、税收优惠、土地政策、产权管理等等。

虽然有了民办学校的营利和非营利分类，但舆论和政策上依然倡导捐资型或出资保值型的公益慈善办学模式。其中，捐资型学校举办者对学校发展有决策权，但放弃对投入资产及办学积累的所有权，放弃办学结余的合理回报。而出资保值型民办学校的举办者除了对学校发展的决策权，还对投入资产拥有所有权，并按 5 年期银行贷款基准利率获取利息实现保值，但也要放弃办学结余的合理回报。

区分管理营利性和非营利性两类组织属性不同的民办学校，是关系到民办教育健康发展的基础性制度。但是我国《民办教育促进法》和相关法规并未明确规定民办学校的分类，绝大多数民办学校被登记为民办非企业单位法人，难以跨越文件对非营利组织的认定，有关政策无法落实。温州将民办学校明确划分为营利性与非营利性两类，分别按照企业法人和民办事业单位法人进行登记管理，在民办学校法人分类上取得了重要突破，建立“民办事业单位”法人类型是一次重大创新。

在借鉴温州改革经验以及结合本地民办教育发展现状的基础上，衡阳市于2014 年出台专门文件，明确全日制民办学校为“民办事业单位”，由县级以上编制部门所属的事业单位登记管理机关进行登记，实行单独管理，享受事业法人待遇。而且，全日制义务教育民办学校按照公办学校同等政策标准享受生均公用经费补助待遇。学校建设享受行政划拨用地优惠政策，享有与公办学校同等的建设规费减免政策。2013年，全市民办学校建设各类规费减免8亿元。落实全日制义务教育阶段民办学校享受公共财政补助待遇，自2014年起，市本级财政将在已安排200万元民办教育发展专项资金的基础上，连续3年每年递增100万元，各县市区财政也均安排10万~30万元的民办教育发展专项资金，用于资助民办学校发展。此外，经编制部门和教育行政部门共同审定的民办学校编制内教师，要按现行社会保险相关政策参加养老、医疗、失业、工伤、生育等社会保险。

（二）确立民办学校合理回报的具体政策

产权不清晰，合理回报性质不明确，是影响民办学校稳定健康发展的重要障碍。为吸纳社会资金投入教育，《民办教育促进法》第51条规定“出资人可以从办学结余中取得合理回报”。但国务院尚未出台具体的操作办法，出资者也担心取得合理回报后失去相关政策优惠。因此，现实中，民办学校的合理回报往往是通过学校财务会计“技术化处理”得来。

针对法律规定和具体操作的脱节问题，温州市在改革中对民办学校的合理回报进行了清晰的规定。首先，明确各类民办学校在财产的归属、使用、收益、处分等方面的权利、义务和责任，提出“出资财产属于民办学校出资人所有，出资人产（股）权份额可以转让、继承、赠与，但学校存续期间不得抽回资金”。其次，对登记为民办事业单位法人和企业法人的民办学校实行不同的会计制度，加强学校财务规范化建设。最后，确立合理回报的具体政策。登记为企业法人的民办学校，按市场和企业机制获取利润；登记为民办事业单位法人的民办学校，则规定为："在扣除办学成本，预留发展基金以及提取其他有关费用后，在办学有结余的前提下，经学校决策机构研究决定，并报教育行政部门批准，可从办学结余中提取一定比例的经费，用于奖励出资人。年奖励金额按不超过出资人累积出资额为基数的银行一年期贷款基准利率的2倍计算。"

（三）加大政府对民办学校的扶持力度

民办学校的生存和发展与政府的政策息息相关，政策的出台可以催生民办学校，政策的调整也可能使民办学校生存困难甚至倒闭。从调研的情况来看，为给民办教育发展营造良好的外部环境，各地在投融资、财税、土地等多方面出台优惠政策，不断加大政府对民办学校的扶持力度。

1. 投融资方面

温州市在改革中明确规定民办学校的收费权、办学权、知识产权、著作权、商标权都可以用于质押，非营利性民办学校的非教学设施可用作抵押，营利性民办学校的设施可作抵押，突破了相关法律规定。温州市创新民办教育投资融资的形式，完善投融资平台，成立教育发展投资集团有限公司，将学校事业性资产转化为经营性资产。对两类民办学校给予相应的信贷支持，建立贴息贷款机制。此外，还探索教育的信托投资，组建国资引导、民资参与的教育担保公司，为民办学校提供短期资金周转、贷款担保等服务；支持民办学校依照国家规定利用捐赠资金和办学结余设立教育基金，通过专业基金运营机构运作，实现保值增值；鼓励营利性民办学校探索创建教育私募股权投资基金，发展教育产业。

成都市规定，民间资金可独立投资办学，可在产权明晰的前提下以合资、合作、参股的方式投入办学，也可以参与非义务教育阶段公办学校的改制、收购、兼并。民办学校的举办者可用资金、实物、土地使用权、知识产权及其他财产作为办学出资。

2. 财税方面

温州市加大了对民办教育的公共财政投入。从 2011 年起，每年拨款 3000 万元作为民办教育专项奖补资金。通过购买服务的方式，对登记为民办事业单位法人的民办学校，根据在校生人数，按当地上年度生均教育事业费（包括预算内外）的一定标准进行补助。民办事业单位法人和公办学校同等税收，民办教育企业法人提供学历教育劳务所得的收入，5 年内免征营业税，企业所得税由税务部门先征缴后再返还地方所得部分。此外，非营利的民办事业单位法人可以自主定价，按照不高于当地上年度生均教育事业费 3 倍的标准确定（特别优秀的可放宽到 5 倍）；营利性企业法人的民办学校收费项目及标准由学校自主确定。

成都市通过设立民办教育发展专项资金，加大公共财政对民办教育的扶持力度。2013 年，在总额为 500 万元的民办教育专项资金中，安排了 314.4 万元用于民办民工子女学校教室光环境改造；2014 年，在总额 1000 万元民办教育专项资金中，又安排了 422.4 万元用于民办民工子女学校建设校园安防监控系统。同时，根据需要积极购买民办学校教育服务，并划拨相应经费。2013 年，各区（市）县向民办学校购买义务教育阶段学位达 2.4 万个。此外，还规定民办学校学生同等享受公共财政对家庭经济困难学生及中等职业学校学生的资助和优惠政策。对接收本地户籍义务教育阶段学生（含符合条件的进城务工农村劳动者子女）的民办学校，由属地教育行政部门按照在校生人数给予补贴，补贴金额逐步达到公办学校生均公用经费标准。

3. 土地政策方面

对于民办事业单位法人的民办学校，温州市以行政划拨方式提供土地的使用权，民办学校享受和公办学校相同的费用减免。企业法人的民办学校，基本上以有偿出让的方式提供土地。政府也鼓励民办学校，依法通过土地置换、新建、迁建、扩建学校，提升硬件建设。

成都市规定，设立民办学校应与当地经济社会发展、教育发展需求和学校布局规划相适应。对民办学校新建、扩建所需用地，按照公益性用地采取行政划拨或协议出让等方式提供。教育用地不得改作其他用途。对民办学校建设项目报建费的收取，按照与公办学校同等的优惠政策执行；涉及的其他经营服务性收费按国家和省、市规定的收费标准的下限收取。

（四）探索解决民办学校教师的权益问题

按照现行规定，政府对企业编制的民办学校教师和事业编制的公办学校教师在教师身份、编制和人事管理、社会保险等方面实行不同的管理制度，客观上形成了民办学校教师和公办学校教师身份差异和待遇差距，统一的教师人力资源市场没有形成，教师在公办、民办学校之间的流动面临着政策障碍。从调研的情况来看，在鼓励和帮助民办学校加强教师队伍建设，保障民办学校教师权益方面，各地的做法主要如下。

1. 温州市

（1）各县（市、区）参照公办学校教师绩效工资标准，制定并落实了民办学校教师工资指导线。

（2）建立政府支持的民办学校教师社会保障新制度。所有符合要求的民办学校教师，均按公办学校教师标准参加事业单位社会保险，享受与公办学校教师同等的退休金、住房公积金、困难救助等待遇，各项社会保险费的单位应缴部分，由民办学校承担，当地财政通过购买服务的方式对非营利性民办学校提供资金支持。

（3）落实民办学校教师平等待遇。民办学校教师在表彰奖励、职称评聘、评优评先、人才政策、困难救助等方面，与公办学校教师享有同等待遇。

（4）加强专业培训，把民办学校校长、教师的业务培训纳入统一规划和管理，在培训经费、参加人次等方面给予相同保障；委派公办学校教师到民办学校支教，全市共派遣664位公办学校骨干教师到首批推进学校支教。

（5）建立公办民办学校教师流动机制。计划通过3年努力，使公办、民办学校教师在实施健全的资格管理制度、社会保障制度基础上实现由身份管理向岗位管理转变的自由流通。

2. 衡阳市

2012年，市政府出台的《关于促进民办教育发展的意见》提出："鼓励教师在公办学校与民办学校之间合理流动，凡具备教师资格、与民办学校签有三年以上合同的教师，可办理户口迁移手续。"从调研的情况来看，这一尝试虽然得到了民办学校负责人、教师的支持和肯定，但在实际操作中，仍遭遇种种问题。例如，"教师可在公民办校之间合理流动，公办校教师到民办校任教，可按停薪留职对待"，仅仅只能暂时性缓解教师在公办、民办学校的流动问题，并未根本解决问题。而且，20世纪90年代起停薪留职入职民办学校的教师，被原学校要求回流的情况也在大量发生，局面已经更加复杂。同样，关于民办学校事业编制审定，民办学校教师医保、社保的转移合并等问题，也在省一级层面遭遇阻碍，难以顺利实施。

3. 成都市

主要从五方面鼓励和帮助民办学校加强教师队伍建设：

（1）积极为民办学校推荐和选派管理能力强、经验丰富的校长；

（2）从公办学校选派部分优秀教师到民办学校支教；

（3）支持民办学校用部分事业编制面向社会公开招聘优秀师资；

（4）在教师进修培训、评优选先等方面充分保障民办学校教师的同等待遇；

（5）做好民办学校教师人事代理服务，解决其职称评定、教龄计算、户口迁移等后顾之忧。

此外，各区（市）县还通过公办、民办学校结对帮扶、公办学校派出优秀管理团队、公办学校骨干教师到民办学校支管支教、民办学校教师到公办学校顶岗实践或跟岗研修等途径和方式，加强引领和帮扶，提升民办学校办学能力，保障民办学校办学质量和品质。

四、我国民办教育发展正在面临人口形势变化带来的严峻挑战

改革开放以来，我国人口形势已经发生巨大变化，总和生育率[①]迅速降低，并长期维持在低生育率水平。经济社会发展带来的婚育观念和模式改变成为生育率下降的主导因素。我国已经成为一个低生育水平国家。20 世纪 70 年代之前，我国的人口增长率基本上都在 2% 以上，而 70 年代到 90 年代中期，则基本维持在1% ~2% 之间，2012 年

① 总和生育率（total fertility rate，TFR），也称总生育率，计算方法是某一时间点各年龄别妇女生育率的总和，是反映某一时点生育率水平的重要指标。育龄一般以 15 岁至 44 岁或 49 岁为准。

人口自然增长率已经低于0.5%。总和生育率从70年代初的超过6快速下降到90年代的更替水平①左右。对于当前生育率的确切水平，学界存在较大争议，但大多数学者的研究和估算认为在1.4~1.65之间。这固然不够准确，但我国已经成为一个低生育水平国家是一个不争的事实，人口的自然增长率将长期维持在极低水平并会逐渐降为负值。我国生育率的下降不仅速度快，而且下降的幅度也远超预期。新世纪以来人口增速远低于人口规划的预测水平。“十一五”规划将我国人口总量目标确定为“2010年和2020年的人口总量将分别达13.6亿人和14.5亿人；人口总量高峰将出现在本世纪30年代，达15亿人左右”。2010年我国的人口总量仅为13.4亿，仅5年人口增量就较预期减少2000万。

如图3所示，2010年以后，除了高生育率水平情景下我国新增人口数量呈上升趋势外，其他三种生育率水平情景下新增人口数量无一例外都呈现下降趋势。而且，即便是高生育率水平情景下，2015~2035年的新增人口数量也呈现下降趋势，直至2035年以后才开始逐步回升。如果现行的人口政策（特别是生育政策）不进行大的调整，我国将面临生育率进一步下降并跌入低生育率陷阱的较高风险。事实上，我国人口形势的巨大变化已经给包括教育政策在内的社会政策带来诸多挑战。

① 更替水平（replacement level）是指这样一个生育水平，即同一批妇女生育女儿的数量在达到母亲生育女儿的年龄时恰好能替代她们本身。一旦达到生育更替水平，出生和死亡将逐渐趋于均衡，在没有迁入与迁出的情况下，人口将最终停止增长/缩减，保持稳定状态。这个过程所需的时间依人口年龄结构的不同而不同（这一过程被称为人口发展的惯性）。目前发达国家普遍认为，总和生育率为2.1即达到了生育更替水平。之所以为2.1而不是2.0（一个孩子对应父母中的一个），是由于在出生时，男孩数要略多于女孩数，且一部分女孩将在育龄期前死亡。发展中国家的死亡率较高，因此，达到生育更替水平的总和生育率总要高于2.1。

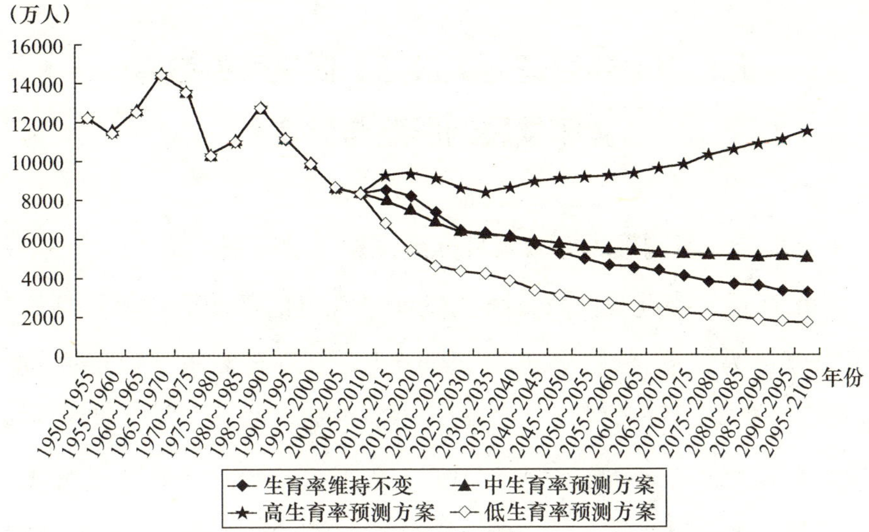

图3　不同生育率水平情景下我国新增人口数量预测

数据来源：United Nations，Department of Economic and Social Affairs，Population Division. *World Population Prospects*：*The2010 Revision*. 2011.

具体而言，新增人口数量的不断减少，意味着未来各学段生源数量的持续下降，我国教育领域的供求关系也将随之发生重大变化，即总体呈现出“学校多、学生少”的状况。在整体生源数量持续下降的大背景下，绝大多数民办学校将面临比公办学校更加严峻的挑战。但是，这也为民办教育选择适宜的发展方向和思路提供了一个契机。例如，考虑到我国现有的义务教育阶段公办教育资源较为充足，基本能够满足城乡居民子女教育需求，未来生源数量持续下降后，公办教育资源在整体上将更为充足甚至出现富余，所需解决的只是如何更加合理均衡配置公办教育资源的问题。因此，这一学段不宜盲目发展民办教育，特别是那些缺乏特色、与公办学校雷同的民办学校。总体来说，义务教育阶段应以公办学校以及部分非营利性民办学校为主体，给营利性民办学校留有的发展空间有限，即便有，也是发挥其在提供多样化、个性化需求方面的作用。

五、以分类管理为突破口，促进民办教育健康发展的思路与建议

（一）进一步明确民办教育目标定位和活动范围

如前所述，当前我国教育事业发展呈现出的新的阶段性特征，基本可以概括为过度需求（excess demand）和差异需求（differentiated demand）[①] 两个方面。其中，过度需求是指公办学校无法提供充足的入学机会，满足不了全部需求，因此，需要发展民办学校来填补需求缺口；差异需求是指家庭有着不同于现有公办学校提供的教育偏好，需要依靠民办学校来满足更高标准、更加多样化和个性化的教育需求。民办教育的继续发展，必须与这一阶段性特征相适应，而不是仅仅为民间资本（社会资金）寻找出路，或是囿于办学所有制形式、争取和维护民办教育办学群体自身利益、为了发展而发展。政府在民办教育发展过程中（特别是在学前、普通高等教育等非义务教育阶段），仍然具有不可推卸的责任。而且，发展民办教育，也必须在选择自由（choice）、效率（efficiency）、公平（equity）和社会凝聚力（social

---

① 对于私立教育发展原因的解释，最重要的理论发现来自埃斯特尔·詹姆斯（Estelle James，1993）的研究。詹姆斯首先观察到，小学和中学阶段进入私立学校的学生在不同国家间存在相当大的差异。对此，她给出了一个分析框架，认为有四个因素影响私立教育的发展，其中两个是影响对私立学校需求的因素，即过度需求（excess demand）和差异需求（differentiated demand）。过度需求是指公立学校无法提供充足的入学机会，满足不了全部需求，因此，私立学校会来填充供需缺口；差异需求是指家庭有不同于现有公立学校提供的教育偏好，他们要依靠私立学校来满足更高标准的需求。另外两个影响因素，一个是非营利实体（如教会）的存在，这些实体通常出于宗教原因而提供符合其目标的可供选择的教育机会，这是影响私立学校供给的因素；另一个是政府对于私立教育的政策，如准入政策、补贴政策等，这是一个同时影响私立学校供给和需求的因素。

cohesion)[①] 这四个政策目标中寻求平衡。从现实来看，在我国民办教育政策制定和执行过程中，既存在对民办教育歧视性的政策，也存在为促进而促进的倾向。实际上，发展民办教育机构（学校或幼儿园）只是实现教育政策目标的一种手段，而不是目标本身。在某种程度上，这些目标会相互冲突；在不同的学段，这几个目标的优先顺序也有所区别。

由于不同学段有着各自的独特性，且在教育服务供给的制度上也各有特色，因此，民办教育的角色和作用也应存在差异。具体如下。

1. 学前教育阶段：主导非营利 + 补充营利

结合数量和性质两方面情况，民办学前教育的角色应该包括两种情况，一种是占有主导地位的非营利性民办幼儿园，另一种是处于补

---

① 亨利·M·列文（Henry M. Levin，2005）的研究表明，在规划整个国家教育体系时，人们会特别注意在四个目标中寻求平衡，它们是选择自由（choice）、效率（efficiency）、公平（equity）和社会凝聚力（social cohesion）。在某种程度上，这些目标会相互抵触，不同的国家优先考虑的目标也不同。

（1）选择自由：这个目标更多强调教育中的个人收益，以此来保证私立学校可以自由地被学生和家长选择。这一重要目标对应于詹姆斯所说的基于异质文化、宗教和语言的差异需求。

（2）效率：这个目标指的是在给定资源约束条件下追求教育产出最大化。每个国家都有通过教育活动达到的经济、社会和政治目标。正如许多国家反映的情况一样，这些国家的学校生产某种教育产品，人们相信这些产品能够帮助提高学生的学业成绩，而这样的劳动力生产可能对实现各项目标有重大的作用。但是，在公立和私立之间作出选择，意味着哪个能够更有效地运用资源实现自己的目的。私立学校以及那些相信私立学校生均成本更低的人们主张保留市场作用，让学校之间为录取学生而展开竞争，可以提高生产效率。

（3）公平：这个目标是指具有不同性别、社会阶层、种族、语言障碍条件和地域的学生要求获得平等的教育机会、资源和产出。私立学校支持者主张，选择学校的能力将会把禁锢在劣质学校的学生解放出来，竞争的市场会使学校更有动力迎合学生的需要。反对者则认为，私立学校加剧了教育的不公平，因为高知识高收入的家长能获取更多信息和更多资源。他们也相信这种选择本身就排除了穷人，剥夺了穷人的公民权，有权势和地位的人们只会选择那些有同样权势和地位的学生进入的学校，而学校也是根据这个标准来选择学生的。

（4）社会凝聚力：这一规则是指教育要使所有学生凝聚成一个整体，参与到社会、政治和经济体制中去。这对于移民国家和有着深刻的地域、种族和宗教问题的国家尤为重要。社会凝聚力常常作为学校教育的核心要素，渗透到课程、社会价值、目标、语言和政治内容当中。私立学校的反对者相信，私立学校的教育会带来知识、信念和价值上的差异，而这对于实现社会、政治和经济目标具有一定的破坏作用。

详见亨利·M·列文著：《中国教育私营化的机遇与挑战》，范皑皑译，阎凤桥校，《北京大学教育评论》，2005 年第 1 期。

充地位的营利性民办幼儿园。对于前一种情况，由于政府要承担付费责任，所以对应的制度安排是政府购买服务，其具体形式非常多样，包括对供给方付费的补贴制度，对需求方付费的教育券制度，以及承包等，这几种形式在我国都得到了尝试。对于后一种情况，则由私人部门进行投资，面向市场中有需要的群体提供服务，民办幼儿园的运营遵循市场法则，收益由幼儿园的投资人支配。

2. 义务教育阶段：补充非营利＋补充营利

从现实情况来看，民办义务教育的角色包括了两种情况，一种是向高端需求群体服务的，以商业化模式运作的补充性民办义务教育学校；另一种是向无法进入公办义务教育学校的家庭提供的非营利性、补充性义务教育服务的民办学校。从趋势来看，前一种民办义务教育学校还将继续得到发展，而后一种则会随着户籍制度改革、国家投入力度的加大逐渐消亡或被并入普通的公办义务教育学校行列之中。

3. 职业教育阶段：从补充非营利到半主导非营利

综合来看，民办职业教育在职业教育体系中的角色分两类：一类属于补充性非营利性院校，主要指登记为民办非企业单位的那些民办职业教育机构；另一类是处于主导地位的营利性院校，主要是提供经营性培训服务的那部分机构。职业教育作为一种强调培养学生实际操作能力的教育类型，与市场的需求有着天然的联系，甚至可以说，职业教育的活力来自于和市场、社会的良性互动，因而在职业教育领域，民办教育有着特殊的重要地位，基于这一点，民办职业教育将在未来成为重要的增长点。同样，也是出于职业教育与市场的紧密联系，政府在职业教育领域的过多干涉可能会阻碍职业教育的发展和职业教育质量的提升；但与此同时，职业教育的成功与否关系到国家经济发展方式的转变和产业结构的调整能否有足够的技能人才作为支撑，所以政府对职业教育的责任是不可推卸的。因而在制度安排上，将负有付费责任的政府和民办职业教育机构相结合是当前最优的选择，以政府购买服务作为主要的制度安排。

总之，在义务教育阶段，必须坚持政府办学为主体，围绕教师轮岗、财力均等和学生资源均等方面建立完善的配套制度，推进义务教育均衡发展；在非义务教育阶段，大力鼓励支持民办教育发展，引导民办学校提供多层次、多样化的教育服务，增强教育选择性。鉴于教育事业发展必须坚持的公益属性以及世界各国的经验、教训，民办教育的发展方向应该明确为鼓励和引导社会力量重点兴办公益性教育事业。考虑到不同学段的特殊性，高中及以上将是未来民办教育发展的重点领域。此外，针对不同类型的民办学校（或幼儿园），公共财政的投入范围和重点，以及具体的管理办法、措施和扶持政策等也需要加以明确。[①] 这也是一些教育发达国家比较成熟的经验，是国际上管理民办教育的通行做法。

（二）理顺政府与民办学校关系，引导和规范民办教育发展

从政府与民办学校的关系来看，由于教育事业带有国家意志的色彩，政府作为教育行业的监管者，要对民办学校的办学行为、教师的

① 例如，在法人属性上，营利性民办学校是企业单位，非营利性民办学校是民办非企业单位，考虑到民政部民间组织管理局正在修法（已列入人大立法议程），方向是将最接近国际上非营利性机构概念的民办非企业单位明确为非营利性机构，非营利性民办学校的法人属性将更加明确；在教师身份上，随着《机关事业单位养老保险改革决定》的颁布，机关事业单位与企业单位养老保险在制度上实现并轨，同时政府要正确履行教育行业管理职能，继续推动落实民办学校教师在职称评定、工龄计算等方面享受与公办学校教师同等待遇，民办学校与公办教师的身份界限将逐步打破；在税收优惠上，根据营利性和非营利性民办学校的不同属性，按照《企业所得税法》《公益事业捐赠法》《民间非营利组织会计制度》等分别执行；在财政资助上，仍可采取政府购买服务、学生资助、财政奖补等方式统筹解决，继续推动落实民办学校学生在升学、国家助学贷款、国家奖学金、生活困难补助、就业等方面与公办学校学生享有同等权利。

准入、教育教学质量水平、教育服务标准等进行监管；同时，政府也是教育公共服务的提供者，通过购买服务、财政补贴等方式，鼓励和支持民办学校创新服务提供方式，实现民办教育健康可持续发展。此外，其他政府部门也对民办学校负有一般性监管职责，例如财务会计、登记管理等方面，不同部门都有相应的管辖权。鼓励和引导民办教育发展，应进一步加强顶层设计，推动相关法律法规的顺利修改，从宏观框架下彻底理顺民办教育机构的法人属性，明确民办教育机构的市场定位以及各级政府对其的职责，制定民办教育机构的长远发展规划，探索政府如何在发展和规范民办教育中找到政策平衡点，推动民办教育健康有序发展。此外，中央政府在加强顶层设计时，应积极吸收地方有益的探索，通过系统评估，对已取得的可复制、可推广的经验进行总结、提炼、推广，同时对基层探索保留一定宽容度以及试错空间。只有顶层设计与基层探索形成自上而下与自下而上的发展合力，才能共同推进民办教育的健康发展。

从激励角度来看，要进一步改善民办教育发展环境。依法落实民办学校、学生、教师与公办学校、学生、教师平等的法律地位，落实民办学校在招生、专业及课程设置等方面的办学自主权，保障民办学校学生在就业市场中的机会平等，切实激发民办教育发展活力。建立健全政府服务民办教育的体系，确保民办学校的受教育者享有与同级同类公办学校的受教育者同等权利。对民办学校的科研项目建设、校本课程开发，给予一定的公共财政经费资助。非营利性民办学校依法享受与公办学校同等的税收、报建立项、规费减免、水电气供给等方面的优惠待遇；对非营利性民办学校新建、扩建所需用地，按公益性用地采取行政划拨或协议出让等方式提供。此外，还应疏通捐赠渠道、培育捐赠文化，依法支持有能力的基金会、社会团体办学，引导捐资人成立基金会，或将捐赠资金委托有能力的基金会办学；在尊重捐赠者、出资者意愿的前提下，允许引入公益信托机制，依法通过基金运作筹集办学经费；个人和社会组织通过获得捐赠税前扣除资格的公益性组织向民办学校捐赠时，享受相应的所得税或其他税收优惠。换言之，一方面，需要尽快清理并纠正现有的各类歧视性政策，去除民办教育发展的“镣铐”；另一方面，也要尽快制定与完善相关扶持、优惠政策，赋予民办教育发展的“翅膀”。

从约束角度来看，要进一步规范民办教育发展。加强政府对民办教育发展的统筹、规划和监督职能，转变民办教育发展模式。一是，加强对民办教育的评估，依法对民办学校实行督导，建立专业化的民办学校认证评估体系，形成制度化机制，促进民办教育办学质量的提升。要建立各级各类民办学校督导评估制度，加强对民办学校办学方向、办学条件、教育教学、财务管理、招生与收费行为等办学活动的指导、监督和督导评估，依法规范民办学校的办学行为。根据民办教育督导评估工作和年度常规登记审验结果，探索民办教育信息披露制度，定期将民办学校（机构）办学情况向社会进行公告，督促民办学校（机构）规范办学、科学发展。二是，进一步健全和完善民办学校的法人治理结构，通过权责分明、职能清晰的制度建设，确保决策的科学、民主。要指导民办学校不断完善其法人治理结构，全面依法设立理事会（董事会），切实保障校长行使教育教学和行政管理的职权，不断提高学校管理的质量。

（三）加快建立民办学校分类管理制度

建立民办学校分类管理制度，应明确营利性与非营利性民办学校的区分标准。关于非营利组织，《企业所得税法》《企业所得税法实施条例》《民间非营利组织会计制度》《财政部、国家税务总局关于非营利组织免税资格认定管理有关问题的通知》等都规定了其应同时满足的多个条件，如不以营利为目的，资源投入者不享有所有权，财产及其孳息不用于分配或变相分配，注销后的剩余财产用于非营利性目的等。根据国际惯例和我国国情，建议按照学校法人财产独立完整、举办者投入属于捐赠、办学盈余不用于分配、剩余资产用于社会公益事业四个特征来认定非营利性民办学校，按照投资办学并获取利润回报认定营利性民办学校。其实，对于民办学校分类的标准，在理论上并没有太大的争议，只是在旧制度下形成的模糊认识和权宜之计，造成了既有的利益格局，难以认定和处理。因此，推进民办学校分类管理，关键是在尊重民办学校举办者历史贡献的前提下，选择务实、灵活的改革策略，统筹兼顾各方面的利益关系，向新的制度平稳过渡。

民办学校分类管理是系统的制度设计。除了明确分类标准外，还需要建立和完善相关配套政策，主要包括以下几种。

1. 办学许可和注册登记制度

现行制度的漏洞在于，举办者向审批机关申请设立民办学校（不具备办学条件，未达到设置标准的，先申请筹设）前，为形成办学条件，必须开展筹资和项目建设活动，于是举办者先期投入到民办学校的资产在学校法人尚不存在的情况下，只能放在举办者名下，落实非营利性民办学校法人财产独立完整则成为监督的盲区。解决的办法是引入基金会机制，由基金会接受筹资，基金会法人作为非营利性民办学校的举办者，完成筹资、办学许可、注册登记等一系列程序。根据公益性事业单位改革的部署，现阶段，将非营利性民办学校登记为事业单位法人，温州市民办教育综合改革采取了这一做法。

2. 产权、资产管理和财务会计制度

在实行分类管理后，非营利性民办学校资产包括社会捐赠财产、国有资产以及办学积累三类，应由基金会统一管理，分别登记建账，实行专项管理。民办学校存续期间，对学校所有资产依法享有占有、使用、收益和处分的权利。基金会汇合财政拨款和政策补助、社会捐赠、学校服务收费，为学校发展筹集经费，全部用于教学科研等学术活动。非营利性民办学校终止时，依据《民办教育促进法》进行财务清算。关于清偿债务后剩余财产的处理，国家投入的国有资产由审批机关负责安排用于教育事业，社会捐赠资产和办学积累继续用于发展民办教育事业。非营利性民办学校依照《民间非营利组织会计制度》和其他相关法律规定进行会计核算，实行财务公开制度，接受第三方审计，公布审计结果，并报审批机关备案，接受检查。

3. 法人治理和内部管理制度

非营利性民办学校实行理事会（董事会）领导下的校长负责制。理事会或者董事会作为学校的决策机构，由社会贤达、教育专业管理人员、捐赠者代表、学生（家长）代表、教职工代表、社区代表等组成，理事会（董事会）成员组成比例总体上应体现社会公益性和代表性。理事会（董事会）定期商议学校发展的重大事项，确定校长人选，报审批机关核准。保障校长独立行使职权。校长对副校长人选提名、校内教师和管理人员聘用、财务和资产使用管理、学校教学科研事务等具有决定权。建立健全监事会、工会、党团、教职工代表大会等组织机制。

4. 教师人事制度

在公办、民办两种组织形式下，需要创新机制，建立灵活的教师人事制度。打破公办、民办界限，实行教师全行业管理，建立统一的教师人力资源市场。实行公办、民办学校统一的教师招聘制度。探索建立公办学校与民办学校之间的教师流动机制，公办学校在职教职工到非营利性民办学校工作，身份不变，工龄连续计算，按照学校规模单独核编。民办学校教职工依法享有与公办学校教职工同等权利。地方政府可根据各自财力对非营利性民办学校给予补助，确保非营利性民办学校教师工资待遇和社会保障待遇不低于同等职称的公办学校教师。非营利性民办学校教师，在工作调动、档案转接、教龄计算、人事代理、评优评奖、职称晋升、科研项目申请等方面享受与公办学校教师同等待遇。

（四）夯实民办学校内涵式发展，提高民办教育质量水平

对于义务教育阶段的民办学校，我们认为应发挥其在提供多样化、个性化需求方面的作用。因此，应在满足城乡居民对义务教育阶段基本需求的前提下，注重引导民办义务教育学校错位发展、特色发展。以下重点谈一下其他学段民办学校的发展思路。

1. 鼓励和引导民办园提供普惠性服务

针对学前教育阶段民办园占比过高的现状，以及这一学段兼有保育和教育的双重任务，加之“入园难、入园贵”问题仍未得到有效缓解，应在继续增加公办园数量、提高公办园占比的同时，以分类管理为抓手，鼓励和引导民办园提供普惠性学前教育服务。首先，对民办园实行分类管理之后，关于非营利性民办园的各项扶持和优惠政策将得以真正落实和进一步完善，这将有助于其继续提供普惠性学前教育服务；其次，营利性民办园的办园成本更加透明，学费虽有上涨的可能，但政府仍有采取相应的政策工具对其进行调控的余地；最后，经过这些年的努力，已有相当比例的公办园可以提供普惠性学前教育服务。而且，如果区域内公办园、非营利性民办园的占比较高，也会对营利性民办园的收费空间产生一定的约束。这些也都有利于减轻家庭的学前教育支出压力，使其享受到普惠性的学前教育服务。

2. 营造民办职业教育发展的政策空间

（1）加大对民办职业院校的支持，促进民办职业院校转变发展模式。民办职业院校作为职业院校的重要组成部分，在为地方经济发展提供高素质劳动力方面发挥着重要作用，并且基于职业教育与产业密切关联的特征，民办职业院校将在未来扮演更积极的角色。所以，民办职业院校的发展不仅仅是院校自身的事情，也关乎地方经济发展，政府有责任提供政策和资金方面的支持，为民办职业教育的发展创造条件。对于民办职业院校来说，则要更加积极地调整发展战略，将与市场的接轨作为未来发展的驱动力，摆脱依靠收取学生学费发展的传统模式。

（2）将民办职业教育纳入地区职业教育发展的整体布局和框架。一方面，推动民办职业院校与公办职业院校协同发挥作用，实现优势和功能互补，调动一切促进职业教育发展的资源和积极性，创造更丰富、更具活力的职业教育发展空间；另一方面，要在资源配置上将民办职业院校和公办职业院校同等对待，获取资源以地区职业教育发展的需要和公平竞争为基准，不因“公办”或“民办”的身份差异而不合理地分配资源，在促进地方职业教育事业发展的同时，实现民办职业院校的健康发展。

（3）坚持养老金制度正确方向，加快企业年金体系建设。民办职业院校要为教职工缴纳一定水平的企业年金，以此保障教职工的养老待遇，如果该职业院校从事的是公益性、非营利性的教育事业，这笔经费支出的一定比例就应该由国家承担，通过在税收、财政补贴等方面的优惠政策对民办职业院校予以支持。此外，在未来的民办教育发展中有必要针对营利性和非营利性的民办职业院校分别制定相应的管理、税收等政策。

3. 推进民办高等学校转型发展

随着高校扩招之后，农村学生的比例虽然明显提高，但其主要分布在教育资源、教育质量较弱的地方院校和专科院校，更有不少集中在民办高等学校。但是，由于财政投入严重不足、筹集办学发展资金融资难，民办高校主要依靠收取学费滚动发展，进而造成高中以上学段民办教育的家庭支出较大。而且，费用负担也会将一部分寒门学子拒之门外。这势必会影响民办高校在畅通农村和贫困地区学子纵向流动渠道方面的作用。对此，需要加快推进民办高校转型发展。从办学属性的角度来看，最重要的就是按照营利性和非营利性，建立民办高校的分类管理制度，针对不同类型的民办高校分别制定相应的管理办法、措施和扶持政策，引导民办高校（尤其是高职）向非营利方向发展。非营利民办高职应以发展公益性的民办职业教育事业、培养技能型人才为首要目标，收费项目及标准实行政府指导管理；除了在民政部门注册登记外，运营成本、财产财务、个人收入分配和年终收益分配等方面也应接受更加严格的监管，进而为其接受社会捐赠、公共经费投入创造条件。此外，从人才培养的角度来看，还应鼓励民办高校向应用型本科院校转型，面向行业产业设置学科专业，形成突出实践能力培养的教学体系，采取产学研合作的人才培养模式，提高教师实践教学能力。这就需要进一步加大政府政策方面的支持和保障。

执笔人：佘　宇

第一部分

专题报告

第一章

我国民办教育发展历程与基本现状

民办教育是我国教育事业的重要组成部分。改革开放以来，我国民办教育经历了从无到有、从小到大的发展过程，为我国教育事业发展作出了重要贡献。主要表现在：民办教育快速发展，事业规模和所占比例都有较大提升；缓解了公办教育供给不足的状况，帮助实现了部分适龄人口的受教育权利；作为一种选择性教育，满足了人民群众日益增长的差异化教育需求；推动了教育管理体制改革，加快了政府职能转变；丰富了中国特色社会主义教育体系。需要指出的是，我国民办教育的规模（学校、在校生）虽然经历了总量上的提升，但由于受到经济发展水平、公办教育系统发达程度、收入分配格局、城镇化速度等多种因素的影响，民办教育在不同地区的发展状况也存在差异。

一、我国民办教育政策演变及发展历程回顾

民办教育是相对于公办教育的一种教育形式，又名私立教育。若追溯私立教育的历史，可以一直追溯到春秋战国时期。这里重点系统梳理新中国成立以来，特别是改革开放以来，我国民办教育的发展

历程。

新中国成立之时，私立教育在我国的教育事业中已经占有一席之地。特别是在新中国成立初期，私立学校多于公办学校。以高等学校为例，1949 年前一些西方的教会学校和国外资金在我国办学而遗留下来的，其中不乏著名高校，比如燕京大学（Yenching University）、齐鲁大学（Shantung Christian University）、东吴大学（Soochow University）、圣约翰大学（St. John's University）等。新中国成立之时，全国共有私立高等学校 69 所，占全国高校数量的 39%。[①]

新中国成立以后，基于国际政治环境和意识形态方面的考虑，政府用很短的时间就使所有私立学校（其中有不少是教会学校）都退出了历史舞台。1949 年 12 月，教育部召开的第一次全国教育工作会议确定了当时全国教育的总方针，明确提出："对中国人办的私立学校，采取保护维持、加强领导、逐步改造的方针。"伴随着社会主义改造的进行，我国的所有制结构发生了变化，办学体制随之改变，国家对所有私立学校实行政府接办，改为公办学校。1952 年的全国高等院校院系调整将私立高校全部裁撤，其中金陵大学、圣约翰大学、震旦大学、沪江大学在院系调整中分别被并入南京大学、复旦大学、上海交通大学、同济大学、华东师范大学等。此后近 30 年间，我国一直走公办学校的路子，改革开放前没有再出现民办教育的踪迹。

关于改革开放后民办教育发展阶段的划分，学界的论述很多，不同学者（张英婕，2006；李维民，2009；郑树山，2008；卢彩晨，2008）根据不同的节点给出不同发展阶段的划分。这里并不去讨论各种阶段划分的区别，而是尝试着从这些不同的发展阶段中找出共同

① 张向前，黄种杰，骆峤嵘：《中国民办高等教育发展分析》，载于《未来与发展》，2007 年第 4 期。

点。可以说，不同的发展阶段总是伴随着相应的政策调整。回顾改革开放后民办教育30多年的发展历程，大致可以分为如下几个阶段。

（一）民办教育的恢复起步阶段（1978～1985年）

民办教育“消声灭迹”的状况一直延续到1978年改革开放之前。随着高考的恢复，在北京、上海等大城市开始出现一些“补习班”。此后，一些具有非学历的和职业培训性质的、以成人为主要对象的业余学校陆续出现，并得到初步发展。这意味着我国民办教育的幼芽开始萌发。

1982年12月4日修订的《宪法》第19条第四款规定“国家鼓励集体经济组织、国家企事业组织和其他社会力量依照法律规定举办各种教育事业”。这是我国第一次在宪法中，把社会力量办学作为国家教育事业的重要组成部分，对社会力量办学作出的原则规定。由此，长达30多年的政府统办教育的局面得以改变。1985年5月27日颁布的《中共中央关于教育体制改革的决定》指出，“要充分调动企事业单位和业务部门的积极性，并且鼓励集体、个人和其他社会力量办学”，进一步对社会力量办学予以鼓励和支持。这个时期出现的民办教育多是文化补习性质的培训机构。

（二）民办教育的积极探索阶段（1986～1992年）

20世纪50年代的重点学校制度在80年代重新恢复，大量的政府资源投向重点学校，公办中小学发展很不平衡，公办学校之间的设施和师资条件差异非常大，激发了学生家长择校的强烈需求。但由于公办学校容量有限且对需求的反应性低下，使得择校的竞争异常激烈，并在行政力量影响下被极度扭曲。而民办学校的发展，不仅为择校提供了更多可能，也为择校创造了一个较为公平的市场环境。因此，在“重点学校”制度影响下，公办学校之间的教育质量差距的持续扩大，也在某种程度上推动了民办教育的发展。

1986 年颁布的《义务教育法》重申“国家鼓励企业、事业单位和其他社会力量，在当地人民政府统一管理下，按照国家规定的基本要求，举办本法规定的各类学校。”1987 年出台的《关于社会力量办学的若干暂行规定》，更是标志着国家正式将民办教育纳入正常的教育管理体系。1992 年，以邓小平同志南方谈话和党的十四大为节点，民办教育的发展更加活跃。1992 年 10 月，党的十四大召开，提出“鼓励多渠道、多形式社会集资办学和民间办学，改变国家包办教育的做法”。国家办学体制的改革有了突破性的进展。国家不再包办教育，而开始鼓励民间办学，至于办学的形式则还在探索之中。截至 1991 年底，全国民办普通中小学已达 1199 所，初步形成了多类型、多层次、多学科的民办教育体系。

（三）民办教育的迅速崛起阶段（1993～2001 年）

重点学校制度在 90 年代被取消后，虽然规定了“就近入学”、禁止义务教育阶段的择校，但在长期实行重点学校制度、学校差距极大的情况下，择校需求不可能因此被遏制，就近入学制度名存实亡。与此同时，不少公办学校利用公办教育资源创办民办学校，收取高额学费。一些公办学校更是实行所谓的转制，出现了“国有民办”“一校两制”等“假民办”现象。

1993 年 2 月，中共中央、国务院颁布的《中国教育改革和发展纲要》提出“改变政府包揽办学的格局，逐步建立以政府办学为主体，社会各界共同办学的体制”，并首次明确表述了国家关于民办教育的十六字方针，即“国家对社会团体和公民个人依法办学，采取积极鼓励、大力支持、正确引导、加强管理的方针”。民办教育推进到中、高等职业教育和职业培训领域。1996 年的“九五”计划和 2010 年远景目标指出，“加强社会力量办学的立法工作，以中等和中等以下教育，特别是各级职业教育为重点，积极发展各类民办学校。现有公办学校在条件具备时，也可酌情转为公办民助学校或者民办公助学校。到 2010 年，基本形成以政府办学为主，社会各界共同参与的办学体制及公立学校和民办学校共同发展的格局”。以《中国教育改革和发展纲要》和“九五”计划为契机，社会各界投资办学的热情得到了极大的鼓舞。

1997 年 3 月，国务院颁布《社会力量办学条例》，提出“社会力量应当以举办实施职业教育、成人教育、高级中等教育和学前教育的教育机构为重点。国家鼓励社会力量举办实施义务教育的教育机构作为国家实施义务教育的补充”，开始鼓励举办民办高中教育，并允许举办民办小学和初中，标志着中小学教育领域全面向民办教育开放。只是对高等教育还有所限制。这是第一部民办教育行政管理法规，其中规定了民办教育的基本原则、民办学校的机构成立以及终止等。1999 年，《中共中央国务院关于深化教育体制改革，全面推进素质教育的决定》出台后，基本上形成了各级各类教育机构向社会力量全方位开放的格局。

（四）民办教育的规范发展阶段（2002 年至今）

2002 年 12 月，第九届全国人大常委会第三十一次会议审议通过了《民办教育促进法》，2003 年 9 月《社会力量办学条例》被废止，2004 年 4 月《民办教育促进法实施条例》实施。《民办教育促进法》

的实施，正式确定了民办教育的法律地位，同时国家也简化了相关审批程序，此后民办教育进入了依法规范发展的阶段。2010 年 7 月，《国家中长期教育改革和发展规划纲要（2010 - 2020 年）》颁布，这对民办教育的发展具有里程碑式的意义。其中，“深化办学体制改革，形成以政府办学为主体、全社会积极参与、公办教育和民办教育共同发展的格局”是将民办教育与公办教育放在同一政策层面。“大力支持民办教育，民办教育是教育事业发展的重要增长点和促进教育改革的重要力量。依法落实民办学校、学生、教师与公办学校、学生、教师平等的法律地位”和“依法管理民办教育，切实落实民办学校法人财产权”则是对民办教育提出了扶持和管理两方面的具体要求。至此，国家扶持和管理民办教育的力度显著加大，民办教育与公办教育共同发展的格局基本形成。

（五）小结

回顾历史不难发现，我国民办教育每一阶段的发展都是伴随着国家相关法律、法规或者政策的出台。而且，我国对民间办学的全面开放不过十几年时间，也就是在这段时间内，民办教育从几近于无起步迅速发展，至今已具备了一定规模。如果没有准入政策上的突破，民办学校可能在今天都不会出现。与此同时，民办教育的宏观管理也逐步走向法制化、制度化和规范化的轨道，这都有力地促进了整个民办教育事业的健康发展。

从我国民办教育的地位变化来看：改革开放之前，政府包办教育，公办教育一统天下，民办学校一开始都是“非法”的、“不正规”的；1992 年，党的十四大提出“鼓励多渠道、多形式社会集资办学和民间办学，改变国家包办教育的做法”；2002 年，《民办教育促进法》提出

"民办学校与公办学校具有同等的法律地位"；2010 年，《国家中长期教育改革和发展规划纲要（2010－2020 年）》提出"大力支持民办教育，依法落实民办学校、学生、教师与公办学校、学生、教师同等的法律地位"。可见，民办学校从一开始作为法律之外的"非制度化"的存在，再到法规和政策层面上"予以承认"和鼓励，直至最终得到法律地位方面的认可和大力支持，国家对于民办教育及其在整个教育事业中地位的认识是在不断提升的。正是得益于此，民办教育也从最初仅仅作为公办教育的"拾遗补缺"逐步发展成为我国教育事业的重要组成部分和促进教育改革的重要力量。

从民办教育的社会可接受程度来看：民办教育在民众心目中逐渐从一种"补充教育"走向了"选择教育"①，这也涉及民众人才观与成才观的转变。改革开放之初，社会对民办学校的接受程度并不高，很多民众都认为公办学校的教育质量更高。民办教育的办学机构只存在于一些文化补习班或者函授班之中，只能作为正规的公办教育体系之外的补充。在 20 世纪 80～90 年代，民办教育经过了十多年的发展，已经在社会上普遍存在，但从学校规模和在校生数量来看，仍然还是作为公办教育的一种"补充"。进入到 21 世纪以来，民办教育的发展更为蓬勃，用人单位和民众对于民办教育的看法也逐渐发生变化，民办教育培养出来的人才在诸多方面更具应用性和实用性。民办教育真正成为一种"选择教育"，即成为一种独立于公办教育之外的选择，成为一种可被接受、可被选择的发展道路和办学模式。

---

① 陈武元：《从补充教育走向选择教育——我国民办高校发展的必然选择》，载于《教育研究》，2008 年第 5 期。

二、我国民办教育事业发展现状及主要成就

（一）民办教育快速发展，事业规模和占比都有较大提升

《2012 年全国教育事业发展统计公报》显示，全国共有各级各类民办学校（教育机构）13.99 万所，各级各类民办学校在校生 3911.02 万人。其中，民办幼儿园 12.46 万所，占总数的 68.75%；在园儿童 1852.74 万人，占总数的 50.27%。民办普通小学 5123 所，占总数的 2.24%；在校生 597.85 万人，占总数的 6.17%。民办普通初中 4333 所，占总数的 8.15%；在校生 451.41 万人，占总数的 9.48%。民办中等职业学校 2649 所，占总数的 27.14%；在校生 240.88 万人，占总数的 14.25%。民办普通高中 2371 所，占总数的 17.55%；在校生 234.96 万人，占总数的 9.52%。民办普通高校 707 所，占总数的 28.87%；在校生 533.18 万人，占总数的 22.30%。民办学前教育、高等教育和培训事业发展迅速，民办中小学教育发展平稳，顺应了国家教育发展需要和人民群众日益多样化的教育需求。

在改革开放以后的短短几十年时间，我国民办教育从一张白纸发展到如此大的规模，本身就是一种发展成就。无论是学校数还是在校生数，都经历了一个从无到有、从小到大的发展过程，民办教育已经逐步成为我国教育事业的重要组成部分，基本形成了民办教育与公办教育共同发展的格局；在我国教育事业中的地位，也从可有可无逐步过渡到不可或缺。从类型上看，民办教育也由最初的文化补习班等非学历性教育机构发展到各种各样的办学类型；从最初低层次的发展水平逐步过渡到高层次、多元化发展的阶段。从地域类型来看，民办教育的发展也从少数城市扩展到全国范围，呈现出

欣欣向荣的态势。

民办教育事业这种快速发展，可以从各类民办学校的占比，以及各类民办学校在校学生的占比变化中得到充分体现（如图 1.1、图 1.2 所示）。

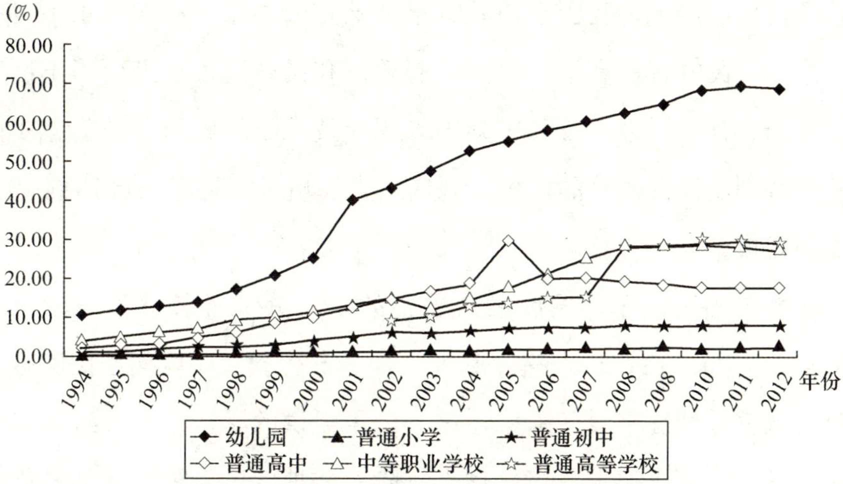

图 1.1　1994～2012 年各类民办学校占比

数据来源：历年《中国教育统计年鉴》。

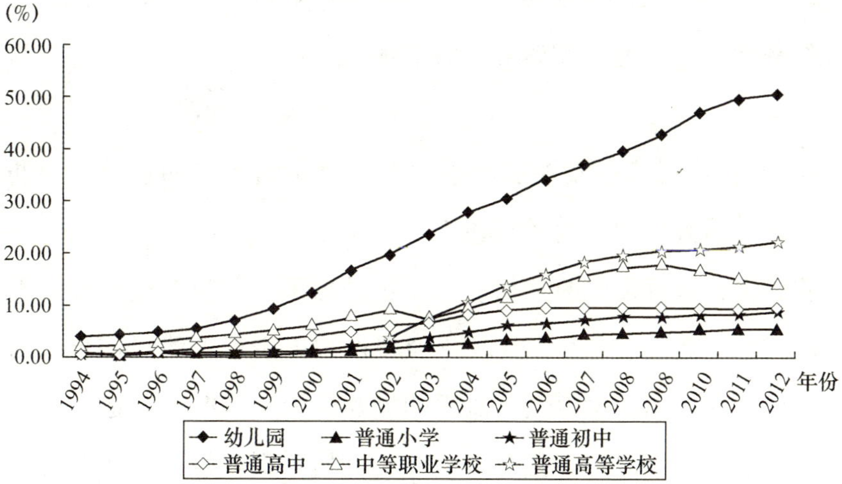

图 1.2　1994～2012 年各类民办学校在校生占比

数据来源：历年《中国教育统计年鉴》。

从图 1.1 和图 1.2 可以看出，自 1997 年之后，民办教育特别是民办学前教育经历了井喷式增长，民办园占比从 1997 年 13.5% 跃增至 2011 年的 69.21%（之后的 2012 年略有回落，为 68.77%）；而从在校生这一数据来看，已经占据了学前教育的半壁江山。这表明，民办学前教育机构已经成为我国学前教育事业的重要力量，并发挥了不可替代的作用。民办普通高中、中等职业学校和民办高校也经历了不同程度的增长，其中民办高校和民办中等职业技术学校经历了较为稳步的增长，特别是民办高校的在校生规模一直在增长，近年来已达到 20% 左右的规模。

而增长幅度最小、发展最为平稳的是民办义务教育阶段的学校（小学与初中），占比均未超过 10%。由于义务教育阶段属于国家强制教育，从整体情况来看，国家在这一阶段提供的学位多，大致可以满足适龄学生的入学要求。当然这不排除一些地区的例外，比如湖南省衡阳市下辖的耒阳市，从 2013 年在校生规模来看，民办普通小学在校生占比为 14%，民办普通初中的在校生占比更是达到了 45%，而同期全国的平均占比仅为 6.72% 和 10.41%。

（二）民办教育的发展缓解了公办教育供给不足的状况，帮助实现了部分适龄人口的受教育权利

我国民办教育发展的最初动力，正是由于公共教育经费投入不足造成的供给不足。“国家公共教育经费占国内生产总值（GDP）的比值”是衡量一个国家教育投入水平的重要指标。1993 年制定的《中国教育改革和发展纲要》就提出“逐步提高国家财政性教育经费支出占国民生产总值的比例，本世纪末达到 4%”，然而实际情况是，多年来这个比例一直徘徊在 2.5% 左右的低水平，直到 2005 年仍然只有

2.82%，不仅远远低于发达国家，也低于发展中国家的平均水平。[①]长期以来，除了北京、上海等极少数大城市，我国大部分地区的公办中小学教育机会供给都是绝对不足的，其中，中西部地区小学、初中、高中供给都不足，东部地区主要是高中阶段教育机会不足。特别是在农村地区[②]，长期以来，中小学虽名为公办学校，但实际上大部分办学经费是由农民和社队负担的，从而带来农村地区的公办中小学教育机会供给严重不足的问题。民办教育的发展迅速缓解了公办教育供给不足的状况，为没有机会上学的适龄人口提供了宝贵的就学机会，保障了受教育的权利，特别是为我国农村地区实现“普九”作出了历史性贡献。

而且，民办教育的发展还在一定程度上解决了进城务工人员随迁子女的教育问题。民办教育的出现甚至在某些地区的大发展，正是由于地方政府的财力不足，不足以应对城镇化背景之下大量涌入城市的农民工子弟的入学问题；而民办教育则为这些学生提供了一种选择，客观上解决了因教育资源不足而出现的入学机会短缺。事实上，许多

---

① 据联合国教科文组织的统计，发展中国家教育投资占 GDP 的比例，1960 年为 2.3%，1965 年为 2.8%，1970 年为 3.3%，1975 年为 3.9%，1980、1985 年为 4.0%。

② 实际上，改革开放以前，我国学龄儿童的入学率和小学毕业生的升学率已经达到了较高水平，1977 年这两个指标分别为 96.5% 和 92%。1978 年，我国的改革大幕拉开，教育战线也随之开始了“拨乱反正”。“拨乱反正”的主要内容是进行教育结构调整、重视教育质量。自 1978 年开始至此后的 80 年代，改革的重点放在重建高等教育，及为考大学做准备的“重点”中小学的建设上，农村地区的学校被大幅度地撤销或合并，教育资源向“重点”、向城镇集中。农村小学由 1977 年的 94.9 万所减少到 1985 年的 76.6 万所，农村中学（包括初中和高中）也从 18.2 万所减少到不足 7 万所，分别减少了 19.3% 和 62%；而同期城市和镇的小学则从 3.3 万所增加到 5.7 万所，中学从 1.9 万所增加到近 2.4 万所，分别增加了 72.7% 和 26.3%；重提重视教育质量的结果令曾于 1966 ~ 1976 年间分派到农村基层的教育人才和资金再度向城镇集中。到 1982 年，学龄儿童的入学率和小学毕业生的升学率分别下降到 93.2% 和 65.9%，农村的指标要更低一些（张德元，2004）。虽然国家政策及时作出了调整，但要重新恢复被裁撤的学校却不是那么容易的。同时，大部分地方又逐渐进入小学、初中学龄人口高速增长的时期。因此，在直至 90 年代末的相当长时期内，我国的农村公办中小学教育资源都是短缺的，无法提供充足的就学机会。

地区的民办学校在接收农民工随迁子女方面发挥了重要作用，客观上扩大了当地的教育资源，增强了当地的教育实力。特别是全国每年还有数百万高考落榜生就读于其他的民办高等教育机构或者复读机构，这也为适龄的青少年提供了更多渠道的受教育机会，也对社会稳定发挥了重要作用。此外，民办教育在职业培训方面的发展，也促进了缺少继续教育和终生学习机会的农村劳动者和下岗失业人员的继续教育，这些民办培训机构大量吸纳了各类待业人员，并发挥其所具有的大众化特色和灵活性，适应了社会的需要。

（三）民办教育作为一种选择性教育，满足了人民群众日益增长的差异化教育需求

改革开放以来，我国经济高速发展，收入差距持续扩大，社会阶层迅速分化，从一个同质性较强的社会转变成一个富于多样性的社会。人们的教育需求也日益多样化，不再满足于公办教育相对单一的教育内容和教育方式。于是，针对各类差异需求的民办学校应运而生，成为一种全国性的普遍现象。

从总体需求来看，在北京和上海等大都市和中心城市，经济发展水平在全国处于领先地位，教育投入水平比较高，高中阶段教育已基本普及。但对优质教育的需求强烈，对教育服务的选择性有更高要求，同时居民的教育消费能力也较强。“贵族学校”有较大市场。在浙江、江苏、天津等沿海地区，经济处于快速增长阶段，教育投入处于中等水平，九年制义务教育普及工作基本完成，正在大力普及高中阶段教育。这些地区对优质小学和初中教育有一定需求，对高中教育有较大需求。在中西部地区，随着社会分化，差异需求也日益明显。特别是为了实现升学目标，一些家长不惜花高学费把子女送进民办学校。另外，还出现了专招差生的民办学校，提供个性化的差生转化服务。原因在于公办学校没能满足部分家长的特殊需求。从个体需求来看，一部分家长因工作原因无力照顾和辅导子女，希望上寄宿制学校；有一部分家长希望对子女加强外语、计算机、艺术方面的教育；一部分家长因所处学区教育质量不尽如人意，希望择校。而公办学校无法及时满足人们的这些差异性需求。

民办教育在不同程度上优化了教育资源配置，提高了教育教学质量，发挥了自身的特色。民办教育的发展也为相当数量的适龄学生入学提供了机会，满足了社会不同人群对于多样化教育的选择。长期以来，我国公办学校“一统天下”，同时由于在“重点学校”制度影响下，公办教育发展很不平衡，公办学校之间的设施和师资条件差异非常大，激发了人们择校的强烈需求。但由于优质公办学校容量有限且对需求的反应性低下，使得择校的竞争异常激烈，并在行政力量影响下被极度扭曲。民办学校的发展，不仅为择校提供了更多可能，也为择校创造了一个较为公平的市场环境。另一方面，公办学校的同质性较强，随着社会发展的多元化，人们不再满足于公办学校单一的教学内容和教学方式，而民办学校迅速地响应并满足了这些差异性需求。

（四）民办教育推动了教育管理体制改革，促进了政府职能转变

民办教育在改革开放后应运而生，其快速发展当然离不开国家的政策扶持，但其本身存在就在客观上促进了教育管理体制的改革，因为民办学校更为灵活，对社会更具适应性。这使得国家逐步转变了优先发展和管理公办教育的传统思维，转为支持民办教育的发展，形成公办教育和民办教育共同发展的格局。民办教育在早期的一些“非制度化”做法，也加快了政府对教育的职能转变，政府逐渐从干预管理到出台相关政策，依靠法律法规来规划和引导。

而且，民办学校的出现和成长也给现有的公办学校带来了竞争压力，有些地区民办学校的发展已经明显影响了公办学校生源和师资的稳定。虽然投入不足是中小学教育薄弱的主要原因，但是公办学校（特别是农村地区的）管理的混乱、激励机制的缺乏也是其发展状况较差的重要原因。同时，随着政府开始对民办学校也给予了一定形式的财政支持，公办学校和民办学校之间也形成了对政府教育投入的竞争。部分地区实行的“教育券”制度是一个比较典型的例子。面对民办学校带来的竞争压力，公办学校不得不加强和改进学校的教学、管理，以稳定生源和师资。另一方面，民办教育在特色办学、人才流动等方面的成功经验也为公办学校正在进行的一系列改革起到了示范作用。因此，民办教育在推动公办学校改革以及整个教育体制改革方面能够发挥积极的作用。

（五）民办教育的发展丰富了中国特色社会主义教育体系

总之，改革开放以来，我国民办教育的发展经历了从无到有、从小到大的发展过程，民办学校的发展类型经历了由少到多的变化，其在不同办学类型中的地位也逐步上升。从改革开放刚开始，民办学校主要集中在少数的文化补习班之中，逐步发展成为涵盖学前教育、义务教育、职业教育、高等教育与技能培训等多种类型，在不同类型中的地位也有明显变化。民办教育法律上的地位和社会民众中的认可程度也经历了从无到有、从不接受到广泛接受的过程。民办教育的地位变化过程就是从“起于微末”到成为我国教育事业的重要组成部分，从作为公办教育的一种补充到形成与公办教育共同发展的格局。

关于具体的发展成就，学界的认识也比较一致。其中，陶西平（2010）指出，我国民办教育“从办学规模和所涉及类别来看，各级各类民办教育从无到有、从小到大、已成为社会主义教育事业的重要组成部分；从地域分布看，我国民办教育从最初发祥的少数城市，已扩展到全国城乡各地；从教育教学质量来看，办学质量和特色已得到社会的广泛认可；有力促进了社会和谐”①。李维民②（2009）在此基础之上也做了少许补充，认为民办教育的发展在加快教育特别是高等教育大众化方面有作用，其培养的各类应用型人才扩大了社会的就业，对于地方经济的发展有作用。

教育部副部长鲁昕在2012年民办教育年会上指出：“改革开放以来，我国民办教育取得了令人瞩目的成就，为国家教育事业作出了重要贡献。党的十七大以来，我国教育进入促进公平、提高质量、内涵发展的新时期，民办教育在继续发展壮大的同时，在提高质量、办出特色方面取得了显著进展，成为教育事业发展的重要增长点和教育改革的重要力量。公办教育与民办教育共同发展的格局正在逐步形成。”③ 这一论述很好地概括了民办教育的发展成就。

三、我国民办教育发展的区域差异：以中小学为例

我国经济社会发展的区域差异非常大，这也体现在民办教育上。但民办教育的发展状况并不只与各地区的经济发展水平相关，而是受

---

① 陶西平，王佐书：《中国民办教育》，教育科学出版社2010年版。

② 李维民：《中国民办高等教育回顾与展望》，载于《西安欧亚学院学报》，2009年第4期。

③ 鲁昕：《深入学习贯彻十八大精神，促进民办教育健康发展——在民办教育协会2012年年会上的讲话》，温州：中国民办教育协会，2012年。

很多因素的影响，包括公办教育系统的发达程度、收入分配格局、城镇化速度等。民办教育的规模（学校、在校生）虽然经历了总量上的提升，但在不同地区的发展存在差异（如图 1.3 所示）。

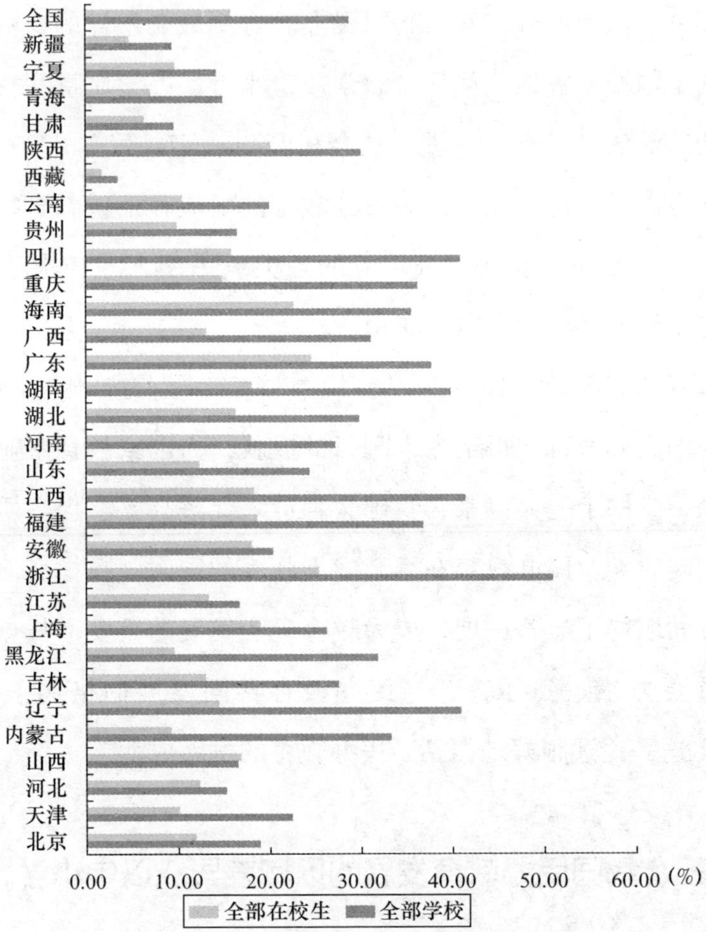

图 1.3　2012 年不同省份民办学校及在校生占比

数据来源：《中国教育年鉴 2013》《中国教育统计年鉴 2013》。

如图 1.3 所示，从全国范围来看，民办学校（含幼儿园）数量占全国学校数量的 28.63%，在校生（含在园幼儿）数量占全国在校生数量的 15.84%；从民办学校的规模来看，占比最高的省份分别是浙江（50.97%）、江西（41.38%）、辽宁（40.98%）、四川（40.80%）

和湖南（39.82%），占比最低的省份分别是西藏（3.54%）、新疆（9.45%）、甘肃（9.63%）、宁夏（14.28%）和青海（14.96%）；从在校生规模来看，占比最高的省份分别是浙江（25.42%）、广东（24.49%）、海南（22.63%）、陕西（20.08%）和上海（19.01%），占比最低的省份分别是西藏（1.17%）、新疆（4.8%）、甘肃（6.44%）、青海（7.13%）和内蒙古（9.53%）。

考虑到我国现有的中小学（包括小学、初中和高中）公办教育资源较为充足，基本能够满足城乡居民子女教育需求，且中小学阶段无论是学校数还是在校生数都远高于其他学段；因此，民办中小学（在校生占比）能够从一个侧面较好反映出我国民办教育发展的区域差异（如表1.1所示）。

表1.1　　2012年不同省份民办中小学在校生数量及占比

省份	人均国内/地区生产总值（元）	民办小学		民办初中		民办高中		民办中小学	
		在校生（人）	占比（%）	在校生（人）	占比（%）	在校生（人）	占比（%）	在校生（人）	占比（%）
北京	87475	51426	7.16	25717	8.42	19675	10.17	96818	7.95
天津	93173	12600	2.37	18854	7.35	16115	8.89	47569	4.90
河北	36584	309571	5.51	219301	10.09	89600	7.61	618472	6.89
山西	33628	197864	7.56	266403	17.73	175943	20.58	640210	12.87
内蒙古	63886	33569	2.46	30754	4.12	13120	2.62	77443	2.97
辽宁	56649	37274	1.75	56502	4.98	77165	11.09	170941	4.32
吉林	43415	41444	2.91	59597	8.56	32554	6.83	133595	5.14
黑龙江	35711	10831	0.58	40767	3.38	26712	4.36	78310	2.13
上海	85373	169791	22.33	60912	14.08	13869	8.79	244572	18.11
江苏	68347	181113	4.28	275641	13.99	173199	14.33	629953	8.51
浙江	63374	390444	11.26	190846	12.78	183501	20.95	764791	13.10
安徽	28792	209922	5.19	413764	19.42	204545	15.82	828231	11.09

续表

省 份	人均国内/地区生产总值（元）	民办小学		民办初中		民办高中		民办中小学	
		在校生（人）	占比（%）	在校生（人）	占比（%）	在校生（人）	占比（%）	在校生（人）	占比（%）
福 建	52763	106631	4.22	140743	12.56	75362	10.91	322736	7.44
江 西	28800	114024	2.63	142609	7.33	114213	13.65	370846	5.21
山 东	51768	254095	4.05	255366	7.78	125652	7.64	635113	5.67
河 南	31499	1071801	9.93	591278	13.03	259760	13.48	1922839	11.14
湖 北	38572	81504	2.49	106940	6.78	106916	9.95	295360	4.99
湖 南	33480	176863	3.73	221195	10.48	84712	8.25	482770	6.13
广 东	54095	1599638	19.79	643895	14.55	123060	5.45	2366593	16.03
广 西	27952	137442	3.22	80011	4.07	60712	7.63	278165	3.96
海 南	32377	81034	10.77	30768	8.44	15189	8.65	126991	9.83
重 庆	38914	49286	2.54	82909	7.63	33310	5.05	165505	4.49
四 川	29608	242169	4.32	211557	6.95	80466	5.31	534192	5.25
贵 州	19710	173542	4.57	124798	5.94	58441	7.56	356781	5.35
云 南	22195	86347	2.12	49908	2.55	36008	5.10	172263	2.56
西 藏	22936	664	0.23	229	0.18	402	0.84	1295	0.28
陕 西	38564	121225	5.17	133425	10.14	86318	9.17	340968	7.41
甘 肃	21978	7263	0.35	13359	1.13	34953	5.26	55575	1.42
青 海	33181	1836	0.37	868	0.42	3358	3.17	6062	0.75
宁 夏	36394	3625	0.59	13247	4.52	5329	3.38	22201	2.08
新 疆	33796	23697	1.25	11928	1.26	19416	4.41	55041	1.68
全 国	38420	5978535	6.17	4514091	9.48	2349575	9.52	12842201	7.59

数据来源：《中国教育年鉴2013》《中国教育统计年鉴2013》。

2012年，民办中小学在校生数量占全国中小学在校生数量的7.59%，占比最高的省份分别是上海（18.11%）、广东（16.03%）、浙江（13.10%）、山西（12.87%）、河南（11.14%），多数来自东部沿海经济发达地区；而占比最低的省份分别是西藏（0.28%）、青海

(0.75%)、甘肃（1.42%)、新疆（1.68%)、黑龙江（2.13%)，大部分属于中西部欠发达地区。民办中小学数量的占比[①]同样也反映出这一特点。

（一）北京、上海等地区中心城市："贵族学校"和打工子弟学校[②]并存

20 世纪 90 年代以来，北京、上海等地区中心城市出现了一批设施与师资条件优越、办学特色突出、面向高收入阶层的民办中小学。这些学校主要是由私人或企业集团投资创办，规模不大，但办学条件优越，有不少是中外合作办学。这些学校收费也较高，每年 3 万～4 万元的不在少数。学生大多来自高收入阶层，接受教育的目标已不限于升学，而是以留学、培养综合素质、国际交往能力等为目标。这类学校也就因此被称为"贵族学校"。与"贵族学校"形成强烈对比的是，这些大城市同时出现了一批专门为农民工子女服务、条件十分简陋的打工子弟学校，办学合法性一般都难以得到官方承认。

北京、上海等超大城市的经济发展水平在全国处于领先地位，教育投入水平比较高，"普九"早就完成，高中阶段教育也已基本普及，对中小学教育的一般需求已经满足。但人们对优质教育的需求较为强烈，对教育服务的选择性有更高要求，而公办教育无法全部满足。同时这些地区有为数不少的高收入人群，又存在较多可进一步利用的师

---

① 2012 年，民办中小学数量占全国中小学数量的 4.04%，占比最高的省份分别是上海（18.87%)、浙江（9.53%)、广东（9.29%)、海南（7.04%)、北京（6.55%)，占比最低的省份分别是西藏（0.51%)、甘肃（0.62%)、宁夏（0.72%)、青海（0.84%)、吉林（1.10%)。

② 打工子弟学校主要出现在北京、上海等大城市。由于户籍制度的限制，以及城市中小学教育资源的相对短缺，进城务工人员随迁子女无法进入当地公办学校。针对这一需求，有人（大多来自民工流出地）创办了一些简陋的民工子弟学校，但合法性一般都难以得到官方承认，即没有办学资格。

资力量。在这样的社会条件下，这些地区的中小学教育领域出现了一批响应上述需求的“贵族学校”。与“贵族学校”主要是满足差异性需求相比，打工子弟学校则是满足过度需求，而这种过度需求又主要是由行政性管制引发的。北京、上海等大城市聚集了大量以农民工为主的流动人口，早期由于本地户籍是进入当地公办学校的前提条件（现在已有所改变），或者允许到公办学校就读但须交一笔为数不小的“借读费”，大批民工子女无法进入当地的公办学校读书。针对这一需求，一些来自民工流出地的人（原来多为当地老师或经商者）在民工聚居地的城乡结合部创办了一些简陋的民工子弟学校。

北京、上海等地区中心城市民办中小学教育发展的突出特征是两极化，而这种两极化正是由社会结构和收入分配的两极化以及不合理的管制制度造成的。从发展趋势来看，这种民办中小学教育的发展格局将继续维持，由于公办教育资源相对充裕，面向工薪阶层的民办学校没有多少生存空间。随着户籍制度的改革和义务教育经费保障机制的加强，以及学龄人口的减少，进城务工人员随迁子女将越来越多地进入公办学校就读，打工子弟学校会逐步减少，但在很长一段时期内还将继续存在。在这些地区，对优质和具有特色的中小学教育的需求仍将继续增长，因此，“贵族学校”的市场也会扩大，但这类学校的发展程度取决于其能否真正办出特色，真正满足差异性需求。另外，受“重点学校”制度的影响，部分公办学校的办学条件也非常优越，与“贵族学校”产生了一定的竞争。

（二）东部沿海经济发达地区：大规模、多形式、以高中教育为主

东部沿海地区的民办教育如同其民营经济一样，起步早、规模大，

组织形式丰富多彩。广东和浙江是其中的典型代表。以 2012 年为例，广东和浙江的民办中小学在校生比例在各省区中处于前列，分别排在第二位和第三位，并且广东民办中小学教育的在校生规模也是全国最大，占到了全国的约 1/5。广东的民办中小学教育以其“教育储备金”模式而著称。浙江民办中小学教育的突出特征是规模大、办学形式多样。浙江的民办中小学在校生比例占到了同级教育的 13.10%，处于全国前列；高中阶段的比例更是达到了 20.95%，更是远高于其他省区。浙江民办中小学教育的办学形式也丰富多样，有台州的“教育股份制”，温州的“股份制学校”和“股份合作制”学校，宁波、绍兴等地的民办教育集团等。

东部沿海地区是我国经济较为发达的地区，在改革与制度创新方面也都走在全国的前列。从公办教育供给来看，教育投入处于中等水平，九年制义务教育普及工作基本完成，正在大力普及高中教育，高中阶段公办教育资源严重不足。从教育需求来看，这些地区对优质小学和初中教育有一定需求，对高中教育有较大需求。而且，由于这些地区的高考竞争较为激烈，对以升学为目标的高中教育的需求尤为强烈。东部沿海地区民营经济发达，民间资本的迅速积累为大规模民办教育投资创造了可能。受经济改革的影响，这些地区的民办学校的办学也呈现出类似于企业的组织形式。这些地区的经济社会发展相对均衡，民办中小学教育相对大众化，需求比较广泛。需要指出的是，东部沿海地区相对宽松的制度环境和政府对民办教育积极支持的态度也是这些地区民办教育得以迅速发展的因素之一。

东部沿海地区的民办中小学教育基本处于良性发展之中，政策环境较好，也没有受到“假民办”的干扰。从发展趋势来看，这些地区对高中教育的需求十分强劲，而政府也正在通过将公共教育资金与民间资本良性结合的方式积极发展高中教育，公办教育没有对民办教育产生过多挤压。学龄人口的减少造成市场的萎缩，是这些地区民办中小学教育未来不得不面临的一个问题。

（三）中西部欠发达地区：从拾遗补缺到相互竞争

相比东部沿海经济发达地区，中西部地区的民办中小学教育发展较为缓慢，规模相对较小，在校生比例大多在1% ~6%之间（如表1.1所示）。单个学校的规模也较小，筹资和组织形式也相对简单。从地域分布来看，小学大多集中在乡镇等农村地区，中学则集中在县城以及大中城市。当然，部分中西部地区也出现了民办学校成规模发展的现象，例如山西、河南的民办中小学在校生比例也分别达到了17.12%、11.14%，位居全国第四位和第五位。山西民办高中在校生比例更是占到了同级教育的20.58%，仅次于浙江。但山西民办中小学教育发展的差异也很明显，既有规模较小、生源较差、主要是替公办学校拾遗补缺的类型，也有较有活力、规模较大、在校生占同级教育的比例甚至超过东部地区、且民办学校与公办学校之间已经形成较为激烈的竞争关系的类型。

中西部特别是中西部农村地区经济发展落后，教育经费匮乏，九年制义务教育尚未完全普及，公办中小学教育普遍薄弱。小学、初中、高中等阶段都存在较大的过度需求，民办中小学主要是作为弥补公办学校教育机会供给不足而出现的，主要面向中低收入家庭。这在20世纪90年代农村“普九”时期最为明显。近几年，随着学龄人口的减少和义务教育经费保障机制的完善，公办教育供给的绝对不足有所缓解。但2000年以来，随着中小学布局调整的实施和城镇化的加速，局部地区出现了结构性的中小学教育供给不足，又出现了新一轮举办民办学校的高潮，这些民办学校起到了迅速应对社会变迁、拾遗补缺的作用。此外，中西部地区的公办教育不仅就学机会供给不足，地域可及性也较差，教育质量低下。随着中西部地区经济社会的分化，部分人群开始不满于这种状况，这就催生了一批民办学校来满足这些差异性需求，甚至有专招差生的。而这些学校与公办学校在生源、师资等方面展开了较为激烈的竞争。

从发展趋势来看，中西部地区中小学教育的过度需求将逐渐随着公共教育经费投入的加大而减少，如果不实行“教育券”等政府购买教育服务的措施，民办中小学教育特别是民办义务教育的生存空间会被压缩，对高中教育的过度需求还将存在较长一个时期。而随着中西部地区经济社会分化的加大，差异性需求将会增长，民办中小学教育将逐渐转向满足这种需求。

执笔人：余　宇　徐宗阳

附录　我国民办职业教育[①]的发展现状

21 世纪以来，我国民办高职院校发展迅速。2012 年，全国民办高等职业技术院校的总数为 309 所，是 2003 年（155 所）的 2 倍。从增速上看，2004 ~2009 年民办高职院校的增速相对较快，2009 年之后趋于平稳。见附图 1. 1。21 世纪之后民办（高等）职业教育的这种快速

① 出于政策一致性和数据可得性的考虑，这里所指的职业教育仅包括教育部门主管的中等和高等职业教育。

发展，一方面源于政策扶持，另一方面也是由于我国实行高等教育扩招政策。由于公办高等职业院校资源不足，无法满足扩招的需要，从而给民办高职院校的发展创造了空间。

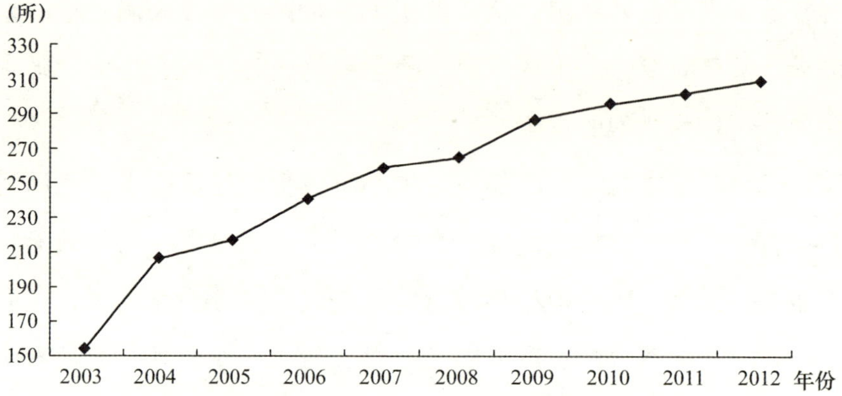

附图 1.1　2003～2012 年民办高职学校数

数据来源：历年《中国教育统计年鉴》。

学生数量方面，2008 年之前，民办高职院校的在校生数呈较大幅度的增长趋势，每年的增幅在 50%～65% 之间。但是 2008 年之后，在全国高校招生规模趋于稳定的大背景下，民办高职的在校生数量也趋于平稳并且略有下降，2009 年、2012 年就出现了负增长。招生数和毕业生数方面也表现出了类似的特征，民办高职的招生量在 2009 年、2010 年两年里出现下降，2011 年开始略有回升，毕业生数的情况滞后于招生数情况两年，也有同样的特征。从附图 1.2 不难看出，2010 年之后，民办高职的毕业生数和招生数趋于一致，表明我国民办高职教育进入了平稳期，进一步的发展需要民办高职做出较大的变革和改进。

民办中等职业教育方面，受到国家相关政策调整（主要是中职国家助学金政策）的影响，从 2009 年起，民办中职院校数量急剧下滑。2012 年，全国民办中职院校的数量是 2649 所，大致相当于 2006 年的

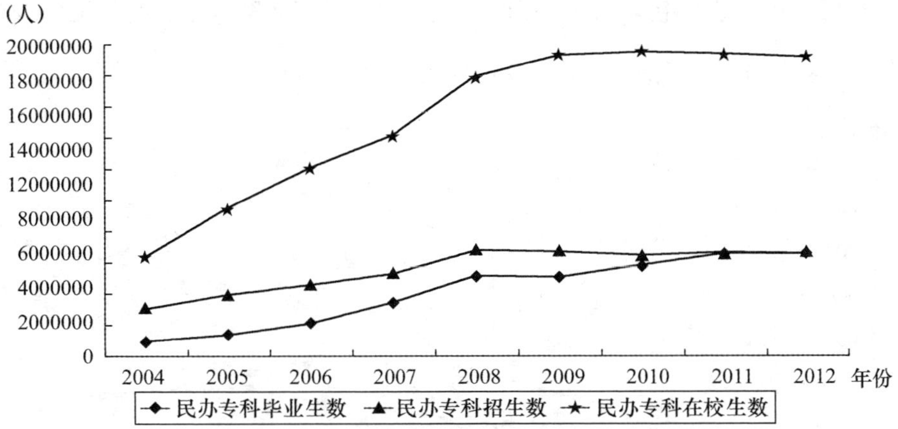

附图 1.2　2004～2012 年民办专科学生数

注：由于统计年鉴中没有专门统计民办高职的学生数，同时民办专科院校中绝大部分属于民办高职类院校，所以此处用民办专科学生数的数据说明民办高职学生数的情况。

数据来源：历年《中国教育统计年鉴》。

水平，而发展最高峰时期的 2008 年，这一数据是 3234 所。见附图 1.3。

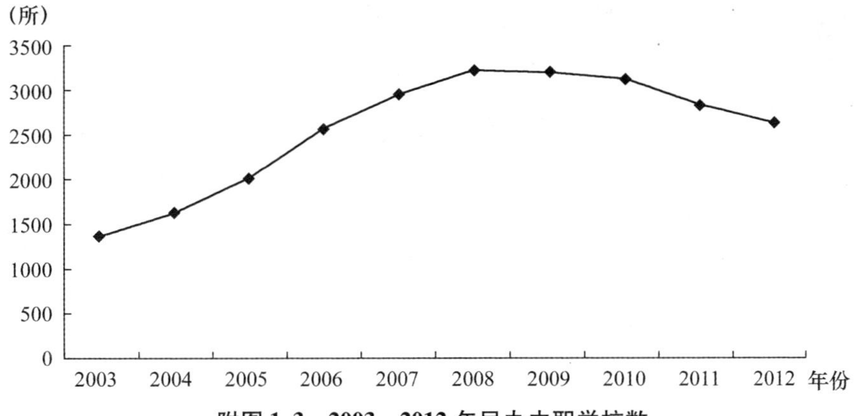

附图 1.3　2003～2012 年民办中职学校数

数据来源：历年《中国教育统计年鉴》。

在校生方面，随着学校数的减少，民办中职的在校生数也急剧减少。2012 年，全国民办中职的在校生人数为 2408800 人，低于 2007 年的水平。2012 年，全国民办中职的招生数为 837547 人，少于 2006 年的招生数（942965 人）。从 2011 年起，民办中职院校的招生数开始少于毕业生数，表明民办中职教育进入了深度下滑调整期，如果缺乏有效的应对措施和政策扶持，民办中职教育将不断萎缩。见附图 1.4。

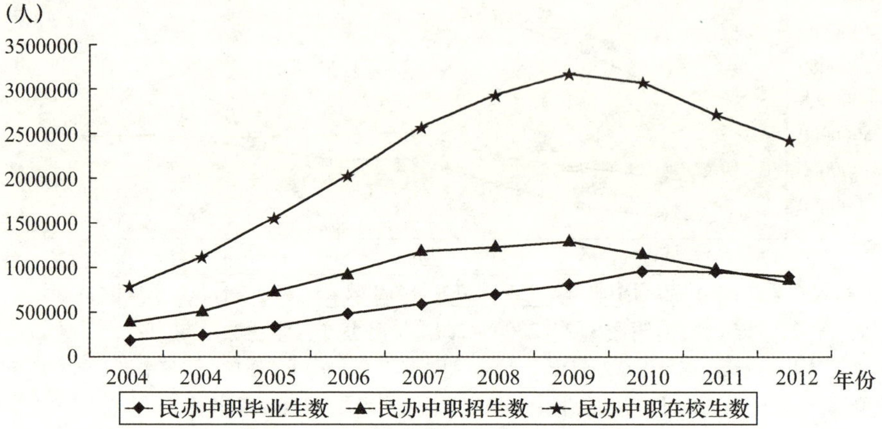

附图 1.4　2003～2012 年民办中职学生数

数据来源：历年《中国教育统计年鉴》。

总体来看，进入 21 世纪之后我国民办职业教育原本有着良好的发展势头，但是在国家相关政策调整的影响下，民办职业教育遭遇了较大的挫折。只有进一步深化改革、创造条件才能改变民办职业教育发展的颓势，进而实现民办职业教育发展的突破。

第二章

当前我国民办教育面临的突出问题

当前，我国民办教育发展亟待解决十大问题。如果将这些问题进行归类，大致可以分为以下四类：第一类是民办学校的属性问题，涉及民办教育的“营利与非营利”与“法人属性”问题，此类问题可以通过建立分类管理制度予以解决；第二类是民办学校的产权、资产和会计制度问题，涉及民办学校的“产权属性”、“合理回报”和“会计制度”问题，此类问题也需要在分类管理的制度框架下解决；第三类是民办教育发展中的政府职责问题，包括“优惠政策”、“市场监管”和“政府服务”问题，解决此类问题需要消除针对民办学校的歧视性政策，为其良性发展提供良好的外部环境；第四类是民办学校的治理问题，包括民办学校的“学校权力”和“教师权益”问题，此类问题需要通过建立现代法人治理结构、健全教师权益保障机制来解决。

当前，我国民办教育发展亟待解决十大问题[①]，即法人属性问题、产权属性问题、学校权力问题、教师权益问题、会计制度问题、营利

① 鲁昕：《落实〈规划纲要〉促进民办教育健康发展——在2010年中国民办教育发展大会暨中国民办教育协会年会上的讲话》，郑州：中国民办教育协会，2010年。

与非营利问题、合理回报问题、优惠政策问题、市场监管问题、政府服务问题。如果将这些问题进行归类，大致可以分为以下四类：第一类是民办学校的属性问题，包括“营利与非营利问题”与“法人属性问题”；第二类是民办学校的产权、资产和会计制度问题，包括“产权属性问题”、“合理回报问题”和“会计制度问题”；第三类是民办教育发展中的政府职责问题，包括“优惠政策问题”、“市场监管问题”和“政府服务问题”；第四类是民办学校的治理问题，包括“学校权力问题”和“教师权益问题”。而且，无论是十大问题还是四类问题，都是环环相扣、紧密相连的，并非彼此孤立存在。

一、民办学校的属性问题

这里着重论述十大问题中的“营利与非营利问题”和“法人属性问题”。具体来看，这两个问题并不是一个层次的问题，其中“营利与非营利的问题”属于更高层次的问题或者说是民办学校的根本属性问题；而“法人属性问题”则要低一个层次，指的是更具体的民办学校所属的法人类别（例如“民办非企业单位”这种具体的含义），这是两个问题的区别。之所以归为一个问题，主要在于这两个问题的联系。《民办教育促进法》规定“民办教育属于公益性事业，是社会主义教育事业的组成部分”，实际操作中，民办学校在民政部门登记注册时被界定为“民办非企业单位”，所以在这一层次上，这两个问题同属于民办教育的属性问题。

（一）营利与非营利问题

关于营利与非营利的问题，学界的争论比较多，基本形成了四种观点或主张：一是民办学校的非营利性，二是民办学校的营利性，三是民办学校的“第三条道路”，四是民办学校的区别对待。关于营利性和公益性的区分对于民办学校的重要性，在不少论述中都有论及，其中柯佑祥[①]（2001）、高志国[②]（2009）都指出了公益性与营利性是一对“最基本矛盾”，是“民办教育办得好不好的最基本问题”。

观点一：民办学校的非营利性。杜咪达[③]（2012）认为，民办学校的公益性质并不因其学校的经费来源、办学主体而失去公益性，因为民办学校通过培养人才、缓解国家教育投入短缺、促进教育改革而体现其公益性。高志国（2009）也支持这种论点，他认为，“有必要明确民办教育的主体功能，即民办教育的公益性”[④]。在理由上，他比杜咪达多出一点，即扩大福利性教育本身就是公益性的一部分。张俺元[⑤]（2007）提出，国家、社会和学校必须从自己的角度出发来坚守和维护教育的公益性。

观点二：民办学校的营利性。王媛媛（2004）认为，民办学校是可以营利的，“因为党的十六大确立的‘要素贡献分配原则’为民办学校营利的运作提供了政策支撑，教育服务产品的二重属性理论为民办学校收费提供了理论依据，而解决教育资金瓶颈、体制缺失和主体错位的问题对民办教育的营利运作提出了现实诉求”[⑥]。颜廷凤、张国锋、鞠桂燕（2005）提出，必须全面把握营利性的民办教育，“正视

---

① 柯佑祥：《民办高等教育盈利问题研究》（博士论文），厦门大学，2001 年。

②④ 高志国：《民办学校营利与公益关系的哲学思考》（硕士论文），内蒙古师范大学，2009 年。

③ 杜咪达：《民办教育中的合理回报与教育公益性关系研究》（硕士论文），华东政法大学，2012 年。

⑤ 张俺元：《民办教育公益性及其法理思考》，载于《泉州师范学院学报》，2007 年第 1 期。

⑥ 王媛媛：《民办教育机构营利问题研究》，载于《四川师范大学学报（社会科学版）》，2004 年第 1 期。

营利性民办学校是我国学校教育尤其是民办教育发展的现实需要”，而且应该“澄清对于民办教育营利性的传统偏见”①。

观点三：民办学校的“第三条道路”。潘懋元（2012）提出了关于民办学校发展的“第三条道路”，即将教育的公益性与投资的营利性有机统一的道路。他认为，这种道路的选择是符合国情的模式。他认为传统上对于民办学校非营利性与营利性的二分法存在困境，这是西方理论的产物，因为“私立非营利性高等教育是建立在捐资办学的基础上，而营利性的高等教育则是建立在投资办学基础上”②。进而，他提出，第三条道路就是“投资举办但不要求取得回报的民办高校和要求取得合理回报但又不是营利性的民办高校”。这种观点根源于对非营利性和营利性并非矛盾的认识。文东茅（2004）指出，民办学校的公益性是“办学之后形成的社会影响，营利性则是有关办学行为和对办学盈利处理的一种制度安排，二者既不属于同一范畴的一对矛盾，也不存在直接的对应关系，营利性并不一定妨碍民办学校的公益性，非营利性也不一定增加学校的公益性”③。

观点四：民办学校的区别对待。第四种观点是学者在研究了国外的私立教育之后所做出的论述。彭虹斌④（2001）指出，日本明确规定私立教育机构不得以营利为目的，而美国、菲律宾等国家区分了营利与非营利学校，营利性学校需要纳税。他提出，对我国的民办高校

---

① 颜廷凤，张国锋，鞠桂燕：《论我国的民办教育政策与民办教育的营利性》，载于《山东教育学院学报》，2005 年第 2 期。

② 潘懋元，邬大光，别敦荣：《我国民办高等教育发展的第三条道路》，载于《高等教育研究》，2012 年第 4 期。

③ 文东茅：《论民办教育公益性与可营利性的非矛盾性》，载于《北京大学教育评论》，2004 年第 1 期。

④ 彭虹斌：《日、美私立教育营利问题分析及启示》，载于《比较教育研究》，2001 年第 1 期。

也要在营利问题上做出区别对待[①]。而黎小明（2004）指出，如果不进行营利民办学校和非营利民办学校的区分，则容易“滋生教育腐败，加剧民办学校不公平竞争，甚至导致教育和社会不平等”[②] 的后果。因此，坚持第四种观点的学者认为，营利和非营利可以同时存在，但是要分类管理。王烽博士亦认为有必要对营利与非营利“分类管理”，“即消除模糊地带，规范非营利，允许营利”[③]，这样有助于规范“合理回报”的说法。

在课题组调研的湖南与浙江地区，这个问题确实也是大家在实际中最为关心的问题。现实中，确实存在着一些学校打着非营利性的旗号但是从事营利性事业的现象。我们认为，非营利性指的是民办教育是教育事业的组成部分，而教育事业本身具有公益性，并不是以营利为目的，在实际中，公益性事业中也存在着营利性的组织，这并不矛盾。但是，民办教育应坚持非营利的道路不动摇，事业和机构要区分开，就像医疗卫生事业也属于公益性事业，但不能排除医院赚钱。最要杜绝的现象是，部分民办学校打着非营利性的旗号，享受着政府的补贴，而去做营利性的事情，通过办学校来赚钱。因此，分类管理势在必行。

（二）法人属性问题

对于法人属性的问题，涉及民办学校与公办学校的地位平等问

---

① 彭虹斌在文中指出的是一种根据民办教育阶段来划分的原则，具体如下：对于义务教育阶段的民办学校原则上不以营利为基础；对于义务教育阶段的营利性学校，采取企业化的经营策略，要依法纳税；允许民办高等学校以营利为基础，但要分类管理；职业培训、短训班、短期职业学校可以采取企业化管理方式。

② 黎小明：《挑战民办教育非营利性》（硕士论文），上海师范大学，2004 年。

③ 王烽：《谈营利性与非营利性民办学校分类管理问题》，载于《广西师范大学学报》，2010 年第 3 期。

题。相关研究主要集中在民办高校的法人属性问题上，研究普遍认为民办高校的问题在于法人属性界定不清晰、法律地位不明确，这导致了民办高校自身的生存困难，特别表现在由于教师权益得不到有效保障而引起的师资队伍不稳定问题。巩丽霞[①]（2011）指出，民办高校只能按照民办非企业单位类别进行法人登记，这并无基本法的依据。因此，应该清理并纠正对民办学校的各类歧视政策，通过立法重新解释事业法人，将非营利性民办高校归入其中。杨震[②]（2010）认为，提升民办高校法律地位的关键是在法人治理方面明确界定民办高校法人类型、规范民办高校法人治理结构和健全民办高校法人治理制度三方面。

在课题组的实地调研中，我们发现，浙江省温州市对于民办教育的改革比较好地缓解了这个问题的严重性。例如，温州针对民办教育进行的“1+14”综合改革中，将民办教育机构进行分类管理。具体说来，按照政策文件的规定，首先按照民办教育的营利性和非营利性进行分类试点，对登记为营利性的民办教育机构，进行工商登记，按照企业管理；对于登记为非营利性的民办学校，登记为“民办事业单位法人”，在民政部门登记。温州市共有1608所民办学校，进入改革试点的有415所。在试行分类管理的过程中，有50多所民办教育机构登记为营利性，剩下的机构都登记为非营利性。对于营利性的机构，其自主权大，对于资金的使用也比较灵活。而登记为非营利性的民办教育机构，政府则有配套的政策补贴：一是财政方面每年的专项奖补资金，市本级为3000万元；二是政府购买服务；三是享受土地政策方

① 巩丽霞：《关于民办高校分类管理制度设计的几点思考》，载于《中国高教研究》，2011年第9期。

② 杨震：《我国教育体制改革中民办高校法律地位研究》（硕士论文），安徽大学，2010年。

面的优惠，享受土地划拨。

可以看到，分类管理其实很好地解决了民办学校法人属性的问题，其效果可以分为两点来看。第一，以往的“民办非企业法人”的说法界定的不够明确，容易出现前面提到的有的学校享受政策补贴，还继续从事营利赚钱的现象。而温州市的分类管理改革则赋予了非营利性的民办学校以“民办事业单位法人”的地位，这种分类很好地解决了这个问题，想去多赚钱的学校可以登记为企业，登记为非营利性的则不能以营利为目的。第二，分类改革也给非营利性民办教育机构的教师带来了福利。他们以往的地位仅是在法律中得到体现，实际中的地位和待遇并不一样，而分类管理带来的效果则是非营利性民办学校的教师可以享受到与事业单位一样的社会保险，这增加了民办学校教师的稳定性。

二、民办学校的产权、资产和会计制度问题

民办学校的产权、资产和会计制度问题包括了三个小问题：一是民办学校机构的产权属性问题，二是合理回报的问题，三是民办学校的会计制度问题。前两个问题其实都和民办学校的举办者有关系，因而涉及民办学校个体的发展问题。民办学校的产权属性问题关涉现行的法律法规对民办学校投入者的资产以及增值部分的财产规定的不甚明确，进而制约学校发展。合理回报问题和整个民办教育的属性有关系，也和民办教育机构的产权有关系。具体说来，对某物宣称有产权，则有相关的占有权、使用权、分配权、收益权、转让权，如果民办学校的投入者对于民办学校拥有产权的话，则会带来合理回报的问题。现阶段对于合理回报的认识和在实际中的界定标准，全国并未统一，

也没有一个现行的可以遵照的标准。同时，这个问题还涉及学校内部的会计制度问题和配套的税收制度问题。

（一）产权属性问题

关于产权属性的问题，很多学者指出这个问题和合理回报问题都与民办学校的属性问题存在关系，特别是与民办学校的“营利与非营利的问题”直接相关。文东茅（2003）指出，“对民办学校的产权不能仅仅理解为财产所有权，而应该理解为各种广泛的财产权利，在产权不明晰的情况下，民办学校的创办者往往拥有学校的控制权”①。别敦荣（2000）从民办高校和公立高校的区别出发，认为“公立高校由政府充任产权主体角色，而民办高校的产权则不属于国家财产，政府不能充任民办高校产权的主体”②。进而区分了国有、公有、民有和私有的高校的产权运作。刘晓（2006）认为，民办教育的产权不明晰会“挫伤办学积极性，不利于整体教育质量提高，限制民办教育发展”③。而产权清晰的表现是，“民办教育属于公益性事业，任何组织和个人不得以营利为目的举办学校及其他教育机构，民办学校享有独立的法人财产权，出资人可以从办学结余中取得合理回报”④。吴华（2008）认为，“产权问题是《民办教育促进法》颁布以来一直令民办学校举办者感到十分困惑的问题。特别是教育部2007年25号部长令《民办高等学校办学管理若干规定》颁布以后，民办高校举办者普遍感到自己合法的财产权利将被政府剥夺，对立情绪十分强烈”⑤。这主要是

---

① 文东茅：《论民办学校的产权与控制权》，载于《清华大学教育研究》，2003年第2期。

② 别敦荣，郭冬生：《我国民办高等学校产权问题初探》，载于《高等教育研究》，2000年第1期。

③④ 刘晓：《民办教育产权问题探析》，载于《湖南行政学院学报》，2006年第4期。

⑤ 吴华：《民办教育在中国的前景》，载于《民办教育研究》，2008年第1期。

因为对《民办教育促进法》第三十五条“民办学校对举办者投入民办学校的资产、国有资产、受赠的财产以及办学积累，享有法人财产权”的“法人财产权”存在普遍的误解，以及现行法律没有关于民办学校停办清算以后剩余资产归属的明确规定。陶西平（2010）认为，产权不明晰是因为法人属性模糊，而且“民办学校的法人属性不改变的话，那么出资者的权益事实上是缺少保障的，在没有解决产权归属问题之前，出资人对于投入学校的资产是心存疑虑的”①。

在课题组实地调研的区域中，产权属性问题的表现基本上在学者所论及的范围之内，主要表现在于谁对民办学校拥有产权，而产权的拥有者对学校有何进一步的权利。在与温州市主管民办教育的教育局领导访谈的过程中，他们提到，民办学校不能享受公办的待遇，也不能像企业一样进行营利，其中的瓶颈主要是产权属性问题。这个问题在现实中的表现就是，根据《民办教育促进法》规定，民办学校对于举办者投入民办学校的资产、社会捐赠等办学积累形成的财产拥有法人财产权。民办学校的产权表现是只有使用权，没有占有权，这与企业十分不同，企业的产权是既有使用权，也有占有权。这导致了民办教育的产权不清的问题，即民办教育的投入者没有对学校以及资产的占有权，但是有使用权。那么产权到底归属于谁呢？大家公认的说法是这部分资产属于“社会资产”，而对于社会资产由谁管理，哪个机构可以对这块资产进行管理，实际上尚无定论。这就是民办学校的产权属性问题，同时这个问题还牵涉到合理回报的问题。

---

① 陶西平，王佐书：《中国民办教育》，教育科学出版社 2010 年版。

（二）合理回报问题

关于合理回报的问题，大多数学者所采取的分析方式是将这个问题和民办学校的属性、民办学校的产权等问题联系起来，或者结合营利性与非营利性的冲突来讲。对于这个问题进行单独分析的并不多。现有的文献往往将这个问题跟特有的民办学校结合起来，比如民办高等教育的合理回报问题等。柯佑祥（2003）认为，民办高等教育的合理回报有利于民办教育的发展，"有关民办高等教育获取合理回报与适度盈利政策的立足点，并不是鼓励民办高校投资、办学盲目追求利润，而是为了从根本上改善民办学校办学经营环境，提升民办学校的竞争实力和公益性，以此加快民办高等教育的扩展"①。吴开华②（2008）认为，民办学校出资人可以获得"合理回报"的法律规定带来了诸多新的法律问题并面临一系列无法摆脱的困境，因此应该立法取消这一规定。文东茅③（2003）对民办学校可能存在的八种合理回报的方式进行了逐一的分析和对比。

在实际调研中，这个问题的表现和学者们的论述并不太一致，学者的论述大多围绕着合理回报是有利还是不利、在实际中好或者不好来展开。而在实地调研中，温州市教育局的被访者就谈到了这个问题的特殊性，他认为这主要是法律规定和具体操作的脱节。"既然是公益性为什么引入合理回报？可能有两个原因，一是当时的民办学校现状，大部分民办学校是投资办学，对现状的一种默认；二是为了更好地吸引社会资金举办教育。但问题是，《民办教育促进法》第五十一

① 柯佑祥：《民办高等教育投资的合理回报》，载于《江苏高教》，2003年第5期。

② 吴开华：《民办学校"合理回报"的立法困境与出路》，载于《教育科学》，2008年第1期。

③ 文东茅：《民办学校"合理回报"方式分析》，载于《中国高教研究》，2003年第3期。

条写明出资人可以取得合理回报，具体办法由国务院制定。写是2003年写了，但是十几年过去了，国务院始终没有出台合理回报的办法。这样一来，民办学校获取合理回报的办法，只能通过学校的技术处理、灰色手段，把自己想要的东西拿走，这是迫使举办者自己在违法，他们的违法行为某种程度上是被逼到违法层面上做事情”。因此，合理回报的问题并不是一个纯粹理论层面上营利与非营利的争论，而是一个实际操作的问题，如何获得合理回报，用什么方式合法地去获得合理回报是重要的问题。现有的政策体系应尽早做出合理回报的规定，通过政策去激励取得合理回报，而不是去激励非法取得收入。因此，在温州市的做法中，分类管理的做法很好地解决了这个问题，对于登记为民办事业单位法人的非营利性的民办学校，可以用奖励的方式获得合理回报，这种奖励金额是不超过银行贷款基准利率的两倍。

（三）会计制度问题

这个问题在目前民办教育领域的表现是，民办学校使用的会计办法不一，核算标准也不统一。会计制度这个问题和民办学校的属性以及产权问题都有关系，由于这个制度不统一，也制约了财政政策和税收政策的落实。这个问题内部包含了两个小问题：第一个是会计制度在民办学校的适用性问题，即针对民办学校的特殊属性，什么样的会计制度适用于民办学校；第二个是民办学校内部的财务管理问题，这个问题和合理回报问题有关系，涉及民办学校的一些违规操作的问题。

很多学者在论述民办学校的发展中存在的问题的时候，都提到了会计制度的问题，但少有专门论述。根据我国的法律和法规规定，民办学校应该设置会计机构和人员，有专门的会计制度。由于各类组织性质的不同，所以依法适用的会计制度应该是不一样的。而关于民办学校内部的财务管理问题，更是没有实证研究，指出问题者众，但均未进行深入探究。

课题组在温州的实地调研中发现，民办学校会计制度的症结就在于，民办学校是民办非企业法人，规定使用的会计制度是民间非营利性组织，而这种会计核算办法在两个方面对民办学校的限制很严重：第一是办学收入不能用于分配，第二是办学资产退出以后不能拿走，归社会所有。这和《民办教育促进法》是相抵触的。而温州的做法是根据上海的经验，自己探索了一套适用于民办学校的会计制度，在这套制度里面关于合理回报的取得、资产的明晰等问题都和原来的会计制度不一样。这样改革的理由也是为了应对财务管理的问题，民办学校得不到自己应该得到的财产，就会想其他办法从学校中拿取资金。规定一个清楚明白、可以合理取得回报的会计核算制度，可以同时解决民办学校会计制度存在的上述两个问题。

针对学校的内部管理问题，课题组在四川省成都市调研发现，当地的做法是由市教育部门与民政部门牵头，会同高校对新成立的民办教育机构进行评估，这种评估类似于“年检”。这种指标评价涉及学校内部的诸多问题，包括会计制度、管理体系等，主要功能在于让民办学校的举办者和管理者知晓民办学校管理的方式与制度。每年的评估会对社会公开，接受社会监督。这种评估更为重要的现实意义在于，评估所得的级别与分数会与政府购买服务直接相关，即政府优先购买评级更高的民办教育机构所提供的服务。民办学校要承担政府在教育方面的职能转移，必须从自身做起，将自己打造成为星级学校。这种体系可以在更深层次上规范民办学校的内部治理问题。

三、民办教育发展中的政府职责问题

这部分的问题包括：优惠政策问题、市场监管问题和政府服务问题。这三个问题都属于民办教育发展的宏观或者局部环境问题，因此将其归为一类。其中，优惠政策问题涉及财政政策、税收政策、人事政策、土地政策与金融政策，这些政策与民办教育所涉及的全部四大类问题都是相互关联的，在实地调研中民办学校都希望可以得到优惠政策。市场监管问题指的是，民办学校的监督和治理机制尚须完善，要通过市场来规范其违规办学行为。政府服务的问题指的是，民办学校从申请到办学各个过程都需要政府多个部门的审批，如何通过建立有效的协调和沟通机制，完善政府服务民办教育的体系是一个重要课题。

在学界的讨论中，这三点属于民办教育中的政府职责问题，基本上都是作为问题的解决措施出现的。比如，针对民办学校的一些生存困难要加大政策扶持力度，针对民办学校的违法违规招生办学问题要加强市场监管，针对民办学校的审批难、办学难的问题要完善政府的服务体系。我们认为，泛泛讨论这些措施没有特别大的价值，更有益的做法是看这些政策措施的地方实践，这些具体的实践起到了什么样的效果，以此作为其他地区乃至全国的借鉴。换句话说，我们要考察民办学校在这些地方实践下的具体的生存状况怎么样，以此来推测民办学校的外部环境，进而考察这些地方实践的效果。

这里以课题组在浙江省温州市的实地调研为例具体分析。温州市通过 1 + 14 综合改革文件为民办教育提供了外部环境支持，将歧视性政策变为支持性、鼓励性政策。具体说来，温州市的综合改革首先进行了分类改革，将民办学校分为营利性民办学校与非营利性民办学校，对两者区分开来进行管理。支持性政策主要体现在对于非营利性民办学校的支持，包括财政政策、土地政策、人事政策与金融政策。

（一）优惠政策问题

具体来看，财政政策的内容为：设立了民办教育的财政专项奖补资金，这个专项的数额每年是固定的，补助的项目也是固定的，各县市区都有，数量大小不一样，温州市本级 3000 万元，12 个县市区 3600 万元，总数是 6600 万元。这是财政政策的支持。政府的另一项支持为“购买服务”，在访谈中，我们了解到政府购买服务是一种补助，“补助标准是多少？义务教育阶段按生均上一年度同级同类学校生均事业费的 30% ~50%，非义务教育阶段同级同类教育生均事业费的 20% ~30%。比如说某一个县，去年全县初中生均事业费，一个学生 1 万元的话，这个县的初中生一年整个初中教育的投入除以学生数，得到的平均数是一年是 1 万元的话，可以向政府申请民办学校一个学生生均补助是 3000 元，2000 个学生可以申请到 600 万元”。

土地政策的内容为：将原来要通过土地出让来获得建设校区所用土地的方法，改为对于非营利性的民办学校进行适当的土地划拨或者进行收费的适当减免。

人事政策的内容为：将非营利性民办学校的教师定为民办事业编制，这体现在专门为民办学校教师做专门的人事代理、享受和公办教师同样的社会保障以及对于民办教师的职称评审和教育培训等。

金融政策的内容为：第一，允许民办学校以自己的收费权、办学权、商标权和知识产权去银行质押；第二，允许民办学校以自己的非教学设施进行抵押；第三，教委的投资集团公司对小额民办学校的贷款和融资作担保。这样可以吸引更多优质的社会资金进入民办教育领域。而温州之所以可以进行这样改革的基础，特别是以民办学校的办学权、收费权作为抵押的基础是地方银行对此的欢迎，而这又基于民办学校的特殊性质，即民办学校是先收费后服务的，这不同于企业的先服务后收费的模式，所以很少出现资金链的断裂。

（二）市场监管问题与政府服务问题

温州市的综合改革在市场监管方面的内容有：将对民办学校的收费管理进行适度放开，以市场的手段和市场的方式去调节民办教育领域。

对收费进行放开的主要背景和做法是：在综合改革之前，政府对于民办学校的价格管制比较紧，民办学校需要通过成本核算来向物价部门备案，这实际上由备案制变成了审批制，很多民办学校需要降低价格才能获得物价部门的审批。综合改革之后，文件规定，中小学生均事业费的三倍以内自主定价，不需要审批。举例来说，初中生均事业费 1 万元，中小学收费在 3 万元以内的都可以自主定价，学校只需要将这个定价向社会公示，报物价部门备案，不再需要审批。若一个民办初中的收费超过了 3 万元，则需要物价部门的审批。

这种政策之所以可以行得通，主要是因为借用了市场的力量，因为当下民办学校和公办学校共同发展，并没有出现民办学校的垄断局面。所以，民办学校的收费必须根据市场来进行定价，不能收得过高，根据市场形成的定价是理性的。这部分解决了民办学校在物价部门的控制下收取学费之外，还要另外收取学费的违规收费的问题，也使得政府撤出了部分对于民办学校的管理，这一点和“政府服务”也有关系。

政府服务的问题涉及民办学校办学难、审批难的问题，还涉及民办学校在招生和专业设置方面也受到政府的诸多限制。前面关于放开价格管制的做法，即是理顺了政府与市场之间的关系。以市场的机制作为调节，意味着政府的行政手段弱化。政府从管理者的身份开始逐步转变为服务者，这种地位的逐步转变也是政府逐步完善服务民办学校的一步。

总之，前三类问题都是民办学校自身无法掌控的问题，前两类问题还和民办学校自身的性质有些关系，而第三类问题是民办学校完全无法掌控的，这是民办学校的生存环境问题。这类问题经常导致民办学校的生存困难，主要表现在现有环境中存在大量对民办学校的歧视性政策，民办学校始终不能获得和公办学校的同等地位，这都极大影响了民办教育事业的发展。因此，民办教育事业的良性发展必须依赖外部环境的改善。

四、民办学校的治理问题

民办学校的生存困难除了与外部环境有关，还与学校治理问题有关。这部分的内容包括学校权力问题和教师权益问题。这些问题不仅关系到民办学校自身的生存，也和民办教育事业的健康发展有关。其中，学校权力问题主要表现为民办学校没有建立法人治理结构，而是家长制的治理方式，许多民办学校的举办者就是民办学校的校长，董事会、经理层和监事会有的欠缺，有的混乱不清。教师权益问题，具体表现为教师的社会保障问题与教师的地位问题，而这两个问题会具体影响到教师队伍的稳定性；如果一个学校的教师队伍，特别是骨干教师队伍不稳定，则会影响到学校的教学质量与长远发展。

（一）学校权力问题

研究民办学校的学者多次提及关于学校管理中出现的学校权力问题。问题的具体表现有两个方面：一是学校在招生、专业设置方面受到诸多限制，这是其权力受到政府制约的一个方面；二是学校内部的法人治理结构，尤其是现代法人治理结构不够健全。

高峰[①]（2011）指出，“自改革开放以来，民办教育获得长足发展，与之相应的学校董事会、主办单位等组织机构的出现，促进形成了更为多元化的学校领导体制。如董事会领导下的校长负责制，主办单位领导下的校长负责制，教育集团统筹下的校长负责制”。尽管学校管理体制在形式上多种多样，但“仍存在诸多问题，就学校的领导体制来说，仍然存在着家族式领导体系，董事会制度不完善，甚至不设董事会等问题”。

在课题组实地调研的学校中或多或少都存在这个方面的问题。在湖南省衡阳市的一所民办高职院校中，举办者的儿子也在学校的管理团队中。另外一所针对农民工子弟的封闭式管理中学，学校的正副领导就是一对夫妇，为他们投资的也是亲戚。可见，许多学校确实存在着家族式管理的特点，学校的举办者在关乎学校发展的重大问题上，基本上都是自己说了算。这里不去评价这种家族式管理的优劣，而是指出这个事实。这个既存事实的主要问题在于与现代法人治理结构不相符合，甚至相互冲突。对于民办教育的健康发展来说，民办学校的现代法人治理结构是其发展方向，家族式管理是要改变的。

① 高峰：《民办高中的学校领导体制研究》（硕士论文），南京师范大学，2011 年。

（二）教师权益问题

教师权益问题对于民办学校内部管理来说是一个大问题，因为其直接关系到民办学校的生存和发展。如果民办学校的教师，特别是骨干教师的权益得不到保障，特别是社会保障得不到与公办教师同等的待遇，就会影响到教师队伍稳定性，进而影响到民办学校的生存与发展。这个问题的根本症结在于公办教师与民办教师在地位以及所属权益上不平等。

学界对于这一问题的研究主要集中在教师队伍的稳定性这个问题上，具体说来是民办学校的民办非企业性质影响到教师的社会保障问题，而这也导致了公办学校和民办学校的教师存在地位不平等问题。吴华（2008）认为，民办学校教师的稳定性是民办教育健康发展的首要问题。因为“影响其稳定性的最大障碍是在养老保险方面民办学校的教师不能享受公办学校教师同样的社会保障制度，导致民办教师的职业评价下降”[①]。这个问题根源于，“民办学校是按照民办非企业登记，一般参加的是企业社会保险，教师在民办学校退休领取的养老金比公办学校退休领取的养老金大约要低40%”。据吴华（2008）测算，如果民办学校要给教师在公办学校同等的待遇，“其工资水平至少应该高出公办学校同类教师40%，而这还仅仅是养老保险一项，如果把医疗保险、失业保险、住房公积金都算在内（连同养老保险俗称‘四金’），还要再增加15%以上，即民办学校支付给教师的直接工资至少要达到公办学校教师直接工资的155%时，两者的实际收入才相当；再加上社会统筹的30%，民办学校教师的工资总成本相当于公办学校的185%。”楼世洲、徐勇[②]（2000）认为，民办学校教师在劳动关系

① 吴华：《民办教育在中国的前景》，载于《民办教育研究》，2008年第1期。

② 楼世洲，徐勇：《民办学校教师权益的保障》，载于《教育发展研究》，2000年第6期。

与社会保障上都与公办学校教师存在区别，这直接导致的问题就是民办学校留不住老师，直接影响到民办学校的健康发展。潘懋元、姚加惠[①]（2006）指出，师资在年龄结构上“两头大，中间小”，专职教师太少，兼职教师多，教学不投入，流动性大，这些都不利于教学质量与管理水平的提高。

从实地调研的情况来看，我们发现，温州市的综合改革很好地解决了这个问题。温州市的具体做法针对民办学校教师与公办教师地位不平等的问题展开，分为事业编制和养老保险两块。第一，对民办学校的教师建立人事代理档案。这样做一是可以引导民办教师更加规范地从事教育教学活动，二是可以为民办教师的日后流动提供一个可供信赖的平台。第二，对于符合条件的非营利性的民办学校的专任教师，要赋予民办事业编制，享受公办学校同等的事业单位的“五险一金”。那么这部分钱从何而来呢？如前所述，是从财政补助拿出来的钱用于解决民办教师的社会保障问题，这样一来民办教师就可以和公办教师享受同等水平的社会保障。

执笔人：徐宗阳

① 潘懋元，姚加惠：《民办高等教育发展之困境与前瞻》，载于《民办教育研究》，2006 年第 4 期。

第三章

教育服务体系中的民办学校：角色定位与政策支持

改革开放以来，我国的民办教育取得了长足进展。当前我国的民办教育正面临着在理念上受到高度重视，但在政策和现实中却处于发展相对无力的悖论。如果将民办学校作为分析对象，从民办学校的数量（所占比重）和性质（非营利性还是营利性）两个维度出发，可以建构出民办学校所扮演角色的一个分析框架。由于每个教育阶段有着其各自的独特性，所以在服务供给的制度上也各有特色，从而民办学校在其中扮演的角色、发挥的作用也各异。在未来，应该建立起民办学校和公办学校合作发展的制度安排；合理界分非营利性民办学校和营利性民办学校，制定分类管理的政策体系；在不同教育阶段和领域，要对民办学校的功能从质和量两个层面做出顶层设计。

改革开放以来，我国的民办教育取得了长足进展。从数量上看，截至2012年，全国共有各级各类民办学校（教育机构）13.99万所，各级各类民办学校在校生3911.02万人。

从政策来看，国家出台了一系列旨在促进民办教育健康发展的法律和文件，特别是《民办教育促进法》《民办教育促进法实施条例》

《国家中长期教育改革和发展规划纲要（2010－2020年）》的颁布实施，极大地支持了民办教育的发展。但是，在受重视程度不断提高的同时，作为一项公共服务的民办教育，其发展也存在着许多不容忽视的问题。其中最为显著的表现就是：民办教育在理念上受到高度重视的同时，在实际的社会舆论和资源配置中却相对处于劣势，各中的原因复杂也值得玩味。不可否认的是，长期以来对民办教育的发展缺乏整体性的顶层设计，对民办学校和公办学校的关系、民办学校在整个教育服务体系中扮演何种角色等问题缺乏深入分析和思考，是导致这种情况的重要原因。

一、教育服务体系中的民办教育与民办学校

改革开放之前以及改革开放之初的一段时间内，政府和单位是教育服务的垄断性供给主体，社会上缺乏足够的制度和资源空间来支持民办教育的生存和发展，直至进入20世纪90年代，我国的市场化改革正式开始之后，民办教育才逐渐获得生机（见图3.1）。1993年2月，党中央和国务院印发了《中国教育改革和发展纲要》，次年6月国务院又发布了《关于〈中国教育改革和发展纲要〉的实施意见》，提出在办学体制上要改革政府包揽办学的格局，逐步建立以政府办学为主、社会各界共同办学的体制，这些规定标志着民办教育取得了正式的制度认可。

不难看出民办教育的发展是与我国市场化改革的浪潮息息相关的，在民办教育发展之初，营利性是其产生和发展的原动力。但之后，法律又将民办教育规定为公益事业，对民办教育提出了“合理回报”的限定。《民办教育促进法》第五十一条规定：“民办学校在扣除办学成本、预留发展基金以及按照国家有关规定提取其他的必需的费用

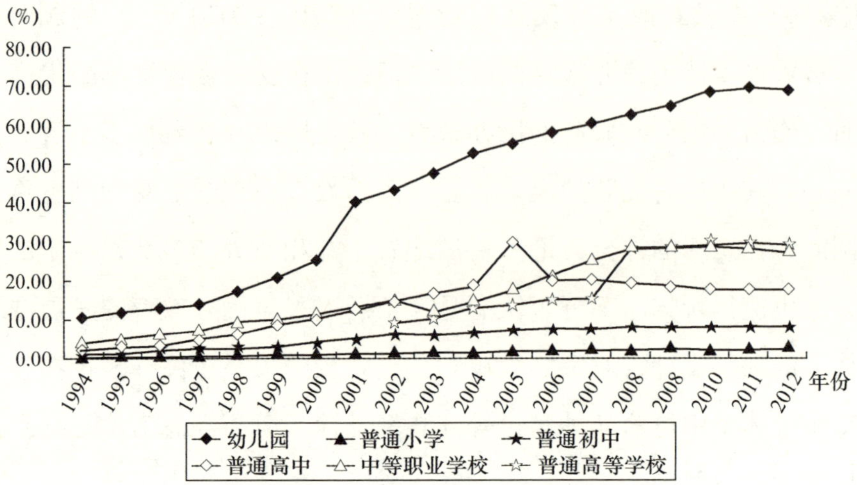

图 3.1　1994～2012 年各类民办学校占比

数据来源：历年《中国教育统计年鉴》。

后，出资人可以从办学结余中取得合理回报”。因而在民办教育最初的发展动机和之后的法律定位之间产生了相当的矛盾，在缺乏西方民办教育发展的文化、经济和社会背景的情况下，这种矛盾在理论上、政策上以及现实中都导致了许多问题。

理论上，这种矛盾引出了关于民办学校到底是营利性还是非营利性的争议，基本形成了四种主张：第一种主张强调民办教育的非营利性，认为民办学校并不因其学校的经费来源、办学主体而失去公益性，因为民办学校通过培养人才、开办学校、缓解国家教育投入、促进教育改革而体现其公益性；第二种主张认为民办学校是可以营利的；第三种主张认为可以将教育的公益性与投资的营利性有机统一，创办“投资举办但不要求取得回报的民办高校和要求取得合理回报但又不是营利性的民办高校”；第四种主张是分类管理的思路，即将营利性民办学校和非营利性民办学校进行区分，适用不同导向的政策。政策上，这种矛盾造成了对民办教育的定位模糊，并由此造成了政策无力：如果是营利性事业，缺乏足够的行业规制和监管；如果是非营利性事业，缺少来自政府的政策扶持。现实中，即使全社会都形成了“发展民办教育非常有必要”的共识，民办教育的发展步伐仍旧步履蹒跚。

事实上，将民办教育从整个教育服务体系中剥离出来给予“一刀切”式的定性是不恰当的，因为在现实中既可以是非营利性的也可以是营利性的，例如民办义务教育既可以是高档双语学校，也可以是满足基本需要的打工子弟学校。从理论上看，公共物品的概念本身存在张力，如果以非竞争性和非排他性作为公共物品的辨识标准，那么教育服务可以是完全的私人物品；而如果从外部性的角度来看，那么教育服务，特别是基础教育又属于公共物品。因而要判断民办教育的属性，关键要看其制度安排与制度环境。

随着对政府角色的不断反思和政府与市场边界的不断调整，公共服务的供给方式也在发生着重大的变化，传统的以政府作为垄断性主体的供给方式已经远去，政府与市场和社会平行供给、各司其职、互不干涉的方式也在悄然发生变化，政府与市场、社会合作供给的时代正在来临①。在当前公共服务供给主体日益多元化、供给机制灵活化的背景

---

① 在当代的公共服务供给中，服务生产者和提供者的区分构成了服务供给制度的初始设定，其中，“服务的生产者直接组织生产，或者直接向消费者提供服务……服务提供者指派生产者给消费者，指派消费者给生产者，或选择服务的生产者”（详见萨瓦斯：《民营化与公私部门的伙伴关系》，中国人民大学出版社2002年版）。

这样的角色区分源自于对政府角色和效率的认知，即出于公共服务的非营利性，政府对公共服务的供给要承担起付费责任以及由此衍生出的监管责任。但是，出于政府和市场或社会在具体生产公共服务中的比较效率优势，具体的生产活动可能要交由市场或社会主体来完成。基于这种角色区分，在理论上可以形成多样化的公共服务供给制度安排。从理论上说，提供者是承担付费责任的主体，决定提供者的标准主要是“非营利性”标准，即特定服务或物品的非营利性程度越高就越应该由政府作为提供者来承担付费责任；而生产者是具体组织生产服务或物品的组织，根据新制度经济学的契约理论，决定治理结构（科层或市场）的核心因素是交易成本，即选择科层（公共部门）还是市场（私人部门）作为具体的生产机制要看哪种生产机制的交易成本更低（详见威廉姆森：《资本主义经济制度》，商务印书馆2002年版）。

不难看出，在生产者和提供者分离的背景下，公共服务供给的机制得到了极大的丰富，并且对于私人部门来说，成为公共服务生产者的可能性给他们的生存和发展提供了另外的契机和道路。特别是对于我国这样从计划经济转轨而来的国家，公共部门在服务供给方面有着数量上、传统上的多方面优势，对于私人部门来说，在服务供给方面与公共部门形成竞争态势并不现实，而在公共部门覆盖能力之外寻找生存空间又面临着诸多制度和服务接受者方面的阻碍。所以，通过这种公共服务供给的多元化制度安排形成与公共部门的合作关系可能成为未来私人部门供给服务、获取资源并且取得发展的一种重要途径。

下，民办学校和公办学校之间不再是营利性与非营利性的平行对立，相反却是互相合作，双方通过各种方式（或制度安排）共同提供教育服务的趋势日益显著。

二、民办学校在不同教育阶段的角色定位

就特定的教育阶段和领域来说，民办学校是非营利性的还是营利性的，是从服务性质的维度进行的说明；同时，民办学校在这个教育阶段和领域的角色还有数量的维度，即民办学校在这个阶段和领域中所占的比重或份额有多大。服务性质和数量这两个维度，一个关注的是民办学校的质，一个关注的是民办学校的量，两个维度相互结合构成了对民办学校角色的分析框架（如表 3.1 所示）。

表 3.1　　民办学校角色的分析框架

维　度		数量维度	
		主　导	补　充
性质维度	营利性		
	非营利性		

由于每个教育阶段有着其各自的独特性，所以在服务供给的制度上也各有特色，从而民办学校在其中扮演的角色、发挥的作用也各异。

（一）学前教育阶段：主导非营利 + 补充营利

自 1994 年到 2012 年，我国民办幼儿园的数量在全部幼儿园中所占的比重由 10.47% 提高到了 68.75%，民办幼儿园在校生数量占全部幼儿园在校生的比重由 3.94% 增加到了 50.27%，民办幼儿园在整个学前教育体系中已经占据了半壁江山。

从功能上看，学前教育阶段对幼儿身心健康、习惯养成、智力发展等方面都有着重要作用，同义务教育一样，这类教育也具有显著的公益性，因而政府需要承担起付费责任。但是与其他公共服务相同，政府在这类服务中的责任是有限的，只能满足大众的基本需求。与此同时，在作为公共服务的学前教育之外，还存在很多满足高端需求的民办幼儿园，这类学前教育主要是营利性的，遵循市场法则开展运营活动。另外，在农村偏远地区等社会资本不愿投资的地方，政府不仅要承担起付费责任，还要亲自“生产”这类服务，以保障这些地区幼儿的基本权益，并维护社会公平正义的价值。

因而，结合数量和性质两方面情况，民办幼儿园的角色应该包括两种情况：一种是占有主导地位的非营利性民办幼儿园，另一种是补充地位的营利性民办幼儿园。对于前一种情况，由于政府要承担付费责任，所以对应的制度安排是政府购买服务，其具体形式非常多样，包括对供给方付费的补贴制度、对需求方付费的教育券制度以及承包等，这几种形式在我国都得到了尝试。对于后一种情况，则由私人部门进行投资，面向市场中有需要的群体提供服务，民办幼儿园的运营遵循市场法则，收益由幼儿园的投资人支配。

（二）义务教育阶段：补充非营利＋补充营利

由于历史原因，在义务教育阶段，我国主要是以公办学校为主。2012 年，我国民办初中的学校数量占全部初中学校数量的比重为 8.15%，民办小学的学校数量占全部小学数量的比重仅为 2.24%。所以在义务教育阶段，民办教育只能扮演补充性的角色。

与此同时，我国的《义务教育法》规定：“义务教育是国家统一实施的所有适龄儿童、少年必须接受的教育，是国家必须予以保障的公益性事业。实施义务教育，不收学费、杂费。国家建立义务教育经费保障机制，保证义务教育制度实施。”因而从法律上讲，国家对义务教育负有完全的付费责任，民办义务教育学校仅仅应该以满足高端需求为目标，但是在实践中情况却更加复杂。除了满足高端需求的义务教育之外，还存在许多满足基本需求的民办义务教育学校，其典型的代表就是打工子弟学校。从性质上来看，打工子弟学校的学生家庭都是城市的中下收入阶层，本应该由政府承担这部分学龄儿童的义务教育付费责任；但是由于城市中义务教育供求的不均衡，许多公办义务教育学校设定了户籍等方面的限制，不对这些儿童和家庭开放。为了解决这部分群体的就学问题，就产生了非营利性的民办义务教育学校。

所以，从现实情况来看，民办义务教育学校的角色包括了两种情况：一种是向高端需求群体服务的，以商业化模式运作的补充性民办义务教育学校；另一种是向无法进入公办义务教育学校的家庭提供的非营利性、补充性义务教育服务。从趋势来看，前一种民办义务教育学校还将继续得到发展，后一种则会随着户籍制度改革、国家投入力度的加大逐渐消亡或被并入普通的公办义务教育学校行列之中。

（三）职业教育阶段：从补充非营利到半主导非营利

我国的职业教育体系包括由教育部门主管的学历职业教育和由人力资源社会保障部门主管的职业培训，其中学历职业教育又包括初等职业教育、中等职业教育和高等职业教育，职业培训包括技工学校教育（学制教育）和职业技能培训（短训）两类。

从数量上看，民办职业院校占职业院校的比重是较小的。根据《中国教育统计年鉴》的数据，近年来我国高等职业院校的在校生中民办高等职业院校在校生的比重稳定在20%左右，而民办中等职业院校的在校生数占全部中等职业院校在校生数的比重则持续下降，由2009年的大约14%下降到2013年的大约10%，这其中的原因主要是中等职业院校的生源减少以及职业教育的布局调整等。见图3.2。可见，目前民办职业院校在整个职业教育体系中是补充性的，公办职业院校仍然占据着职业教育的主体。

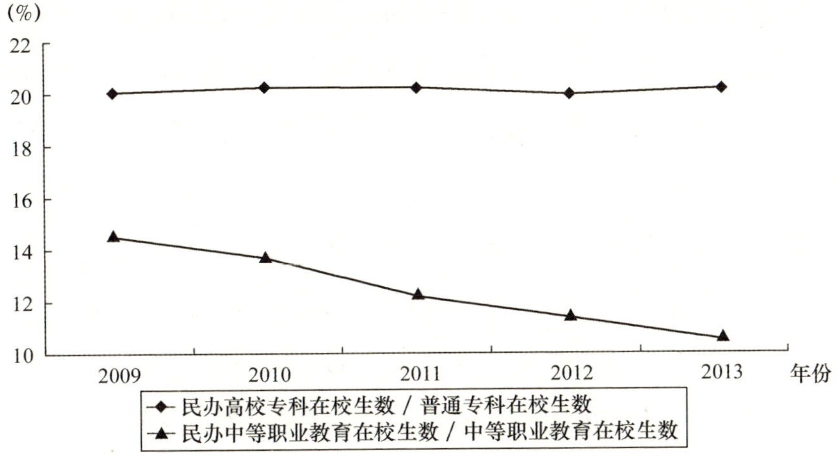

图3.2 民办职业院校在校生占职业教育在校生的比重

数据来源：历年《中国教育统计年鉴》。

从性质上看，民办职业院校大多是依据《民办非企业单位登记管理暂行条例》在民政部门注册登记成立，因而这些学校并不以营利为目的，举办者可以在保证培训机构正常发展的基础上，从办学收益中适量提取合理回报或不要求取得合理回报。另外，也存在一些经营性质的培训机构，目前这些机构在培训市场中非常活跃，但是其具体数量并不明确。

综合来看，目前民办职业院校在职业教育体系中的角色分两类：一类属于补充性非营利性院校，主要指登记为民办非企业单位的那些民办职业教育机构；另一类是处于主导地位的营利性院校，主要是提供经营性培训服务的那部分机构。

职业教育作为一种强调培养学生实际操作能力的教育类型，与市场的需求有着天然的联系，甚至可以说职业教育的活力来自于和市场、社会的良性互动，因而在职业教育领域，民办院校有着特殊的重要地位。基于这一点，民办职业院校将在未来成为重要的增长点。同样，也是出于职业教育与市场的紧密联系，政府在职业教育领域的过多干涉可能会阻碍职业教育的发展和职业教育质量的提升。但与此同时，职业教育的成功与否关系到我国经济发展方式的转变和产业结构的调整能否有足够的技能人才作为支撑，所以政府对职业教育的责任是不可推卸的。因而在制度安排上，将负有付费责任的政府和民办职业教育机构相结合是当前最优的选择，以政府购买服务作为主要的制度安排。此外，对于市场上经营性的职业培训机构，也应促进其大力发展，满足社会中各个类别、各个层次的培训需求，发挥政府和市场两方面的作用，为我国技能人才队伍的建设铺平制度道路。

三、基于不同角色定位的民办学校政策

民办学校作为我国教育服务体系的重要组成部分，对于满足公众的教育需求，提高全民素质发挥了重要的作用，国家的各类文件中也对民办教育的意义给予了充分的肯定，并提出要对民办学校的发展给予大力支持。基于民办学校在不同教育阶段的角色和作用，可以提出如下的政策建议。

第一，在制度安排上，改变民办学校和公办学校平行发展的思路，走向二者共融发展的道路。在民办学校和公办学校的关系上，“人们对《民办教育促进法》总则第二条‘利用非国家财政性经费’的规定

常常被片面地理解为‘民办学校不能利用国家财政性经费’”，但是从立法精神的层面来看，这一条文“应该被理解为对举办者设立民办学校时需要具备的法律要件的规定，并不是对民办学校运行过程中得到政府财政性经费的禁止性规范”①。所以，在具体的制度安排上，通过购买服务、补贴、委托管理等多种方式可以在市场经济条件下最大限度地调动双方的优势资源。对于政府和公办教育来说，通过合作可以汲取市场中的优势资源，增强公办教育的活力，同时也可以降低政府的管理成本。对于民办学校来说，在当前办学资源紧缺的情况下，公私合作的方式更是可以为其补充包括经费资源、政策资源与合法性资源在内的各种资源，在双方互利共融的制度安排下，最终实现整体教育资源的优化配置。

第二，合理界分非营利性民办学校和营利性民办学校，以此作为民办教育政策的基石。前文已述，在公共服务供给制度多元化的时代，作为生产机制的民办学校既可以是非营利性的，也可以是营利性的，两种情况经常互相交织，因而需要在制定政策时首先加以明确界分。非营利性民办教育机构是以政府财政投入或社会捐资作为付费机制，不以营利为目的，在实际运作中获取合理回报或不获取回报，这类民办教育机构的组织类型通常是民办非企业单位（国际上通行的是非营利组织）；营利性民办教育机构则通常以社会投资为经费来源，以获取利润为目的，通常在工商部门登记注册为企业法人。这些是两类民办教育机构的基本区分点。

第三，在不同教育阶段和领域，要对民办学校的功能从质和量两个层面做出顶层设计。由于民办学校和公办学校各有优势和特色，在

① 陶西平，王佐书：《中国民办教育》，教育科学出版社2010年版。

每个教育阶段和领域，民办学校和公办学校的边界应该有所侧重。例如在义务教育阶段应当以非营利性为本位，具体应该以民办学校还是公办学校为服务的主体则要结合具体情况来分析和决策，营利性民办学校只能作为补充，而在职业教育阶段，民办院校则可以凭借其优势发挥更突出的作用。在实践中，要充分考虑政府责任的边界以及民办学校和公办学校的比较优势来制定决策。

执笔人：韩　巍　佘　宇

第四章

推进我国民办学校分类管理的政策思路

长期以来，由于机构属性上的不确定性，财产所有权、法人治理结构、企业所得税纳税资格乃至教师社会保险等问题一直困扰民办学校发展。经济社会领域的深刻变化，特别是社会管理创新和教育发展方式转变，对民办教育提出了新要求。对民办学校按照营利性和非营利性实行分类管理，是落实民办教育优惠政策和建立规范制度体系的前提，也是开拓民办教育发展空间的需要，是促进民办教育健康发展的重要举措，也是教育体制改革的难点问题。当前，民办教育分类管理改革试点已在全国范围内展开，但围绕可行性、分类标准、营利性学校的市场准入等问题，还存在激烈争论，在这方面必须加强理论研究，尽快形成改革共识。民办学校分类管理既要有科学的制度设计，也要采取务实的改革策略，一方面要严格标准，分类指导，另一方面也要尊重民办学校举办者的历史贡献，强化部门协调，加强制度建设。

改革开放30多年来，我国大力推进办学主体和投资主体的多元化，民办教育快速发展，成为教育事业中的一支重要力量。但是民办教育发展中还存在不少突出问题，关键是分类管理的基本制度还没有建立起来。本文着重围绕民办学校的办学属性，提出对民办学校实行分类管理的政策思路。

一、民办学校属性的内在矛盾

改革开放以来，我国法律法规一直按照非营利性组织的特征规范民办学校发展。《教育法》规定，任何组织和个人不得以营利为目的举办学校及其他教育机构。2001 年，民政部制定的《教育类民办非企业单位登记办法（试行）》将民办学校确定为教育类民办非企业单位，根据 1998 年《民办非企业单位登记管理暂行条例》规定，民办非企业单位是从事非营利性社会服务活动的社会组织。因此，可以认为，民办学校在机构上只能以非营利性质的民办非企业形式存在。而且，在基本制度上有严格的规范，比如 1987 年《关于社会力量办学的暂行规定》规定“社会力量举办学校的全部收入以及固定资产，归学校所有”，1997 年《社会力量办学条例》规定“教育机构的积累只能用于增加教育投入和改善办学条件，不得用于分配，不得用于校外投资”，这些规定都符合非营利组织界定的国际惯例。可以说，在相当长一段时期里，至少在法理上，民办教育是在捐资办学的制度环境下发展起来的，具有公益性、非营利性特征。[①] 但是，我国民办教育事业并不是按照理论设计发展起来的，而是带有鲜明的时代特征。从 20 世纪 90 年代以来，各地为鼓励、引导民办教育事业发展，对投资办学制定了很多优惠政策，民间资金进入的

① 王建：《民办学校分类管理——从“四分法”到“二分法”》，载于《北京大学教育评论》，2012 年第 2 期。

限制被放宽，加上法律法规对非营利性学校规范的不完整（比如1997年《社会力量办学条例》允许民办学校解散清算后可以将剩余财产返还或折价返还给举办者），大量趋利性资本进入教育领域，办学者绕过行政监督，通过投资办学获得经济回报，形成了民办教育领域大量投资办学的事实。

在我国社会办学主要以投资办学为主的国情下，为进一步促进举办者的办学积极性，2002年《民办教育促进法》在不违背上位法原则的前提下，规定民办学校在扣除办学成本、预留发展基金以及按照国家有关规定提取其他必需的费用后，出资人可从办学结余中取得合理回报，这里的合理回报被解释为政府对民办学校的“扶持与奖励”。但是，合理回报正是《民办教育促进法》制定过程中争论的焦点，法律制定者认为，合理回报作为一种优惠政策和奖励措施，是有条件的、有限制的，允许取得合理回报，并不意味着可以营利为目的办学。[①]另一些人则认为，合理回报的存在，实际上允许民办学校在事实上具有营利性组织（分配办学结余和利润）的特征，与上位法是冲突的，也会影响民办教育健康发展。

从表面上看，合理回报只是反映了民办学校财务制度上的某些分歧，从深层次来说，则是民办学校在机构属性上的内在矛盾。合理回报是在坚持非营利性的前提下，对两种性质的民办学校进行的折中，从而在现实中产生了四类民办学校：一是捐资举办的民办学校，举办者不追求所有权，也不求回报；二是举办者要求所有权但不要求合理回报的民办学校，学校的所有办学结余都用于学校的继续发展，但并不放弃对学校资产的所有权，也不放弃对民办学校的控制权；三是举

① 侯小娟：《中国民办教育立法问题》，载于《民办教育研究》，2003年第2期。

办者要求取得合理回报的民办学校，举办者不放弃所有权和控制权，希望得到合理回报；第四类为在工商行政管理部门登记注册的经营性的民办培训机构。这种复杂的局面，隐含着许多深层次的矛盾，反映到政策上，就是既使民办学校拥有了灵活的制度空间，又产生了较大的政策风险。事实上，由于机构属性上的不确定性，2002 年以来，财产所有权、法人治理结构、企业所得税纳税资格乃至教师社会保险等问题一直困扰民办学校发展，概括起来有以下方面。

一是法人属性问题。根据《民办非企业单位登记管理暂行条例》《教育类民办非企业单位登记办法》的规定，绝大多数民办学校在民政部门被登记为民办非企业单位法人，难以落实与事业性质的公办学校同等的法律地位。作为民办非企业单位的民办学校在执行《民间非营利组织会计制度》和《关于非营利组织免税资格认定管理有关问题的通知》时，因难以跨越文件对非营利组织的认定①，无法落实有关政策。

二是产权属性问题。按照国际通行标准，应将捐资举办作为非营利组织的必须条件。根据规定，民办学校对举办者投入民办学校的资产、国有资产、受赠的财产以及办学积累享有法人财产权，但没有对举办者投入财产过户到学校名下作明确规定。② 不少人基于保护举办者出资办学积极性的考虑，主张原来属于举办者所有的资产，当终止办学之后，依然归举办者所有。事实上，相当数量民办学校并未落实

---

① 《民间非营利组织会计制度》规定非营利组织应符合以下三个条件：不以营利为目的和宗旨；资源提供者向该组织投入资源并不得以取得经济回报为目的；资源提供者不享有该组织的所有权。《关于非营利组织免税资格认定管理有关问题的通知》规定的非营利组织的符合条件多达九条，更为严格。

② 只是在 2006 年，针对个别民办高校发生的群体性事件，国务院办公厅《关于加强民办高校规范管理，引导民办高等教育健康发展的通知》要求把资产过户作为落实民办高校法人财产权的措施和实际步骤。但这一规定引起了民办教育从业者的强烈反应。

法人财产权，与办学相关的大部分校舍及土地等资产，在财务处理上基本都登记在举办者名下，举办者任意使用、支配学校收入，甚至挪用学校财产进行经营性活动都没有相应的约束。

三是学校治理问题。一方面政府仍然习惯以管理公办学校的方式来管理民办学校，直接干预民办学校微观管理，民办学校在招生、专业设置、收费等方面受到较多限制；另一方面，学校内部董事会决策过程中权力过于集中，家族化色彩浓厚，内部法人治理结构不够健全，由于要取得回报，举办者总是尽力排斥他人加入董事会并干预校长办学。

四是教师权益问题。按照现行规定，政府对企业编制的民办学校教师和事业编制的公办学校教师在教师身份、编制和人事管理、社会保险等方面实行不同的管理制度，客观上形成了民办学校教师和公办学校教师身份差异和待遇差距，统一的教师人力资源市场没有形成，教师在公办、民办学校之间的流动面临着政策障碍。

五是举办者合理回报问题。什么样的回报才算合理，边界在哪里？如何体现取得合理回报和不取得合理回报的民办学校在享受优惠政策上的差异性？更进一步，合理回报的性质有待明确。正是由于合理回报的性质不明确，有关部门在管理民办学校时无所适从。而为了规避政策风险，一些民办学校干脆放弃要求合理回报。

六是优惠政策问题。民办教育涉及财政政策、税收政策、人事政策、社会保障政策、土地政策、金融政策等多个政策领域，但这些政策往往不是孤立的，大都与民办学校的法人属性、营利性与非营利性认定等有关，在相关政策不明确的情况下，这些优惠政策的落实还存在较大的障碍，使得民办学校发展存在很大的不确定性。

七是市场监管问题。民办教育监督管理职能和机构设置还没有从体制上理顺，民办学校自我监督与行业自律机制发育还不成熟。由于政策上的模棱两可，民办学校的办学行为游离在各种监管范围之外，对于民办教育领域存在的违规行为和混乱局面，有关部门无法实施有效的监督管理。

八是政府服务问题。民办学校从申请到办学涉及教育、民政、人社、国土资源、财政、税务等多个行政部门，但部门之间还存在职责不清晰、协调不顺、政策依据不一、部门利益存在冲突等问题。政府服务民办学校的学籍管理、收费管理、招生与教师招聘信息、人才资源库、办学质量及财务信息公示、行政许可及备案事项公示等公共服务体系还比较薄弱。

二、民办学校分类管理的制度设计

2015 年 1 月，国务院常务会议提出，明确对民办学校实行分类管理，允许兴办营利性民办学校。这在民办教育政策上又迈出了关键一步。但是，民办学校分类管理是系统的制度设计，需要深入研究，这里提出一种可行的设计方案。

（一）划定营利性学校的经营范围

这是分类管理必须解决的前置性问题。很多国家并未划定营利性学校的经营范围，但是很少有义务教育阶段举办营利性学校的。究其原因，主要是在义务教育阶段国家能够提供基本保障，而且大致均衡的情况下，营利性教育并无足够的市场空间。在非义务教育阶段，近来北美、南美、欧洲、东南亚等地都出现了一些营利性学校，但主要是高等职业教育，这些学校均以公司的形式出现。据研究，职业教育与市场结合紧密，受教育者对教育效果有清晰的判断依据，避免了信息不对称。而我国国情不同，一是义务教育阶段学校、普通高中之间差距明显，升学考试竞争压力极大，由于缺少客观的标准和测量手段对其绩效进行评价，主要依据学生的分数和升学情况，导致生源竞争、师资竞争和彻底的应试教育模式[①]；二是高等教育招生只有纳入国家计划，学生才能获得国家承认的学历，国家实际上为学校的学历质量提供担保，如果允许营利性学校颁发国家学历，就存在国家资产私有化的风险。因此，应明确以下两点。一是只允许中等和高等职业教育举办营利性学校。营利性学校必须在工商部门登记注册，获得企业法人资格。营利性学校必须产权清晰，遵守《公司法》运作。二是营利性民办学校市场化自主招生，不纳入国家招生计划。在教育行政部门指导下，采取行业、专业组织认证、评估的方式获得所发文凭的市场信誉，政府必要时可通过评估认证，认可其学历。

（二）明确营利性与非营利性民办学校的区分标准

关于非营利组织，《企业所得税法》《企业所得税法实施条例》《民间非营利组织会计制度》《财政部、国家税务总局关于非营利组织免税资格认定管理有关问题的通知》等都规定了其应同时满足的多个条件，如不以营利为目的、资源投入者不享有所有权、财产及其孳息不用于分配或变相分配、注销后的剩余财产用于非营利性目的等。根据国际惯例和我国国情，建议按照学校法人财产独立完整、举办者投入属于捐赠、办学盈余不用于分配、剩余资产用于社会公益事业四个特征来认定非营利性民办学校，按照投资办学并获取利润回报认定营

---

① 阎凤桥：《我国农村民办教育发展的政治逻辑——基于北方某县的调查》，载于《北京大学教育评论》，2012 年第 2 期。

利性民办学校。

（三）办学许可和注册登记制度

现行制度的漏洞在于，举办者向审批机关申请设立民办学校（不具备办学条件，未达到设置标准的，先申请筹设）前，为形成办学条件，必须开展筹资和项目建设活动，于是举办者先期投入到民办学校的资产在学校法人尚不存在的情况下，只能放在举办者名下，落实非营利性民办学校法人财产独立完整则成为监督的盲区。解决的办法是引入基金会机制，由基金会接受筹资，基金会法人作为非营利性民办学校的举办者，完成筹资、办学许可、注册登记等一系列程序。根据公益性事业单位改革的部署，现阶段将非营利性民办学校登记为事业单位法人，温州市民办教育综合改革采取了这一做法。

（四）产权、资产管理和财务会计制度

在实行分类管理后，非营利性民办学校资产包括社会捐赠财产、国有资产以及办学积累三类，应由基金会统一管理，分别登记建账，实行专项管理。民办学校存续期间，对学校所有资产依法享有占有、使用、收益和处分的权利。基金会汇合财政拨款和政策补助、社会捐赠、学校服务收费，为学校发展筹集经费，全部用于教学科研等学术活动。非营利性民办学校终止时，依据《民办教育促进法》进行财务清算。关于清偿债务后剩余财产的处理，国家投入的国有资产由审批机关负责安排用于教育事业，社会捐赠资产和办学积累继续用于发展民办教育事业。非营利性民办学校依照《民间非营利组织会计制度》和其他相关法律规定进行会计核算，实行财务公开制度，接受第三方审计，公布审计结果，并报审批机关备案，接受检查。

（五）法人治理和内部管理制度

非营利性民办学校实行理事会（董事会）领导下的校长负责制。理事会或者董事会作为学校的决策机构，由社会贤达、教育专业管理人员、捐赠者代表、学生（家长）代表、教职工代表、社区代表等组成，理事会（董事会）成员组成比例总体上应体现社会公益性和代表性。理事会（董事会）定期商议学校发展的重大事项，确定校长人选，报审批机关核准。保障校长独立行使职权。校长对副校长人选提名、校内教师和管理人员聘用、财务和资产使用管理、学校教学科研事务等具有决定权。建立健全监事会、工会、党团、教职工代表大会等组织机制。

（六）教师人事制度

在公办、民办两种组织形式下，需要创新机制，建立灵活的教师人事制度。打破公办、民办界限，实行教师全行业管理，建立统一的教师人力资源市场。实行公办、民办学校统一的教师招聘制度。探索建立公办学校与民办学校之间的教师流动机制，公办学校在职教职工到非营利性民办学校工作，身份不变，工龄连续计算，按照学校规模单独核编。民办学校教职工依法享有与公办学校教职工同等权利。地方政府可根据自身财力对非营利性民办学校给予补助，确保非营利性民办学校教师工资待遇和社会保障待遇不低于同等职称的公办学校教师。非营利性民办学校教师，在工作调动、档案转接、教龄计算、人事代理、评优评奖、职称晋升、科研项目申请等方面享受与公办学校教师同等待遇。

（七）政府监督与服务体系

建立和完善民办教育“分级管理、分级负责”管理体制，县级以上各级人民政府建立民办教育管理机构，落实人员，明确职责，安排管理经费。教育行政部门要转变对民办学校的管理职能，放松对民办学校招生计划和招生方式、学历民办高校专业设置与调整的过度管制，落实民办学校自主权，主要工作应转移到宏观指导、政策促进和监督管理上来。严格执行民办教育准入和办学许可制度，对民办学校教育教学实行业务指导和宏观管理，加强民办教育市场管理。由教育部门牵头，联合公安、工商、人社、税务、发改、卫生、质量技术监督、物价、民政等部门分工协作，建立教育综合执法机制，治理违规和非法办学行为。

非营利性民办学校依法享受与公办学校同等的税收、报建立项、规费减免、水电气供给等方面的优惠待遇。可通过协议委托的方式支持非营利性民办学校承担部分义务教育任务，并按照当地实施义务教育的公办学校生均教育经费标准拨付相应的教育经费。政府对于民办学校的科研项目建设、校本课程开发，给予一定的公共财政经费资助。对非营利性民办学校新建、扩建所需用地，按公益性用地采取行政划拨或协议出让等方式提供。建立健全政府服务民办教育的体系，确保民办学校的受教育者享有与同级同类公办学校的受教育者同等权利。

（八）捐赠管理和激励制度

第一，疏通捐赠渠道、培育捐赠文化，依法支持有能力的基金会、社会团体办学，引导捐资人成立基金会或将捐赠资金委托有能力的基金会办学。第二，在尊重捐赠者、出资者意愿的前提下，允许引入公益信托机制，依法通过基金运作筹集办学经费。第三，个人和社会组织通过获得捐赠税前扣除资格的公益性组织向民办学校捐赠时，个人捐赠额未超过纳税义务人申报的应纳税所得额70%的部分，准予从其应纳税所得额中扣除；社会组织未超过企业年度利润总额50%以内的部分，准予在计算应纳税所得额时扣除；超过个人应纳税所得额70%、企业年度利润总额50%的部分，准予在五年内从当年应纳税所得额或年度利润总额中扣除。

三、民办学校分类管理的改革策略

2015年1月，国务院常务会议审议通过了对《民办教育促进法》进行修改的修正案草案，决定提请全国人大常委会审议，明确对民办学校实行分类管理，允许兴办营利性民办学校，在民办教育分类管理问题上实现了主要的政策突破，迈出了关键一步。其实，对于民办学校分类的标准，在理论上并没有太大的争议，只是在旧制度下形成的模糊认识和权宜之计，造成了既有的利益格局难以认定和处理。因此，推进民办学校分类管理，关键是在尊重民办学校举办者历史贡献的前提下，选择务实、灵活的改革策略，统筹兼顾各方面的利益关系，向新的制度平稳过渡。

一是严格标准，分类指导。事实上，民办教育分类管理标准在国际上和理论界已经有了比较一致的认识，相关部委也有比较统一的认识，政策上是清楚的。但是，当前各方面对营利性和非营利性民办学校的分类标准争议较大，许多举办者要求放松放宽非营利性的认定标准。根据渐进性和可控性原则，现阶段的分类管理改革，不是把辖区内的民办学校简单分类，而是在学校自愿的基础上，通过制度和政策设计体现出对两类民办学校特别是非营利性民办学校及其举办者的鼓励支持，重点是吸引出资（但非捐资）举办的民办学校向这营利性或非营利性学校方向发展。

二是尊重历史贡献，推动形成新机制。由于历史和政策原因，多数民办学校属于出资举办，原来的《社会力量办学条例》规定学校终止后的剩余资产属于社会资产，《民办教育促进法》则对此没有作出规定。因此，执行非营利性民办学校的认定标准，涉及保护出资人合法权益的问题，必须建立在出资人自愿的基础上。要让出资人自愿地、理性地对所办学校的营利性与非营利性作出选择，前提是能让他们充分了解关于这两类民办学校的配套政策，特别是增加举办非营利性民办学校的吸引力。目前，既不符合非营利组织认定标准、又不同于企业的民办学校类型还将在很长时期内存在，应该留给这些学校应有的发展空间，并采取积极鼓励的政策，但是所有新建民办学校应该按照营利性和非营利性分类管理的规范进行登记、实施管理。

三是强化部门协调，加强制度建设。分类管理以及相关的配套政策涉及多个不同的部门，涉及很多重大利益关系的调整，单靠一个部门难以推动政策突破，必须建立改革协调机制，打破部门分割，减少阻力，形成合力，加强对政策的独立、客观研究，强化改革协调，确保在改革决策上当机立断，确保改革的科学性。

执笔人：单大圣

第二部分

案例报告

第五章

湖南省民办高等教育发展调查报告

湖南是我国民办高等教育创办时间较早、数量较多、发展较快的一个省份。湖南民办高等教育的发展，扩大了高等教育资源，满足不同层次的高等教育需求；拓展高等教育办学经费来源；为高等教育改革进行先行探索；提供人力资源支撑，为社会就业作出贡献；而且，还促进教育外围产业发展。但与此同时，湖南民办高等教育在发展中也存在着诸多问题和难点：一是发展环境有待优化，政策支持力度有待提升；二是教师队伍极不稳定，结构不合理；三是资金严重短缺，发展动力不足；四是民办高校内部管理水平有待增强，办学行为有待规范。对此，本文提出以下政策建议：创新分类机制，明确民办学校属性；加大配套政策扶持，强化发展保障；依法规范办学行为，优化办学层次；满足教师合理诉求，破解师资不稳难题；加强自身发展，创立品牌特色专业。

21 世纪是知识经济的时代，也是高等教育快速发展的时代。在高等教育大众化发展进程中，民办高等教育如何脱颖而出，为经济社会发展提供有力的智力和人才支持，是社会各界关注的重要课题。本报告立足湖南省情，在认真总结湖南民办高等教育发展成绩和特点的基础上，分析问题和难点，研究探讨民办高等教育发展战略，提出促进民办高等教育持续健康发展的对策建议。

一、湖南民办高等教育的发展成就及特点

（一）湖南民办高等教育基本情况

湖南是我国民办高等教育创办时间较早、数量较多、发展较快的一个省份。从1978年全国第一所民办业余大学——长沙中山业余大学成立，到1999年湖南省民办高校开始真正具有独立颁发学历证书教育资格，再至目前各民办院校百花齐放，湖南民办高等教育历经了复兴、规范、繁荣等阶段，其发展呈现出量增质升的良好态势。

目前，湖南民办高等教育的办学机构主要包含民办普通高校和民办非学历高等教育机构，而本文研究范围限定从事学历教育的民办普通高校，即民办本科高校和民办高职学院。到2013年，全省共有民办普通高校16所，当年招生3.25万人，在校生人数达到10.71万人，分别占全省普通高校的14.95%、9.94%、9.73%。其中，本科学校2所，2013年招生9922人，在校生数4.04万人；民办普通高等职业学校14所，2013年招生2.25万人，在校生6.66万人。16所民办高校共有教职工1.45万人，其中专任教师1.06万人（见表5.1）。

截至2013年底，经湖南省批准认可的民办高等学校，其固定资产总值约为69.2亿元，总负债15.82亿元；校园总面积9665.76亩；校舍建筑总面积118.5万平方米，纸质图书572万册，教学仪器设备总值2.8亿元。

表 5.1　　2013 年湖南民办高等教育基本情况

类型	学校数（所）	毕业生数（人）	招生数（人）	在校生数（人）	教职工数（人）	专任教师数（人）
民办普通高校	16	27632	32469	107071	14509	10560
本　科	2	7547	9922	40449	2995	2075
专　科	14	20085	22547	66622	11514	8485

数据来源：湖南省教育厅。

（二）主要成就

1. 扩大高等教育资源，满足不同层次的高等教育需求

湖南省民办高等学校自 1999 年开始获得直接颁发国家高等教育学历文凭资格以来，累计培养近 30 万人，满足了不同层次高等教育需求。数据显示，2010 ~ 2013 年湖南省高考普通本专科共录取新生 127.10 万人，年均录取 31.77 万人。其中，民办高等教育共录取新生 12.94 万人，年均录取 3.23 万人，约占全省年录取新生的 10.17%，使 3 万多个家庭的子女实现了读大学的愿望（见图 5.1、图 5.2）。

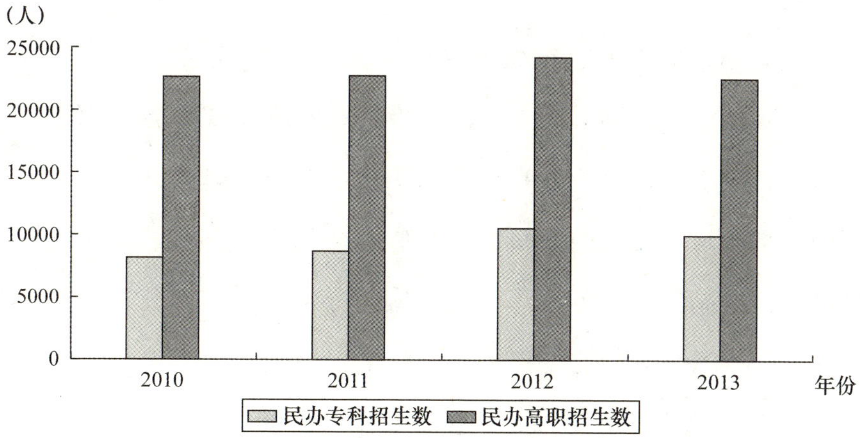

图 5.1　2010 ~ 2013 年湖南民办高等教育招生情况

数据来源：湖南省教育厅。

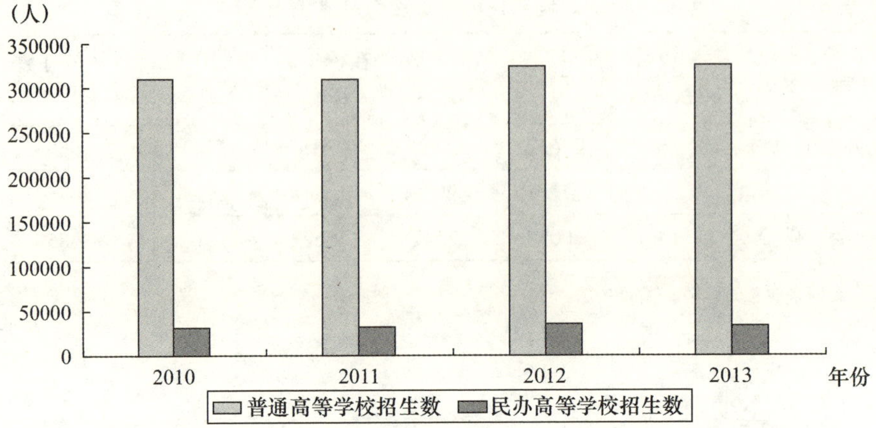

图 5.2　2010～2013 年湖南普通高等学校与民办高等学校招生数对比

数据来源：湖南省教育厅。

2. 拓展高等教育办学经费来源

民办高校把社会上蕴藏的巨大投资潜力和投资热情调动起来，使其用于办学兴教的事业之中。在财政投入有限的情况下，民办高等教育的发展极大弥补了公办教育资源不足。据初步测算，加上全日制毕业生的培养费用，民办高校为湖南省发展高等教育共减少财政投入约 50.24 亿元。

3. 为高等教育改革进行先行探索

民办高校办学体制灵活，在教学模式、管理模式等方面都进行了大胆探索，改变了过去公办高校高度集中的教育管理模式，建立了一种面向市场、自主发展的新机制。这些有益的尝试和做法，不仅影响和推动了公办高等教育的改革，也为实行办学主体多元化、办学形式多元化、高等教育大众化走出了一条新路。

4. 提供人力资源支撑，为社会就业作出贡献

湖南省民办高校一直注重对学生实践能力和技能的培养，在当前严峻的就业形势下，湖南省民办高等教育就业率依然较高，为湖南、广东、上海等省市的经济社会发展提供了人力资源支撑。

5. 促进教育外围产业发展

民办高校大规模的校园建设，促进了当地交通、通信、商业、饮食等行业发展，提升了当地城市发展品位。

（三）发展特点

1. 培养理念体现创新与特色发展

民办高等教育的发展本身就是高等教育改革的创新，它的诞生和快速发展，打破了公办高校“一统天下”的局面，给高等教育带来生机和活力。但与此同时，民办高等教育也面临着各种挑战和困难，如何在高等教育大众化进程中有所突破，理念的创新和追求特色化的发展是湖南省民办高等教育发展的核心所在。这些创新不仅体现在目标的创新、教育方法的创新，还体现在管理制度上、运行模式上的优势，以及在办学中坚持面向市场，以多样化和可选择性的形式，注重与公办学校错位发展，形成特色化发展的办学格局。

2. 培养模式强化实践教育

与传统高校培养“研究型”人才为主相比较，民办高校更加注重应用型人才的培育，如湖南交通工程学院积极推行“多证融通、校企融合、工学结合”的人才培养模式、湖南涉外经济学院实行“专业+外语+技能+创业素质”的培养模式等，不仅培养学生的理论知识，而且培养学生的工作技能及走向社会后的综合活动能力。

3. 培养目标坚持就业导向

湖南省民办高校注重人才市场信息的研究，在专业设置上以市场需求为导向，学科设置以工科、应用类为主，强调学生的技术技能型。多所民办高校实行“订单型培养模式”，如湖南信息科学职业学院与

189 家企业建立 52 个冠名订单培养班，进行校企合作育人，学生就业率连续五年保持在 90% 以上。在就业服务上，积极引导，建立平台，广开渠道，鼓励创业，为学生就业提供有效及时全面的服务信息。

二、存在的问题和难点

湖南民办高等教育的发展，对促进全省高等教育体制改革，加快高等教育大众化进程，作出了重大贡献。但与此同时，它在发展中也存在着诸多问题和难点，概括起来主要有以下几点。

（一）发展环境有待优化，政策支持力度有待提升

一是观念障碍。受“公”“私”观念的影响，相当部分民众始终将公办教育奉为正规教育，歧视民办教育，民办高校的社会认同度偏低。教育行政部门在公办高教与民办高教竞争中，也有所偏向，尤其在公办高校布局调整中，较少考虑民办高校的发展，挤占了民办高校的生存空间。

二是在征地、拆迁、建设等环节的优惠政策很难落实。如资产过户的契税、手续费以及其他费用过高，影响学校土地、房产从投资公司重新落户至民办高校。

三是民办高校发展时间短，其科研能力、师资力量还很难与公办高校比肩，而目前在职称评审、教师培训、评奖评优、科研立项等方面的评估指标，民办高校与公办高校日趋同质化，缺乏对民办高校特点的考虑。

（二）教师队伍极不稳定，结构不合理

一是待遇不具优势。民办高校教师在薪酬收入上不占优势，且随

着行政、招生事宜增多，许多民办高校教师在承担繁重的教学任务以外，还需兼职做招生、行政后勤、党群等工作，压力相比于公办高校教师而言更加艰巨。

二是保障存在“后顾之忧”。按照《民办教育促进法》“保障民办教师平等权利”的精神，切实保障民办高校教师权益是合理合法的，但在落实这些平等权益方面，却存在许多政策性障碍。如民办高校老师养老保险的购买标准，远远低于事业单位的公办学校保险，保障系数大打折扣。

三是教师结构不合理。教师年龄结构呈哑铃形，即公立高校退休老教师多、教学经验不足的年轻大学毕业生多、中青年骨干教师少，缺乏中坚力量。在专业和专职结构比例上，专业教师短缺，素质参差不齐，且流动性大。

（三）资金严重短缺，发展动力不足

一是公共财政支持不足，与民办教育所占份额不相匹配。随着财政教育经费支出的增加，湖南省公办教育的办学经费逐年增加，公办高校生均拨款每年为 12000 元，而民办高校始终没有财政生均经费的支持。到 2008 年湖南省财政才安排民办教育发展专项资金 500 万元，2013 年增至 2100 万，但相对于民办教育的巨大需求，显然是杯水车薪。与其他省市相比，差距更是显著，如陕西省财政从 2012 年起每年设立 3 亿元民办高等教育发展专项资金，内蒙古自治区财政每年设立 1. 4 亿元民办教育发展专项资金，重庆市除每年的 1. 3 亿元民办教育发展专项资金外，还对民办高校给予生均财政补助，广东省省本级财政每年设立 3000 万元民办教育发展专项资金。

二是生源萎缩使依靠收取学费滚动发展的模式难以为继。湖南省

民办高校的资金来源主要是依靠收取学费滚动发展，随着适龄人口的下降，特别是国内公办院校以及国外高校对生源的争夺，湖南省民办高校生源急剧萎缩，学费收入也随之减少，办学资金面临困难。

三是筹集办学发展资金融资难。《湖南省实施〈中华人民共和国民办教育促进法〉办法》规定，“民办学校可以依法向金融机构申请贷款”，“鼓励金融机构对民办学校实行信用贷款”，但落实情况堪忧，一些学校甚至高利向民间借贷，潜在风险巨大，稍有不慎随时可能引发社会矛盾。

（四）民办高校内部管理水平有待提升，办学行为有待规范

一是法人治理结构有待完善。有个别民办高校虽名义上建立了董事会领导下的校长负责制度，但仅仅停留在形式上，出资人与学校法人及其管理机构权责不清晰，监事会缺位。

二是办学行为不规范。民办高校办学经费主要来源于学生的学费，部分学校为了保障生源，采取各种手段扩大数量，在招生过程中存在不规范行为，如夸大或虚假宣传、违规承诺、委托中介招生、超范围办学等。

三是财务管理存在漏洞。由于缺乏相关管理办法及对民办教育“合理回报”界定的缺失，一些举办者将学校收入挪作他用，或不规范融资和资本运作。

三、促进民办高等教育持续健康发展的对策建议

为进一步促进民办高等教育的健康持续发展，应从地方实际出发，解放思想，创新机制，理顺各方关系，加大政策扶持，狠抓特色

化、品牌化发展，为社会提供多元化、优质的高等教育资源。

（一）创新分类机制，明确民办学校属性

一是创新分类机制。采取申报和审核相结合的方式，由民办高校提出申请，经教育部门审核，确定将民办高校按营利与非营利两种类型明确法人分类管理。其中营利性民办高校由工商部门按“企业法人”登记管理，非营利性民办高校由民政部门按“民办事业单位法人”登记管理。

二是探索合理回报制度。建议营利性民办高校按照《公司法》规定，享有相关产权与经济收益，按市场机制获取利润；对于非营利性民办高校，可从办学结余中提取一定比例的经费奖励出资人。

三是建立健全退出机制。规范民办高校终止办学行为，非营利性民办高校举办者，可从清偿后的剩余资产中收回学校存续期间的投资财产。营利性民办高校的剩余资产按《中华人民共和国公司法》的规定处理。

（二）加大配套政策扶持，强化发展保障

一是资金筹措政策支持。首先是增加财政支持力度。一所大学的发展离不开雄厚的财政基础，当我们把哈佛大学的经费收入部分地归功于那些有远见卓识和慷慨解囊的知名校友和大企业家时，也不能忽视美国政府每年225亿美元的财政补助这一事实，因此加大公共财政的支持力度非常必要。建议逐年提高湖南省民办教育发展专项资金规模，设定定向资助范围和重点。建立政府购买服务制度，以公办学校生均经费为基准，建立政府购买民办高校服务的经费投入制度，对民办高校给予一定比例的生均经费补助。如重庆财政针对民办高等职业院校按照示范（骨干）院校和一般院校分别给予 1400～2000 元的生均补助。在实施过程中，湖南省可依照省情财力，采用试点的方式分步进行，从示范（骨干）民办高职学院先行试点，再扩大至一般民办高职学院、本科学院，以减轻“一步到位”的财政压力。其次是扩大筹资渠道。完善民办高等教育投融资投资平台，鼓励金融机构为民办高校提供多种形式的融资服务，创新民办学校金融服务项目，拓展民办学校直接融资渠道。同时，制定一系列税收优惠政策，鼓励私人、大企业和社会组织向非营利性民办高校捐资，或鼓励学校自身通过提供社会服务取得收入。

二是扩大收费定价权。应根据法人属性执行不同类型的收费模式：对于非营利性民办高校的收费项目及标准实行政府指导管理，营利性民办高校的收费项目和标准则由学校制定，报有关部门备案并公示。

三是落实招生自主权。扩大民办高校招生自主权改革范围，是解决同质化问题的重要突破口之一。为此，建议支持高质量的民办高校扩大招生自主权，对民办高校具有特色的专业和国家级、省级重点专业，在招生上与公办高校一视同仁，或给予“单招”的招生政策，促进特色专业、重点专业的优质教育资源价值的最大化。

四是税费优惠。建议参照陕西、温州等省市做法，对于非营利民办高校建设规费享受与公办高校同等减免政策；对于营利性民办学校提供学历教育劳务所得的收入，五年内免征营业税，企业所得税由税务部门先征缴后再予以返还地方所得部分；民办高校向学生收取的住宿、餐饮服务的收入和为学生勤工俭学提供劳务取得的收入，应免征营业税。

五是用地政策优惠。对扩建、升格的民办高校，按照公益事业用地及建设的有关规定，优惠批拨建校用地。对于非营利性民办高校，实行行政划拨方式取得土地使用权；对定性为“有偿划拨”的建校用地价格不得高于当地的征地价，并可用于融资抵押，政府应予以征地贴息。

（三）依法规范办学行为，优化办学层次

一是完善民办学校法人治理结构。健全高校法人治理结构相关的政策法规，完善董事会领导下的校长负责制，明确界定董事会和校长的权力职责范围，避免“家族化”“权力过分集中化”的倾向，健全科学、民主决策的运行机制。

二是强化学校管理。建立教职工代表大会制度，保障教职工参与民主管理和维护合法权益。建立合理有效的会计、审计财务监管制度，保障学生的合法权益。不断完善民办高校内外的监督机制，加强对民办高校教学的检查和指导，健全质量评价机制以及年度检查制度。

三是优化办学层次。鼓励民办院校进一步改革。以做强做大民办院校为目标，容许投资主体的多元化，在明晰产权的基础上鼓励资产重组和转让，加大资源整合力度，进一步优化民办高校办学层次。重视国际化。不断扩大国际交流，增加教师、学生的交流互换机会，进行合作办学和境外办学，引进国外的优质教育资源，增强湖南省民办高校实力。

（四）满足教师合理诉求，破解师资不稳难题

师资队伍建设是民办高校可持续发展的根基，为破解师资不稳、结构不合理等难题，确保身份和待遇上的公平，应做好以下几点。

一是着力解决民办高校教师的社会保障问题。建议参照温州民办教育做法，对凡取得教师任职资格，参加人事代理，并从事相应教育教学工作的民办高校教师，均按公办学校教师标准参加事业单位社会保险（五险一金），享受与公办学校教师同等的退休费、住房公基金、困难救助等待遇。

二是着力改善教师工资待遇。可参照公办学校绩效工资标准，制定民办高校教师工资指导线（最低工资标准），并根据物价水平适时调整，不断提高教师工资待遇。

三是重视民办高校教师专业发展。将民办高校教师在职进修、培训纳入到高校教师队伍建设规划和年度培养计划中，与公办高校教师享受同等待遇。对于民办高校教师参加职称评审、业务竞赛、评优评先等，其指标计划实行单列。

四是健全教师流动机制。建立公办、民办学校办学协作长效机制，支持和鼓励公办与民办学校教师的流动。对于公办学校教师自愿应聘到民办学校任教的，其身份保留，退休时按公办教师相关政策执行。

（五）加强自身发展，创立品牌特色专业

一是加强特色专业建设，实行差异化发展。鼓励民办高校结合自身专业特长，从湖南省经济社会发展实际出发，以建设应用型大学为目标，实行差异化定位。实时跟踪市场需求动态，科学规划专业设置，创办特色专业，开设特色课程。加强学科整合，促进特色、优势专业的相互交叉、渗透，不断扩大优势专业和优势学科覆盖面。充分发挥骨干教师的带动作用，通过培养一批学科带头人、学术带头人，发展壮大特色专业教师队伍。

二是重视实习实训基地建设，继续推进“订单式”培养模式。探索校内外多种实习实训基地建设模式，建设一批与企业合作的示范性实训基地，改善校内实习场地的教学条件，加强实训教育的指导和管理，实现教学过程与生产过程的无缝对接。积极推进“订单式”培养模式。以应用能力培养为核心，与企业、科研机构及行业建立常态化的交流与合作，用行业、企业标准对接专业标准，准确定位专业人才培养规格，实现“专业对接产业、课程对接岗位、实训对接操作，学院对接工厂”，使“订单式”人才培养质量不断提高。

执笔人：王　颖

第六章

衡阳市民办教育发展调查报告

湖南省衡阳市民办教育起步较早，经过数年发展整合已逐渐形成公办、民办共同发展的多元格局。多年来，在公共财政投入不足或覆盖面不够的背景下，衡阳各类民办教育机构在保障适龄人群的受教育权益及满足多样化需求等方面发挥了重要作用，同时也在资金链条、学生综合素质的培养、内部管理体制等方面存在不容忽视的风险。民办教育是衡阳教育体系的重要组成部分，在十几年的发展过程中存在种种瓶颈的掣肘，这些障碍因素往往也是我国民办教育行业面临的共性问题，解决好这些问题的重要一环在于进一步理顺民办教育发展的基层探索与顶层设计的关系。

湖南省衡阳市民办教育起步较早，特别是在2002年《民办教育促进法》颁布以后，衡阳民办教育迎来具有里程碑意义的发展时期，民办教育经历了从无到有、从小到大的过程，逐渐形成公办、民办共同发展的多元格局。截至2013年，全市共有各类民办教育机构1412所，在校学生39.6万人，发展规模位居湖南省第二，在学制上涵盖包括学前、义务、高中及职业（中等和高等）、成人教育等在内的完整的教育体系。衡阳市民办教育的成长历程，正是我国民办教育发展的一个缩影。

一、衡阳民办教育发展的成效

教育是促进社会阶层合理化流动的基石。在公共财政投入不足或覆盖面不够的背景下，民办教育在保障适龄人群的受教育权益及多样化需求等方面发挥了重要作用。

（一）对公办学校形成补充，解决入学难

全国第六次人口普查数据显示，截至2010年，衡阳市常住人口为714.15万人，较2000年第五次全国人口普查数据增长了5.26%，跃居湖南省常住人口第一大城市。其中，外来人口67.86万人，较2000年增长了70.16%，十年间有大量外来人口集聚衡阳就业或创业。此外，衡阳外出务工回乡再就业人员逐年增加，2010年衡阳规模工业企业从业人员24.99万人，其中返乡就业人员达到8.05万人，比2005年净增2.34万人。随着城镇化进程的加快，大量农村居民也在逐年向城区迁移。人口的快速集聚，带来大量适龄儿童入学问题。

从图6.1可以看到，截至2012年，衡阳市小学、初中、高中（普通高中和中等职业教育加总）的在校人数都在稳步提升，到2013年在校生总数才有小幅回落。人口规模扩张的速度，显然远高于配套公办学校增长及教育财政投入的速度，在公办教育机构学位远远不能满足需求的情况下，这期间大量涌现的民办学校就对公办学校形成了有力的补充，尤其是公办学校入学往往存在户籍、居住地等各种限制，数量众多的流动人口子女选择进入到民办学校就学，切实保障了适龄儿

童的受教育权益。例如，衡阳市下辖的耒阳市，民办教育累计总资产达3.8亿元，提供城区义务教育阶段学位近3万个，如果全部由政府办学校需要建3000人规模的学校10所，该市学前教育几乎全部由民办教育承担，提供学前教育学位近5万个。

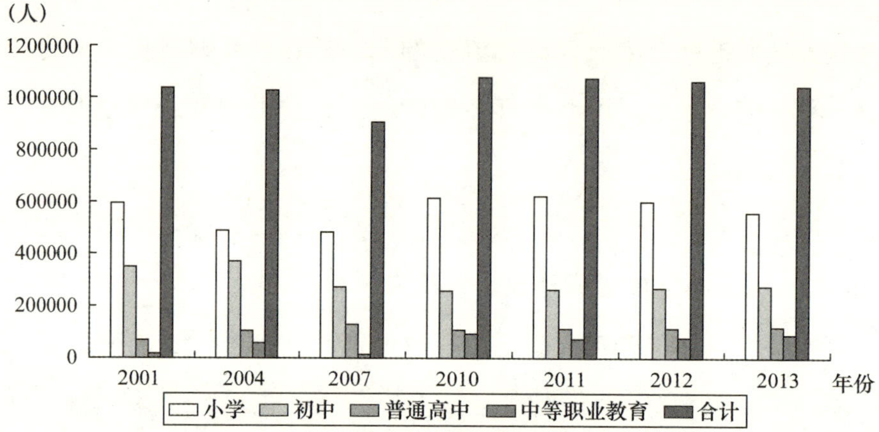

图6.1　2001～2013年衡阳市各类学校在校生数

数据来源：衡阳市相关年份统计公报。

截至2013年12月，衡阳市民办教育机构中幼儿园1087所，在园幼儿16万人，占全市幼儿总数的48.98%；小学43所，在校学生5.2万人，占全市小学生的9.24%；初中16所，在校学生5.6万人，占全市中学生的20.5%；高中8所，在校学生0.9万人，占全市高中生的7.7%；中职学校11所，在校学生1.44万人，占全市中职生的11.3%。由此可见，衡阳的民办学校特别是在学前教育和初中教育阶段，在保障就学方面发挥着非常重要的作用。

（二）扩大教育资源

民办教育弥补财政经费投入不足，扩大教育资源主要表现在：一是由民间资本投入所形成的教育固定资产；二是由民间资本投入用于培养人才的教育事业费消耗，包括教育公用经费支出和人员经费支出[①]。在当地政府对教育财政投入不能完全满足就学需求的情况下，多种出资形式、不同经营模式的民办教育机构对公共财力形成了一定的补充。据统计，2013 年衡阳市的 1412 所各类民办教育机构，新增固定资产投资 46.9 亿元，民办学校共有教职员工约为 3.56 万人，按每个教师人均 3 万元计算，每年则为财政节约教师工资支出 10.68 亿元。

（三）推动整体教学质量提高

衡阳民办教育起步时间早，在经历了初期民间资本一哄而上投资办学的阶段后，经过多年的发展、整合，与收费标准、教学质量、软硬件水平、师资力量等相匹配，现在衡阳已形成由不同层次民办学校构成的梯次鲜明的民办教育体系，以满足家长日趋多样化的需求。随着学校主体的多元化，以吸引生源为目的，民办学校与公办学校之间、民办学校与民办学校之间形成了竞争局面，特别是民办学校在办学理念、运营机制上更为灵活，为提高自身的吸引力，不断加强学校的软硬件建设以及对优秀教师的选聘和培养，从而在竞争中带动衡阳整体办学能力和教学质量的提升。

（四）带动就业

民办教育机构的另一社会贡献是直接或间接地提供了大量的就业岗位，拉动了衡阳本地的就业：一是对大中专毕业生的直接吸纳；二是吸引农村教师向城区流动；三是民办职业技术学校招收大量农村学生，培养出一批批技术工人，并成功将其推向就业市场；四是衡阳民

---

① 邓晓春：《关于民办教育改革与发展的若干思考（之一）——论民办教育的“补充效益”和“溢出效益”》，载于《现代教育管理》，2009 年第 7 期。

办教育发展规模已位居湖南省第二，在校学生数量庞大，围绕学校衍生出的周边服务业态也吸纳了大量劳动力。

二、衡阳民办教育存在的风险点

（一）资金链条

衡阳民办教育机构大多以学生学费作为支持学校正常运营的主要经费来源，学校的生存发展严重依赖于招生规模的大小、在校生的数量和学费的涨跌。其中一些学校为提高行业竞争力，以留住本校生源为目的，已经或正在筹备举办集小学、初中和高中为一体的十二年一贯制学校（甚至有涵盖幼儿园的十五年一贯制学校），以“融资举债—投资扩建—扩大招生规模—学费增收—学校良性运营”为基本思路滚动发展，力图打造航母级学校，从而提高抗风险能力。

但从图6.1可以看到，近年来衡阳市各类学校在校生总规模已经开始出现小幅下降趋势（其中小学在校生数量降幅最大，为-6.68%）。在未来几年，衡阳还将面临：城镇化进程放缓，人口迁入速度下降；产业结构优化调整过程中，可能带来的非劳动密集型产业对就业的吸纳能力减弱；人口生育高峰期过去，人口增长速度放缓以及暂时性的政策调整等带来的入学适龄儿童数量大幅减少，如因此处于扩张期的大量民办学校招生规模没有达到预期，则可能会使资金链条发生断裂，再次出现2008年衡阳民办中职学校短时间大量倒闭的覆辙[①]，造成社会资源的极大浪费。

---

① 衡阳市民办中职学校最多的时候达29所，在校学生达5万人。后因国家中职助学金政策的实施，民办中职学校的助学金难以足额到位，从2008年开始招生急剧滑坡。

（二）学生综合素质的培养

目前衡阳有1400多所民办教育机构，由于办学时间、师资力量、软硬件设施、资金支持力度、地理位置等各种原因，教学质量参差不齐。总的来看，因为缺乏被社会公众认可的科学、合理的评价标准，升学率几乎成了界定民办学校好与坏唯一的标准，在这一理念的激励下，民办学校往往以提高升学率为目标，大量开展应试教育，学生的素质教育、能力教育、道德教育被搁置。学校更注重培养尖子生，而部分基础差的生源则往往被忽视。较之公办学校，民办学校在课程设置、学科安排上自由裁量权更大，但也因此有一些民办学校为保证本校生源，甚至将学制改为初中2年、高中4年，初中2年结束后通过测试可以直升本校高中，称为准高一，中考只是在形式上参加一下。这种打破常规的做法，压缩了初中阶段的课程时间，改变了学生正常学习的进度，因而也无法保证素质教育的如期开展。

（三）内部管理

衡阳民办学校的所有制结构多元化，包括个人独资、国企控股、民企控股、名校办民校、民办公助等等，有些民办学校甚至几易其手，历史遗留问题很多。在内部管理中，一些民办学校法人治理结构很不规范（如家族式管理），决策随意，执行力差，缺乏科学、现代的管理体制，财务内控机制不健全，债务风险的隐患很大。在人事制度上也存在种种弊端，教职员工工作缺乏稳定性。这些因素都对民办教育的健康发展造成负面影响。

三、启　示

民办教育是衡阳教育体系的重要组成部分。多年来，衡阳民办教育机构不断的整合、发展，形成目前的多元格局，取得了良好的社会收效，但也面临种种瓶颈的掣肘，这些障碍因素往往也是我国民办教育行业面临的共性问题，而解决好这些问题的重要一环在于进一步理顺民办教育发展的基层探索与顶层设计的关系。

衡阳民办教育机构在发展过程中，遇到的一个重要的障碍性制度因素是对民办教育机构法人属性的定位不清晰，以及由此衍生出一系列关于资产管理、盈利模式、财政投入、税收减免、人事制度、教师学生差别待遇等问题，这也是全国民办教育机构发展过程中面临的共同的制约因素。为应对这些问题，衡阳市政府先后出台了一系列政策。例如，2012 年的《衡阳市人民政府关于促进民办教育发展的意见》提出“民办学校学生将与公办学校学生一样享受免学杂费、免教科书费政策，并被纳入同级同类公办学校学生资助体系；鼓励教师在公办学校与民办学校之间合理流动，凡具备教师资格、与民办学校签有三年以上合同的教师，可办理户口迁移手续”，以及 2014 年通过的《中共衡阳市委、衡阳市人民政府关于深化改革进一步加快民办教育发展的决定》中，明确全日制民办学校为自筹自支的“民办事业单位”，由县级以上编制部门所属的事业单位登记管理机关进行登记，全日制义务教育民办学校按照公办学校同等政策标准享受生均公用经费补助待遇。全日制民办学校由县级以上编制部门所属的事业单位登记管理机关进行登记，经编制部门和教育行政部门共同审定的民办学校编制内教师，要按现行社会保险相关政策参加养老、医疗、失业、工伤、生育等社会保险。

这些有益的尝试和创新都得到民办教育机构负责人、教师的支持和肯定。然而在实际操作中，仍遭遇种种问题，例如“教师可在公民办校之间合理流动，公办校教师到民办校任教，可按停薪留职对待”，这仅仅只能暂时性地缓解教师在公民办学校的流动问题，并未根本解决问题，而且一些20世纪90年代起停薪留职入职民办学校的教师被原学校要求回流的情况也在大量发生，局面已经更加复杂。同样，关于民办学校事业编制审定，民办学校教师医保、社保的转移合并等问题，也在省一级层面遭遇阻碍，难以顺利实施。

回顾我国改革开放30余年的改革实践中，任何一项较为成功的改革往往是顶层设计与基层探索的有机结合体。例如由家庭联产承包责任制撬动的农村改革，正是将基层探索上升到顶层设计再全面推开的改革过程，二者缺一不可。显而易见，在现有民办教育相关的法律法规框架下，衡阳市政府开展的一系列具有改革性质的基层探索，无疑不能从根本上清除阻碍本区域内民办教育健康发展的制度因素，往往受到更高层级政策、制度、规范的牵制。因而在新一轮全面深化改革过程中，为推进民办教育发展，应进一步加强顶层设计，推动相关法律法规的顺利修改，从宏观框架下彻底理顺民办教育机构的法人属性，明确民办教育机构的市场定位以及各级政府对其的职责，民办教育机构的长远发展规划，探索政府如何在发展和规范民办教育中找到政策平衡点，推动民办教育健康有序发展。此外，中央政府在加强顶层设计时，应积极吸收地方有益的探索，通过系统评估，对已取得的可复制、可推广的经验进行总结、提炼、推广，同时对基层探索保留一定宽容度以及试错空间。只有顶层设计与基层探索形成自上而下与自下而上的发展合力，才能共同推进民办教育的健康发展。

执笔人：王莹莹

第七章

温州市民办教育综合改革试点调查报告

温州市作为国家民办教育综合改革试点地区，出台了“1+14”的综合改革系列文件，在分类管理、合理回报、多元办学体制改革、教师社会保障、投融资和土地、税收优惠等方面做出了详细的政策安排和制度创新。试点4年多来，温州市在教育、财政、政府与社会关系等方面取得了巨大成就，正在从“改革试点”迈向“改革示范”。但调研发现，温州依然存在着民办企业法人学校政策不明晰、政策执行不到位、教师社保困难等问题。本文对温州市改革政策、改革效果和学校案例进行详细分析，以便为我国民办教育改革提供参照。

一、温州民办教育的发展历程

（一）温州民办教育起步较早

温州历史上私学兴盛，自东晋太宁二年（324年）建永嘉郡学开始，历代官府积极鼓励民间办学。私塾、家塾及私立书院遍布各地，南宋和晚清两个时期最为鼎盛。新中国成立后，温州市场经济发育较早，民办教育观念深入人心。1985年《中共中央关于教育体制改革的决定》颁布后，以乐清七里港高级中学创办为标志，温州民办教育开始复兴。改革开放后，温州率先冲破“姓资姓社”的束缚，民办学校蓬勃发展，至1997年，温州市民办学校、幼儿园数达到2418所，在校生人数为15.2万。以“多元办学”模式为特点的温州民办教育，成为国内民办教育典型的“四种模式”[①]之一。

（二）温州民办教育的曲折发展

1998年国务院颁布《民办非企业单位登记管理暂行条例》，将民办学校定性为“民办非企业法人”。这使得各种民办学校一律成为非营利的社会公益组织。2002年《民办教育促进法》及2004年《民办教育促进法实施条例》陆续颁布。可以说，随着这些法律法规的出台，民办教育在制度建设上取得了一定的进步，但是面临的困难和问题、需要破解的制度瓶颈仍然没有得到解决。2002年以后，温州民办教育的发展整体势头是受到遏制的，更多是在现有的政策环境下求生存。这一时期，温州一大批民办学校倒闭，民办教育的发展环境亟须根本改善。

（三）温州成为国务院“民办教育综合改革”的试点

2010年7月，国务院颁布《国家中长期教育改革和发展规划纲要（2010－2020年）》，要求“整理并纠正对民办教育学校的各类歧视性政策”，“依法落实民办学校学生、教师与公办学校平等的法律地位”。

---

① 改革开放后，学界认为国内民办教育出现了典型的“四种模式”，分别是：以“多元办学”模式为特点的温州民办教育，以上海为代表的“民办公助”模式，以广东为代表的“教育储备金”模式，以及老、少、边地区的“扶贫教育”模式。其中，温州的“多元办学”模式是指形成了国有民办、民办公助、股份合作、厂校联办等多元的办学主体。

2010年10月，国务院下发《关于开展国家教育体制改革试点的通知》，“民办教育综合改革”课题直接由浙江省人民政府承担，温州市成为改革试点之一。经过4年的发展，温州民办教育改革试点初现成效，取得了一系列的政策突破和创新。

（四）温州民办教育改革成效显著

首先，民办教育的规模扩大。温州市民办教育规模逐渐扩大，民办学校在校生的比例超过全国平均数，民办教育已成为温州市教育事业的重要组成部分。据统计，2012年民办幼儿园在园幼儿数占全部在园幼儿数的89.1%，民办小学占10.1%，民办初中占12.7%，民办普通高中占32.4%，民办中等职业教育占27.4%，民办高校占14.5%。2014年，温州基础教育各级各类民办学校共有1524所，占学校总数的60%以上，在校生达43.1万人，占全市基础教育在校生总数的31.78%。其次，民办教育的质量提高。一批高水平民办学校和教育机构脱颖而出，办学质量和特色得到社会广泛认可。再次，民办教育由最初的单一类型、低层次向多层次、多类型、多领域发展。在发展和运作模式上，一些民办教育举办者已从传统办学方式转向校企合作、产学结合、连锁经营和实业投资，走上了规模化、产业化、集团化发展轨道。复次，满足了社会不同层次的需求。从拓展教育机会看，民办教育较好地满足了人民群众多样化、选择性的教育需求，有力推动了教育事业的繁荣发展。最后，温州市的公办教育与民办教育实现了有益的互补。下一步温州市将争取从民办教育的“全国试点”向“全国示范”迈进，为国家教育政策的改革提供案例参考。

二、温州民办教育综合改革的政策创新①

2010 年，温州市成为国家民办教育综合改革的试点地区。2011 年 10 月，温州出台了《关于实施国家民办教育综合改革试点，加快教育改革与发展的若干意见》及 9 个配套实施办法，简称“1 +9”文件，从登记管理、财政扶持、融资政策、产权属性、合理回报等 10 个方面进行制度重建。2012 年底，温州又出台了收费政策补充规定、金融支持办法、最低工资指导线、会计核算办法、社保补充规定 5 个配套补充政策，形成了升级版“1 +14”政策体系。改革以来，温州 415 所民办学校参加了营利与非营利性民办学校分类登记，政府面向民办学校的专项奖补和购买服务资金达到 3. 9 亿元以上，民间资金流入教育领域超过 45 亿元。2014 年底，《温州市民办教育改革和发展规划（2015 –2020）》通过专家评审，这是我国首个专门针对民办教育制定的区域发展规划。总体来看，温州市的政策创新集中在以下方面。

（一）分类管理机制

温州民办教育改革最具开创性的措施，就是建立了民办教育的分类管理机制。温州市认为，法人属性混乱是民办教育发展的源头性问题，“民办非企业法人”的属性不清晰，使得民办学校不能享受政府政策优惠，还要按照企业标准缴纳税费。

因此，温州市从民办学校的营利和非营利本质出发，确定了两类法人登记管理机制。非营利性的民办学校在各民政部门登记，成为

① 根据温州市民办教育“1 +14”的改革文件、课题组实地调研资料整理获得。

“民办事业单位法人”，依法获得合理回报；营利性的民办学校在工商部门登记，成为“企业法人”，按照市场机制依法获得盈利。在分类管理的基础上，对民办事业单位法人和企业法人，分别制定并执行详细的政策配套体系，如招生收费、税收优惠、土地政策、产权管理等等。

此外，虽然有民办教育的营利和非营利分类，但舆论和政策上依然倡导捐资型或出资保值型的公益慈善办学模式。其中，捐资型学校举办者对学校发展有决策权，但放弃对投入资产及办学积累的所有权，放弃办学结余的合理回报。而出资保值型民办学校的举办者除了对学校发展的决策权，还对投入资产拥有所有权，并按五年期银行贷款基准利率获取利息实现保值，但也要放弃办学结余的合理回报。

区分管理营利性和非营利性两类组织属性不同的民办学校，是关系到民办教育健康发展的基础性制度。但是我国《民办教育促进法》和相关法规并未明确规定民办学校的分类，绝大多数民办学校被登记为民办非企业单位法人，难以跨越文件对非营利组织的认定，有关政策无法落实。温州将民办学校明确划分为营利性与非营利性两类，分别按照企业法人和民办事业单位法人进行登记管理，在民办学校法人分类上取得了重要突破，建立“民办事业单位”法人类型是一次重大创新。

（二）合理回报制度

产权不清晰，合理回报制度缺失，是影响民办学校稳定健康发展的重要障碍。为吸纳社会资金投入教育，《民办教育促进法》第五十一条规定“出资人可以从办学结余中取得合理回报”。但国务院尚未出台具体的操作办法，出资者也担心取得合理回报后失去相关政策优惠，因此改革前，民办教育合理回报并没有规范化正式开展，而是通过学校的财务会计“技术化处理”得来。

温州改革对民办教育的合理回报进行了清晰的规定。首先，明确各类民办学校在财产的归属、使用、收益、处分等方面的权利、义务和责任，提出“出资财产属于民办学校出资人所有，出资人产（股）权份额可以转让、继承、赠与，但学校存续期间不得抽回资金。”其次，对登记为民办事业单位法人和企业法人的民办学校实行不同的会计制度，加强学校财务规范化建设。最后，确立合理回报的具体政策。企业法人的民办学校，按市场和企业机制获取利润。对民办事业单位法人的民办学校，结合传统习惯、国家的设想、温州的实际，规定为：“在扣除办学成本，预留发展基金以及提取其他有关费用后，在办学有结余的前提下，经学校决策机构研究决定，并报教育行政部门批准，可从办学结余中提取一定比例的经费，用于奖励出资人。年奖励金额按不超过出资人累计出资额为基数的银行一年期贷款基准利率的 2 倍计算。”

（三）多元的办学体制改革

改革开放之后，温州就以多元办学闻名全国，曾经有国有民办、民办公助、公办民助、企业办学、部门办学、独资办学、股份办学、集资办学等近 10 种模式。近年来遇到国家清理“国有民办”学校等政策阻碍，成为改革试点则有助于温州突破政策瓶颈。

温州民办教育倡导办学主体的多元化，如企业办学、公办学校参与办学、中外合作办学；办学形式也趋于多元化，如独资、合资、合作、股份、委托管理办学等。此外，温州运用商业化思维，促进民办教育招商引资。如促进非义务教育阶段的公办品牌学校进入教育市场，加强高端学校建设，以土地校舍低租金或者零租金的方式，交由教育家或品牌学校办学等。

（四）配套政策支持

除了创新分类管理方式，明确合理回报制度，坚持多元办学体制外，温州为民办教育发展制定了众多配套措施，涉及投融资、财税、土地等多方面。

1. 投融资支持

我国法律对学校资产的抵押及对外担保有规定限制，温州在改革中明确规定民办学校的收费权、办学权、知识产权、著作权、商标权都可以用于质押，非营利性民办学校的非教学设施可用作抵押，营利性民办学校的设施可作抵押，突破了相关法律规定。

温州创新民办教育投资融资的形式，完善投融资平台。例如成立温州市教育发展投资集团有限公司，将学校事业性资产转化为经营性资产。对两类民办学校给予相应的信贷支持，建立贴息贷款机制。此外，温州探索教育的信托投资，组建国资引导、民资参与的教育担保公司，为民办学校提供短期资金周转、贷款担保等服务；支持民办学校依照国家规定利用捐赠资金和办学结余设立教育基金，通过专业基金运营机构运作，实现保值增值；鼓励营利性民办学校探索创建教育私募股权投资基金，发展教育产业等等，这些都是新的制度创新。这种民间的金融和借贷符合温州当地的商业文化，可以促进民办教育的发展。

2. 财税、土地等优惠扶持措施

招商引资方面，温州积极开放教育投资，吸引民间资本创办优质学校。推出一批非义务教育阶段公办品牌学校，交由社会团体或个人办学，引进民营机制，探索通过土地、校舍等要素低租金或者零租金等方式，建设高端学校。

财政方面，温州市加大了对民办教育的公共财政投入。从2011年起，每年拨款3000万元作为民办教育专项奖补资金。温州市政府通过购买服务的方式，对登记为民办事业单位法人的民办学校，根据在校生人数，按当地上年度生均教育事业费（包括预算内外）的一定标准进行补助。

税收方面，民办事业单位法人和公办学校同等税收，民办教育企业法人提供学历教育劳务所得的收入，5年内免征营业税，企业所得税由税务部门先征缴后再返还地方所得部分。

收费方面，非营利的民办事业单位法人可以自主定价，按照不高于当地上年度生均教育事业费3倍的标准确定（特别优秀的可放宽到5倍）。营利性企业法人的民办学校收费项目及标准由学校自主确定。

土地政策方面，对于民办事业单位法人的民办学校，温州市政府以行政划拨提供土地的使用权，民办学校享受和公办学校相同的费用减免。企业法人的民办学校，基本上以有偿出让的方式提供土地。政府也鼓励民办学校，依法通过土地置换、新建、迁建、扩建学校，提升硬件建设。

（五）民办学校教师保障制度

一是各县（市、区）参照公办学校教师绩效工资标准，制定并落实了民办学校教师工资指导线。二是建立政府支持的民办学校教师社会保障新制度。所有符合要求的民办学校教师，均按公办学校教师标准参加事业单位社会保险，享受与公办学校教师同等的退休金、住房公积金、困难救助等待遇，各项社会保险费的单位应缴部分，由民办学校承担，当地财政通过购买服务的方式对非营利性民办学校提供资金支持。三是落实民办学校教师平等待遇，民办学校教师在表彰奖励、职称评聘、评优评先、人才政策、困难救助等方面，与公办学校教师享有同等待遇。四是加强专业培训，把民办学校校长、教师的业务培训纳入统一规划和管理，在培训经费、参加人次等方面给予相同保障；委派公办学校教师到民办学校支教，全市共派遣664位公办学校骨干教师到首批推进学校支教。五是建立公办民办学校教师流动机制。计划通过3年努力，使公办、民办学校教师在实施健全的资格管理制度、社会保障制度基础上实现由身份管理向岗位管理转变的自由流通。

三、温州民办教育综合改革的主要特点

温州民办教育综合改革政策的出台，形成了多方面的积极效果。例如，许多民办学校的教师流失率下降，应聘教师的人次增多；家长对温州民办教育的信心增强，报考民办学校的学生人数增多；温籍在外投资办学的教育集团返乡办学热情高涨，外地教育资源来温投资办学的意愿强烈，民办学校的办学条件得到改善；出现了一批高水平的民办学校，有力提升了民办教育的质量和层次，促使民办教育更稳定地发展。具体来看，综合改革的特点可以归结为以下几个方面。

（一）改革需求强烈，具备制度创新优势[①]

温州民办教育起步早、发展曲折，在成为改革试点前，民办教育整体质量不高且呈现走弱趋势，缺少高水平、示范性、有特色的民办

① 详见单大圣：《教育体制改革的政策突破——以温州市民办教育综合改革试点为例》，载于《浙江教育科学》，2014年第4期。

学校。由于温州市场经济发达、外出经商氛围浓厚、居民的收入水平较高、区域人口流动加快，原先的民办学校难以满足人们对教育的选择性需求。此外，民办教育发展的不景气、体制的约束性和政策的不明朗，使得办学者不愿加大投入，有的采取短期行为和投机行为，干扰了办学秩序，损害了师生权利，影响了民办教育健康发展。办学者关心的产权属性、合理回报、收费政策、办学自主权等，教师关心的社会保险、退休金、评优评先、职称评审、培训等，校长关心的法人治理结构、校长独立职权等，都需要从政策上给予正面回应。

而温州由于市场经济发达、民间资金充裕、改革思想活跃、民众对新事物的接受度高，在经济社会发展的诸多领域走在改革前沿。近年来，温州陆续承担了金融综合改革试验区、社会资本办医综合改革、民办教育综合改革等重大改革试点，涉及金融体制改革、医药卫生体制改革、教育体制改革等关系经济社会发展全局的关键事项，具备制度创新的独特优势。

（二）改革突破现有政策，推进力度大

民办教育面临的深层次矛盾和问题，涉及多个部门，触及一些国家基本政策，改革难度和风险非常大。温州并不是照抄国家的有关规定，而是直面问题，鲜明地提出要把“突破与创新”作为民办教育综合改革试点的使命，形成实实在在的改革试点方案。

成为改革试点后，温州启动了四项重要工作。

第一，在全社会重新认识民办教育的重要性，将其作为教育事业发展的重要增长点和促进教育改革的重要力量，将发展民办教育作为政府工作的重要职责。希望通过体制的多元竞争，实现办学模式的多样化，提高学校的活力、质量和效益，满足公众对教育多元选择的需求。

第二，切实改善民办教育的发展环境，依法保障民办学校办学自主权，清理并纠正对民办学校的各类歧视政策，制定完善促进民办教育发展的优惠政策。

第三，对民办教育实行依法规范管理。温州市致力于健全民办教育管理机构，形成民办教育的指导和监督网络。重点加强民办教育的质量和财务管理，完善民办学校法人治理结构等。

第四，率先在全国试点探索民办教育的分类管理机制。根据学校营利、非营利的性质和本质，对民办教育进行分类管理，以明晰政策执行的分界和改善管理结构。①

在改革推进上，温州市委、市政府领导高度重视，集中决策并努力推进，体现了改革的决心和勇气。为推动改革，温州各级党委政府成立了由党委或政府一把手任组长的教育体制改革领导小组和联席会议制度，统筹协调试点工作的具体事务，市委书记、市长先后6次进行专题研究，先后7次做出批示，市政府分管领导组织了20多次专题研究，将试点工作上升到“一把手工程”和“全员工程”，并作为“考点”，检验各级党委、政府推进教育改革创新的胆识与决心，形成了推进工作的强大合力。②

（三）改革综合性强，策略灵活③

民办教育面临的各种问题由来已久，涉及面广，关联性强，决定了民办教育改革不能“头痛医头、脚痛医脚”，必须实行全面、综合

① 详见中共温州市委、温州市人民政府：《温州市实施国家民办教育综合改革试点调研报告专辑》（内部资料），2011年9月。

②③ 详见单大圣：《教育体制改革的政策突破——以温州市民办教育综合改革试点为例》，《浙江教育科学》，2014年第4期。

改革。按照这一要求，温州从一开始就在充分研究和酝酿的基础上，提出对民办教育实行综合改革，形成了“1+9”政策文件，涉及分类登记管理、教师队伍建设、社会保险、公共财政补助、法人财产权、财务管理、优惠政策、现代学校制度等，其后温州又继续补充了对最低工资指导线、会计核算办法、收费政策、金融优惠、教师社保、法人登记等问题的规定，将政策文件扩充到了“1+14”，从而形成了比较完整的民办教育基本制度体系，实际上对民办教育改革发展做出了一揽子的顶层设计。在实际操作过程中，在一些关键问题上，体现了务实、灵活的改革策略。比如在制定合理回报政策时，将合理回报规定为银行一年期贷款基准利率的2倍（即相当于民间的1分利），这是按照目前温州民间资本运作最低的一种标准制订的。再比如《民法通则》规定的法人机构没有民办事业法人这个类别，为解决这一难题，在分管教育的副市长的支持下，温州市质监局积极配合，特事特办，对已按照民办事业单位法人进行民政登记管理非营利性的全日制民办学校开设绿色通道，便于其办理组织机构代码证书。

（四）改革因地制宜，思路清晰

温州市本着“大力发展、系统改革、顶层设计、同等待遇、分类管理、规范管理”的原则，认真吸收国内外发展民办教育的经验，在此基础上，形成了完整的配套政策体系。其主要思路可以概括为以下三点。

第一，“借四两拨千斤”。温州经济以民营优势为特征，民营企业占全市企业总数的90%以上，民营经济占全市经济总量的85%。在民办教育改革上，温州利用市场机制，充分发挥公共财政“四两拨千斤”的作用，吸引充裕的民间资金投资、捐资或集资办学。

第二，“保中间带两头”。在经费有限的情况下，温州较早提出“保中间、带两头、活全局”的思路，把主要的教育资源放在义务教育上，高中段和学前教育放手让社会资本进入。这一改革思路将“小财政办大教育”的窘境转变为“大社会办大教育”的活棋。温州市也确立了不同阶段民办教育改革的各自定位：民办学前教育，要积极扶持民办园上等级上水平；民办义务教育，要推进特色化和优质化；民办高中教育，要实行错位化和特色化发展；民办中职教育，要实施规模化、优质化发展战略；民办高等教育，要重视高质量和高效益；民办非学历教育，要推进规范化和市场化。

第三，“有限目标政府”。温州改革推进了教育体制改革，民办教育的发展直接推动了多元办学格局的形成，促使政府部门由包揽大量公共服务产品提供的“万能型政府”向“有限目标政府”的转变，促进了政府和社会在教育方面的协同治理。①

四、温州民办教育发展中存在的问题

（一）民办企业法人学校的政策有待明晰

在温州，与登记为非营利性民办学校的情况相比，登记为营利性企业法人的民办学校进展相对较慢，改革尚未迈出实质性步伐。原有民办非企业学校转登记企业法人学校全国没有先例，缺少规范、完整的政策。同时，登记为企业法人的民办学校，土地从行政划拨转为出让时的价格认定，以及合理回报、财产的合法性等问题存在争议，政策有待明晰。比如，在土地问题上，企业法人的民办学校土地从行政

① 详见中共温州市委、温州市人民政府：《温州市实施国家民办教育综合改革试点调研报告专辑》（内部资料），2011年9月。

划拨改为出让，土地价格的参考标准没有明确的政策规定，土地在近年来的升值使这一问题相当棘手。如果企业法人转为事业法人，土地的归属问题尚不明晰，这也是部分民办学校不愿纳入民办事业范围的一个原因。此外，在财产的合法性上，登记为营利性企业法人的民办学校，难以找到合理回报和财产合法性的法律依据。民办教育改革的关键在于突破现行的法律法规，因此需要更高层次的顶层配套政策。

（二）实际中政策执行不到位

温州市虽然出台了详细的“1+14”民办教育综合改革方案，但政策落实起来有困难，这体现在以下四点。第一，改革要突破原有的政策法规框架，如民办事业法人设定、民办学校产权政策和融资政策等，执行起来难度大。特别是抵押融资，由于相关法律法规规定教育设施不得抵押，所以民办学校的融资遇到困难。此外，温州市的政策是宏观指导，缺少具体的操作性措施，各地均需探索政策落实的细节和途径。第二，温州市各地的民办教育改革进程不均衡，表现在当地政策的完善性和执行情况有较大差别，财政专项奖补资金到位情况不同步，这与各地领导的重视支持程度、各地改革的力度有关。第三，推进改革需要各部门形成合力。民办教育改革进入深水期，除教育部门外，改革还涉及财政、人事、社保、编制、发改等多个部门，协调存在困难。第四，部分人对改革的信心不足，处于观望态度。他们虽然对民办教育改革的相关政策和举措较为赞同，但对政策的落实和改革的最终取向仍有担忧。甚至有部分参与者出于对前景的担心而选择了中途退出。

（三）教师社保的困难

温州市规定，享受政府购买服务的民办学校必须有四个前提条件：登记为民办事业单位，所有教师均加入事业保险，工资不得低于同级同类公办绩效工资的70%，使用教育局确定的非营利学校的会计核算办法。同时，教师缴纳事业保险也有三个前提：有教师资格证，参加人事代理，在一线岗位上。对此，有人认为条件设置太高、太苛刻，一些不符合条件的民办学校将会被挡在改革的门外；也有人认为政府购买服务比例还太低，与公办学校相比差距还很大，要适当提高比例。民办学校的教师社保存在新旧衔接的问题，达到条件有一个过程。而政府购买服务要等全部验收合格后才可能通过，教师事业社保的费用前期需要学校垫付，学校和教师存在一定的不安全感。此外，民办学校的老师来源复杂，既有本地的又有外地的，既有公办支教的也有辞职的，社保统一起来有难度。外地教师按事业单位社保，需要补差额，这部分资金的来源也需要规范。而且所谓事业社保，不是严格意义上的事业编制，民办教师身份未得到与公办学校一样的认同，即使给了自收自支事业编制，这个编制只能在温州市本地流动，有一定的局限性。

五、温州民办教育的案例简析[①]

（一）民办小学：温州市建设小学瓯江分校

温州市建设小学瓯江分校的前身是瓯江私立高级中学，2011 年在鹿城区的大力支持下，转型成为民办小学，是温州市建设小学集团的四个民办校区之一。它转型时有较高的定位，直接嫁接名校的管理和师资团队，是“名校带民校，民校创名校”这种名校和民办学校联合

① 学校案例根据课题组在温州的实地调研整理获得。

办学的成功典范。该校是温州市国家民办教育综合改革的20所窗口学校之一、全国社会满意民办明星学校、浙江省教育新优秀师范学校、浙江省的一级民办学校、温州市文明学校、温州市绿色学校。

温州市建设小学瓯江分校在分类管理中按照民办事业单位登记，民办和公办名校互助合作也卓有成效，公办学校会派教师来支教，提高学校的教学质量，而民办学校会在经费方面给公办学校的活动予以支持。建设小学瓯江分校有五天寄宿制和走读制两种模式，课程设置与公办学校相比更具特色和灵活性，每天晚上7点放学既有利于家长安排工作时间，又为学生设置了丰富多彩的文艺素质类课程。按照“1+14”政策，民办学校可以按当地生均教育费的1~3倍收费，但事实上由于市场竞争，该校的收费尚未达到公办生均教育费的2倍。教师方面，包括名校建设小学选派优秀的公办教师、面向全国招聘的名师骨干教师、应届高校优秀毕业生这三类群体。按照温州的政策，该校教师实行人事代理制度，所有教师享受和公办老师相同的“五险一金”待遇，正在逐步执行中。薪酬方面，该校教师工资超过公办学校的20%以上，实行多劳多得、优绩优酬，有职称工资和校龄津贴倍增。培训方面，该校与温州市的其他公办学校教师是同系列、同要求、同待遇。由于有较好的待遇和办学条件，学校成立三年来，教师几乎是零流出。

调研中发现，该民办小学关注较多的问题集中在以下三方面。第一，温州市“1+14”政策的落实。温州是民办教育的改革试点，其政策能否获得国家层面的认可，是否可以在省部级层面推开，在基层能否得到有力执行，这些是民办学校关注较多的问题。第二，投资办学而非捐资办学的温州民办学校会考虑合理回报的问题，目前温州市是以当地贷款利率的两倍支付，但国家政策出台后能否维持这一做法尚难预计。第三，办学投资的退出机制问题。由于通货膨胀导致投资贬值等，投资者期待有更健全合理的资金退出机制。

（二）民办中学：温州翔宇中学

温州翔宇中学创办于 2013 年 4 月，位于温州永嘉市瓯北区，隶属于翔宇教育集团旗下，包括初中部、高中部和国际部。学校正致力于打造为中国办学体制改革创新的示范学校、浙江基础教育民办教育的窗口学校、温州家长学子热心向往的名牌学校、永嘉教育事业进步发展的龙头学校。

翔宇中学的创办适应了温州市民办教育改革的政策环境，顺应了当地百姓的需求，也是地方领导解放思想的结果。首先，温州出台了民办教育综合改革的“1 + 14”配套措施，为民办教育发展提供了法定的、系统的、连贯的政策环境。其次，当地老百姓追求一流的教育资源。永嘉县瓯北区经济发达，人口众多，中小企业林立，财政收入占永嘉县的 40%。老百姓对优质教育的需求与经济的发展同步提高，对优质教育的支付能力强，加之近年来学生外出上学成本增加，因此百姓对当地兴办一所一流中学有很高的呼声。最后，当地领导热心教育，思想解放。他们打破条条框框的束缚，由政府投资建设学校，提供良好的硬件设施，再面向全国招标，交由民办集团管理办学。具体来说：政府投资 4.7 亿元建设学校，但基于运营成本和教育质量考虑，招标翔宇教育集团办学，校舍产权国有，但学校有很大的办学自主权，较小的资本和体制压力，正在探索一种教育家型校长办学的模式。

（三）民办中等职业学校：瑞安市开元职业技术学院

瑞安市开元职业技术学院的前身是瑞安市总工会的职工业余学

校，产权属于国家，按照民办体制运行。从2001年办学至今，已有近14年的历史，瑞安市原有的17所民办中职在办学过程中被逐步淘汰，现在只剩下包括开元在内的两所。在处境彷徨的情况下，温州市出台了民办教育改革的“1+14”政策，对开元学校的发展可谓雪中送炭。

目前，开元职业技术学院发展良好，每年有80%的高职升学率，在社会上有较高声誉。在中职普遍招生形势严峻的情况下，开元的招生情况比较火爆，每年均超计划完成招生。学校先后荣获全国民办教育先进集体、温州市先进学校、浙江省优秀民办学校、浙江省非物质文化遗产传承教学基地等荣誉。该校的市场营销专业被称为温州市示范专业和示范实训基地。开元也是温州市“十二五”规划的21所中职学校当中唯一一所民办学校。

开元职业技术学院的良好发展可以归功于特色的教学设置、优良的学校管理、积极拓展筹资渠道等。具体来说有三点。

第一，学校因地制宜，打造特色专业。温州市场经济起步早，商业氛围浓郁，家长对孩子读职业学校后经商的期望较高。开元抓住这一地域性特点和家长的实际需求，主打市场营销和财务会计专业，广受家长和社会的好评。在大环境下，纯粹办传统的中职很容易被市场和政策所淘汰，学校要有超前的办学思维。针对学校自身资源有限的现状，开元着力打造文科类专业，走小而精的发展道路，避免发展高技术类专业的高资金投入。此外，学校大力发展特色教学，科技创新教育、非物质文化遗产教学、韩语教学在全市乃至全省内颇有名气，积极引进3D打印等技术，不仅拓展了学生的就业渠道，更通过比赛获奖等提高了学校知名度，有助于吸纳更多社会资金。

第二，优良的学校管理。开元招收的学生入学成绩不佳，平均分只有300多，但招生进来后，学校执行严格的规章制度，对每位学生负责，努力将学生纳入正常的教学轨道中来。每年80%的高职升学率和优良的学风，在家长和学生中口口相传。开元的教师有很高的责任心和认真的工作态度，与公办教师相比有更强的忧患意识，在大家的共同努力下，开元近年来的进步十分显著。

第三，积极拓展筹资渠道。学校的办学思路灵活，遇到资金困难或政府财政投入不足的情况下，会积极拓展融资渠道，努力达到收支平衡。比如学校在全日制教学之余，发展成人技术培训，如退役士兵技能培训、保安员技能培训、企业员工的技能培训、幼儿园教师培训和社会工作者培训等，通过其他项目来弥补学校发展的资金不足。

调研发现，开元职业技术学院也在发展上存在一些担心和问题。

首先，对民办教育政策持续性和落实执行的担心。例如，温州实行政府购买民办教育服务的政策，开元用这笔资金为教师上缴养老保险，但学校非常担心政策能否持续下去，能否做到收支平衡。事业单位的养老保险上缴额度高，对教师各方面的要求标准也高，教师还没有享受到真正的利益，因此存在不确定性和不安全感。政府资金虽已划拨，但到位较慢，需要学校先行筹资。此外，政策执行方面，温州市有较详尽的政策规划，但瑞安市及以下的县镇，也有各地的实际情况，政策执行有一定滞后性，政策是否能完全落地也是个问题。

其次，民办学校的教育资源不足。主要体现在硬件条件上，缺少校舍，生均占地面积不足；学生的培养经费上，较公办学校而言较少；教师方面，国家实行绩效工资之后，增加了对公办学校的投入，民办教师的工资优势基本消失；社保方面，公办学校的教师享受国家五险一金的待遇，民办中职主要靠政府的购买服务上缴教师的养老保险；职称方面，以往民办教师的职称没有太大作用，民办教育改革后，允许民办教师参加职称评选，教师们有较大动力，但评审中会遇到不少现实的问题和阻碍；教师流动方面，政策鼓励公办和民办教师的双向流动，但现实中公办来民办学校支教的教师很少，开元学校现有的两名支教教师，工资福利也完全由开元自己承担。

最后，学校融资的问题。温州经济发达，不缺乏资金，但民办教育缺乏好的融资制度。比如，民办学校有银行贷款的利息税问题、银行融资的质押权问题、瑞安市缺少办学的融资担保机构问题等。总之，瑞安的现状与温州其他地区存在一定差距，也制约着民办教育的发展。

执笔人：王斯敏

第八章

成都市民办教育发展调查报告

成都市民办教育经过30多年的发展，基本形成了布局合理、规模适度、具有成都特色的民办教育格局，拥有了自身发展特点，并为成都市教育总体发展作出了积极贡献。为继续扶持民办教育发展，成都市教育行政部门确定了七大措施、出台了五项扶持政策。通过调研，我们发现成都市各民办学校普遍反映在学校属性、分类管理、财务和收费管理、人事制度管理和社会保障以及民办学校投资者和管理者责权等方面都存在一些问题。这些问题，大多数民办学校自身难以解决，需要通过立法或行政的方式通盘考虑。为促进民办教育和民办学校规范良性发展，我们建议加强顶层设计，明确学校属性；探索分类管理，保证捐资动机；落实公共财政扶助政策；加强行政监督，规范民办学校管理；破解养老保险双轨制，保证民办学校留住教师。

一、成都市民办教育基本概况[①]

改革开放后成都市民办教育经历了从无到有、从弱到强的发展过程，办学范围和规模不断扩大，办学质量和教学水平不断提高，在当地教育事业中具有相当影响和地位，民办教育已成为成都教育事业发展的重要增长点和促进教育改革的重要力量。

（一）民办教育的发展阶段和现状

成都市民办教育发展大致经历了以下三个阶段。

第一阶段（1982～1992 年）：民办教育起步阶段。当时，由于国家对社会力量办学予以支持的政策导向，成都市也兴办了一批以服务于文化补习、高教自考为主的社会力量办学机构，使民办教育得以萌发，并在社会上产生了积极反响。到 1992 年，成都市社会力量办学 463 所，在校生人数达 15 万余人。

第二阶段（1993～2002 年）：民办教育发展壮大阶段。这期间，国家和四川省一系列方针政策和法律法规相继出台，极大地调动了社会力量举办教育的积极性，各种办学形式涌现，初步形成了具有成都特色的民办教育多样化发展格局，为成都经济和社会发展作出了积极贡献。

第三阶段（2003 年至今）：民办教育规范提高、进入法制化的阶段。2003 年以《民办教育促进法》及其实施条例的颁布实施为起点，成都市民办教育开始了由初创期向成长期、成熟期的转型与过渡，民

① 本部分和第二部分的内容参考了成都市的相关文件和报告。

办学校产权得以明晰，民办教育发展进入法制化阶段。

截至2013年，成都市各级各类民办学校（不含培训机构）1757所，占成都市中小学（含幼儿园）总数的56%；在校生达56.20万人，占成都市中小学（含幼儿园）在校生总数的27%；教职工5.71万人，占成都市中小学（含幼儿园）教职工总数的39%。各阶段民办学校占比情况如下：民办幼儿园1573所，在园儿童31.26万人，占成都市幼儿园在校生总数的77%；教职工4.04万人，占成都市幼儿园教职工总数的90%。民办普通小学23所，小学阶段在校生9.4万人，占成都市小学在校生总人数的13%；教职工2061人，占成都市小学教职工总数的6%。民办九年一贯制学校（含普通初中）74所，初中阶段在校生7.87万人，占成都市初中阶段在校生总人数的20%；教职工5577人，占成都市初中教职工总数的19%。民办普通高中23所，在校生1.84万人，占成都市普通高中在校生总人数9%；教职工4779人，占成都市高中教职工总数的27%。民办中等职业学校36所，在校生5.83万人，占成都市中等职业学校在校生总人数的15%。教职工4579人，占成都市中等职业学校教职工总数的30%。见图8.1。民办非学历文化教育培训机构近1066所。初、中等教育培训机构1036所，培训人次数达31.75余万；高等非学历教育培训机构30所，培训人次数达3.37余万。

（二）成都市民办学校的办学特点

成都民办教育健康、持续发展，民办学校办学体制、办学主体、办学层次、办学形式、办学内容丰富多样、内容全面，基本形成了布局合理、规模适度、具有成都特色的民办教育格局，总体而言，成都

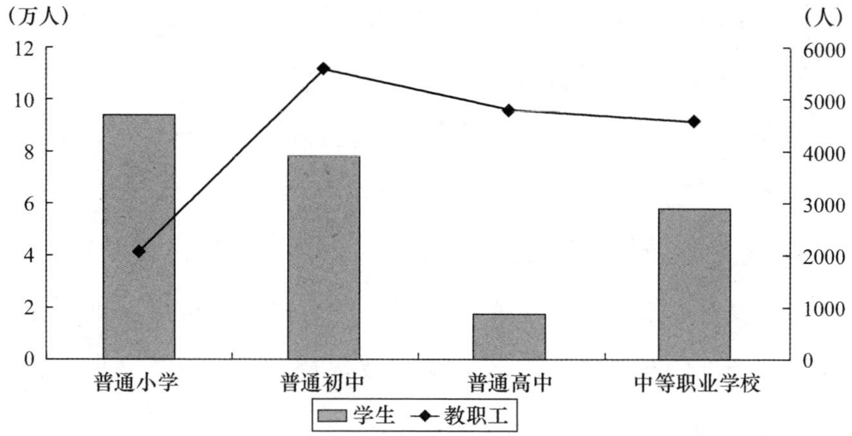

图 8.1　成都市 2013 年民办中小学在校生和教职工分布图

数据来源：成都市教育局。

市民办学校办学呈现出以下五大特点。

1. 办学主体日趋多元

目前，成都市民办学校办学体系丰富多样。从办学主体看，从民主党派办学发展到企业事业单位办学，以及其他各种社会团体组织、个人投资办学，中外合作办学。特别是企业办学，投资大、起点高，改善了办学条件，营造了良好的教育教学环境，为成都市民办教育做大、做强提供了较为充足的资金来源。

2. 办学模式丰富多彩

从办学体制看，有股份制学校、民办公助、国有民营、纯民办学校等；从投资模式看，有教育集团运作滚动发展模式；企业出资、筹资办学模式；个人出资办学模式；自我累计滚动式发展、股份合作办学模式；中外合作办学模式等众多模式。

3. 办学规模不断做大

集团化、规模化办学不断涌现，出现了如德瑞教育集团、嘉祥教育集团、新希望教育集团、金苹果教育集团等民办教育机构。这些教育集团的涌现，为成都市民办教育的发展产生了巨大的推动作用。

4. 学历层次逐步齐全

从办学层次及类型看，有学前教育、普通中小学教育、高等教育、职业教育、继续教育、文化补习（外语培训、高等教育自考助学教育）、艺体培训及社会生活教育等；从办学形式看，有全日制教育、函授教育及各种短期培训。其中，民办教育已从过去单一的非学历教育发展到普通中小学教育、职业高中教育及高等教育层次的专修学院等多个教育领域。

5. 高端教育品牌初步形成

成都市全日制民办普通中小学、学前教育发展稳定。以成都外国语学校、成都市实验外国语学校、七中嘉祥外国语学校、成都西川中学、金苹果幼儿园等为代表的一批民办学校办学硬件好、质量高、特色鲜明，受到社会的普遍认同和欢迎，成为成都市基础教育的优质教育资源。

（三）民办教育的作用与贡献

2013 年，成都市教育经费投入 259. 33 亿元。其中，各类民办学校教育经费投入 38. 76 亿元，占成都市教育事业总投入的 11%。成都市教育经费支出总额为 252. 88 亿元，民办教育经费支出 36. 88 亿元，占成都市教育经费支出的 14. 58%。成都市民办教育增加了教育总量，扩大了优质教育资源，满足多元化教育需求，对推动区域教育事业改革与发展作出了积极贡献。

1. 提供学位，扩大教育经费规模

多年来，随着社会民间资金不断进入教育领域，民办学校（机构）快速发展，加快了全民教育的普及和提高程度。目前，成都市

148 所民办普通中小学共有在校学生 19.11 万人，约占成都市中小学在校生总数的 17%，及时弥补了城镇化进程中地方公共教育学位提供不足的缺口，切实减轻了地方公共财政对教育事业投入的刚性支出，有效缓解了地方政府基础教育领域的财政支出压力。

2. 个性服务，满足多元化需求

民办教育的崛起有力地促进了成都市公共教育资源的整合和优化。民办学校除了具有数量持续增长的特点外，还呈现出办学内容多元化的特色。特别是一大批优质民办学校注重教育探索创新，不断丰富教育内涵，积极提升学校教育品质，深受社会认可，学位供不应求，在一定程度上满足了人民群众对教育多元化的需求，有效缓解了当地基础教育领域公办学校的择校热。另一方面，还有一些针对农民工子弟的民办学校，解决了外来务工人员子女入学的后顾之忧。

3. 创新发展，提供改革经验

民办教育的兴起，拓宽了办学渠道，改变了过去政府包办教育的局面，促进了成都市教育体制的改革和创新。同时，民办学校办学机制灵活，敢于面向市场，以特色图生存，凭质量求发展。民办学校校长有较充分的办学自主权，注重办学成本、讲求办学效益，采取灵活的用人制度、重视师资的优胜劣汰，关注学生和家长的需求，以优质服务留住学生。可以说，民办学校在面向市场、主动适应社会需求等方面形成的全新办学模式和管理机制为公办教育的改革与发展提供了可资借鉴的经验。

二、成都市发展民办教育的主要做法

过去十余年来，成都市为发展民办教育，在地方性法规和规章制定、财政及业务指导等方面提供了多项支持。

（一）落实政策扶持

2000 年，为鼓励、支持和引导社会力量办学，成都市人民政府办公厅印发了市教委《关于鼓励发展民办初等和中等学历教育意见的通知》，提出了成都市发展民办学历教育的指导思想和目标，制定了广泛吸纳社会资金、鼓励投资办学、积极扶持民办教育健康发展的具体措施。

2003 年底，为全面贯彻实施《民办教育促进法》和《四川省人民政府关于大力促进民办教育发展的决定》，市委、市政府召开了成都市民办教育工作会。

2004 年 4 月，《成都市人民政府关于大力促进民办教育发展的决定》正式印发，进一步提出了要提高对民办教育社会地位和作用的认识，确定了民办学校在学校建校用地、税收优惠、学费收取、合理回报、教师待遇、招生考试、学生升学等方面依法享受的待遇和权利，从政策上为成都市发展民办教育创建了良好、宽松的外部环境。

随后，根据“在发展中规范，在规范中发展”的原则，又相继制定和完善了一系列措施和制度，主要有《成都市人民政府关于促进民办幼儿园发展的意见》《成都市教育局关于加强主要接收进城务工就业农民子女民办学校管理扶持工作的意见》《成都市民办教育收费管理暂行办法实施细则》《成都市人民政府办公厅关于依法规范社会组织和个人办学行为的通知》《成都市人民政府办公厅关于开展无证幼儿园专项清理工作的通知》《成都市关于民办非企业单位执行〈民间非营利组织会计制度〉有关问题的通知》《成都市民办学校安全工作体系》《成都市总工会、成都市教育局关于进一步加强成都市民办学校工会工作的意见》《成都市民办学历教育学生培养成本监审指导意见》。这些措施的出台，有效地促进和规范了民办学校的健康发展。

2009 年，市政府办公厅转发了市教育局《关于大力发展民办教育的意见》，把发展民办教育作为教育工作的重要内容纳入地方经济和社会发展规划，并确定了促进民办教育发展的“七大措施”① 和“五

---

① 七大措施包括：

（1）开放教育市场。鼓励支持国家机构以外的社会组织或者公民个人，依法以多种投入方式，面向社会举办多层次、多类别、多形式的民办学校。大胆尝试和积极探索符合国家法律、法规和政策，有利于优化教育资源配置、提高教育水平、扩大教育规模的各种办学模式。

（2）创新教育投融资体制。多渠道引进和扩大民间资金投资教育，民间资金可独立投资办学，可在产权明晰的前提下以合资、合作、参股的方式投入办学，也可以参与非义务教育阶段公办学校的改制、收购、兼并。民办学校的举办者可以资金、实物、土地使用权、知识产权及其他财产作为办学出资。

（3）鼓励学前教育多元化投入。在发挥公办幼儿园的示范、引领、指导作用的基础上，积极鼓励社会资金投向学前教育领域，充分运用市场机制，促进成都市学前教育办出质量、办出特色、办出活力。

（4）支持民办义务教育。在满足社会对义务教育阶段基本需求的前提下，支持民办义务教育发展，满足社会对多元化、个性化教育的需求。允许学生自由选择民办学校，依法保障民办学校义务教育阶段学生的权益。

（5）大力发展民办中等职业教育。积极鼓励行业、企业根据生产实际和发展需要举办职业教育，通过“校企结合、工学结合、订单培养”等形式参与职业教育；发行职业教育券，引入竞争机制，通过学生自主择校的方式，促进中等职业教育按照市场需求优化配置资源；通过股份制改造、社会领办、组建职业教育集团等形式，深化公办职业学校管理体制和运行机制的改革。

（6）发展民办普通高中。鼓励民间资金以独立举办、合作举办、股份制办学等多种形式举办优质、特色高中。积极开展普通高中的国际合作交流，引进国外优质教育资源。在普通高中阶段形成一批社会声誉好、办学质量优的民办学校。

（7）积极培育民办教育培训市场。通过培育民办教育培训市场，为社区文化、艺术教育及职业技能培训等提供广泛的教育服务。

项扶持政策”[①]。明确提出了开放教育市场、创新教育投融资体制、鼓励学前教育多元化投入、支持民办义务教育、大力发展民办中等职业教育、发展民办普通高中、积极培育民办教育培训市场七大措施。同时，还确定了进一步保障民办学校办学自主权，支持民办学校加强教师队伍建设，落实民办学校学生相关政策和补贴，改善办学条件，支持民办学校建设五项扶持政策。这些政策措施基本落实了民办学校在建校用地、税收优惠、学费收取、招生考试、教师职称评审、学生升学等方面依法享受的待遇和权利，为区域民办教育创建了良好的政策发展环境。

（二）加强统筹管理

自 2009 年以来，根据成都市城市经济建设和社会全面发展对教育事业发展的要求，成都市教育局不断创新民办教育管理方式，坚持

---

① 五项扶持政策包括：

（1）保障民办学校办学自主权。民办学校可根据办学宗旨和培养目标，依法自行设置专业、开设课程和选用教材、招聘教师，自主开展教育教学活动。民办学校享有与同级同类公办学校同等的招生权，可以自主确定招生范围、标准和方式。

（2）支持民办学校加强教师队伍建设。鼓励教师在公办、民办学校之间合理有序流动。加大民办学校教师社会保障力度，积极探索全市民办学校正式聘用的符合教师资格的教师参加事业单位养老保险。对民办学校从外地引进的特级教师，由市、区（市）县教育行政部门从相关专项资金中发放特级教师津贴。

（3）落实民办学校学生相关政策和补贴。民办学校学生同等享受公共财政对家庭经济困难学生及中等职业学校学生的资助和优惠政策。对接收本市户籍义务教育阶段学生（含符合条件的进城务工农村劳动者子女）的民办学校，由属地教育行政部门按照在校生人数给予补贴，补贴金额逐步达到公办学校生均公用经费标准。

（4）鼓励民办中等职业学校改善办学条件。在中等职业学校基础能力建设和实习实训基地建设项目实施过程中，民办中等职业学校享有与公办中等职业学校同等的地位。民办中等职业学校同等使用由政府出资建设的公共实训基地。

（5）支持民办学校建设。设立民办学校应与当地经济社会发展以及教育发展的需求和学校布局规划相适应。对民办学校新建、扩建所需用地，可按公益性用地采取行政划拨或协议出让等方式提供。教育用地不得改作其他用途。对民办学校建设项目报建费的收取，按照与公办学校同等的优惠政策执行；涉及的其他经营服务性收费按国家和省、市规定的收费标准的下限收取。

“公办、民办一盘棋”的思路，根据经济社会发展的需求，将民办学校的建设按政策纳入当地教育事业的整体规划进行设点布局，并在建设过程中依法给予和公办学校同等的优惠政策，积极支持民办学校建设和发展；切实保障民办学校、学生和教师的合法权益；大力支持民办学校教师队伍建设，在职称晋升、业务培训、评优评先等方面加大政策支持力度，积极改善民办学校教师的待遇，努力提高福利保障水平。地方教育政策安排上，在发展规划、德育工作、教学管理、教育科研、安全工作管理、师资队伍建设、师生权益保障、职称评聘、评先评优、评估奖励等方面，做到公办、民办学校一视同仁、公平对待。

市教育局制定了机关内部各处室在对民办教育管理中的责任制度，明确划分了各处室的责任和义务，形成分工协作、齐抓共管的工作格局。各区（市）县积极贯彻落实，各科处室以职能定位，以内容开展工作，不以类别确定服务对象，切实做到公办、民办学校不区分、不例外，形成了对民办教育齐抓共管、共同服务的良好局面。

（三）增加经费投入

一是积极争取公共财政支持，通过设立民办教育发展专项资金，不断加大公共财政对民办教育扶持力度。自 2006 年以来，市教育局根据“培优扶薄”原则，积极帮助成都市民办民工子女学校改善办学条件。例如，2013 年在总额为 500 万元的民办教育专项资金中安排了 314. 4 万元用于民办民工子女学校教室光环境改造，2014 年在总额 1000 万元民办教育专项资金中，又安排了 422. 4 万元用于民办民工子女学校建设校园安防监控系统。各区（市）县也积极增加对属地民办学校办学的公共财政的资金投入，帮助学校更新设施设备，改善办学条件。

二是根据需要，在学前教育、中小学教育、职业教育等领域积极购买民办学校教育服务，并划拨相应购买经费。以义务教育阶段为例，自2006年以来，成都市建立了保障外来进城务工人员随迁子女接受免费义务教育经费筹措机制，主城区地方财政承担着庞大的额外经费支出。例如：2012年、2013年，中央财政分别下拨成都市4965万元、5723万元农民工子女义务教育专项资金；同年，市政府对接收符合政策条件的外来进城务工人员随迁子女义务教育学校，分别给予的专项补助资金为300万元和800万元。对进入公办中小学校由财政按人头补贴；对进入民办学校则主要由流入地政府出资购买学位。据统计，2013年各区（市）县政府向民办学校购买义务教育学位达2.4万个。

三是在新城建设等热点区域，由属地政府引进国内优秀教育品牌资源实施委托管理；采用国有民营机制进行合作办学。主要由地方政府提供办学场地，以公共财政投入为主出资修建校舍后，以成本价交托教育品牌集团运作，鼓励优质民办学校发展。

（四）重点倾斜扶持

优秀的教师团队是学校发展的前提和关键。在鼓励和帮助民办学校加强教师队伍建设方面，成都市的主要做法是：积极为民办学校推荐和选派管理能力强、经验丰富的校长；从公办学校选派部分优秀教师到民办学校支教；支持民办学校用部分事业编制面向社会公开招聘优秀师资；在教师进修培训、评优选先等方面充分保障民办学校教师的同等待遇；做好民办学校教师人事代理服务，解决其职称评定、教龄计算、户口迁移等后顾之忧。

为帮助民办学校提高办学能力和水平，市教育局每年度划拨专项经费开展民办学校管理干部、骨干教师专题培训；不定期以主题活动等形式组织现场学习观摩，为民办学校搭建交流合作平台，积极促进任职教师实现专业成长。各区（市）县通过公办和民办学校结对帮扶、公办学校派出优秀管理团队、公办学校骨干教师到民办学校支管支教、民办学校教师到公办学校顶岗实践或跟岗研修等多种途径和方式，输血与造血相结合，加强引领和帮扶，尽力提升民办学校办学能力，保障民办学校办学质量和品质。

（五）尊重办学权益

充分根据法律界定的广阔发展空间，支持、鼓励民办教育又好又快发展。充分保障民办学校的办学自主权，支持民办学校根据办学宗旨和培养目标，依法自行设置专业、开设课程和选用教材、招聘教师，自主开展教育教学活动，并保障民办学校与同级同类公办学校同等的招生权。一方面，依据《民办教育促进法》及其实施条例相关规定，尊重民办学校招生自主权，切实保障自主确定招生范围、标准和方式的权利；允许民办学校在政策规定的框架范围内自主开展招生活动。另一方面，在成都市小升初、高中阶段招生批次安排上，给予民办学校靠前批次的待遇。

（六）开展督导评估

近年来，成都市建立了各级各类民办学校督导评估制度，加强对民办学校办学方向、办学条件、教育教学、财务管理、招生与收费行为等办学活动的指导、监督和督导评估，依法规范民办学校的办学行为，指导民办学校不断完善其法人治理结构，全面依法设立理事会（董事会），切实保障校长行使教育教学和行政管理的职权，将现代教育价值和现代企业管理有机结合起来，不断提高学校管理的质量和效益。自2009年以来，先后开展了民办中小学办学水平评估、市管民办非学历高等教育机构办学水平评估、市文化教育类民办教育培训机构专项治理等工作，加强政府督查指导力度，依法规范民办学校办学行为；整顿行业发展秩序，促进成都市民办教育事业健康发展。根据民办教育督导评估工作和年度常规登记审验结果，探索民办教育信息披露制度，定期将民办学校（机构）办学情况向社会进行公告，督促民办学校（机构）规范办学、科学发展。

（七）构建协作机制

成都市推进政事分开、管办分离，积极培育民办教育社会组织。正式成立成都市民办教育协会，引导民办学校加强行业自律，强化行业自我服务和协调。同时，充分借助第三方社会组织的力量，介入民办教育的研究和管理。先后请市社情民意调查中心、民盟成都市委、市教育评估事务所等共同开展对民办教育的调研、评估，逐步形成民办学校依法自主办学、政府依法监管、行业自律与社会监督相结合的民办教育管理格局。

三、调研发现的主要问题

通过座谈会和对各民办学校的现场走访，我们发现，成都市民办教育的发展在以下这些问题上面临瓶颈。

（一）关于民办学校的属性问题

2014 年，成都市幼儿园、培训机构的审批制度取消，有来自学校的声音希望能将民办基础教育的准入管理由审批制改为备案制。成都市民政部门介绍，目前除教育外，其他民办非企业单位都实行登记备案双轨制，但是民办学校登记门槛高，所以仍实行审批制。

民政部门鼓励民办教育机构申请参加每年一次的社会组织评估。成都市民办学校较多的锦江区，区内80%的民办机构在2013年参加了社会组织评估。但在2013年的社会组织评估中，教育类社会组织被民政部门单列，因为民政系统认为民办教育机构比较特殊。其中被评为3A等级以上的，才能被列为政府购买服务的对象。评估由成都市六所高校联合实施，实行第三方评估，评估费用由财政列支。评估结果是民办学校普遍“硬件好，软件次”。

民政部门和教育部门都称，还有一些收费的准教育机构，不清楚是否是民办教育机构。民政部门还称，很多性质、内容几乎相同的机构，有的登记为民办非企业单位，有的在工商部门进行企业登记，很多问题不明确。这种混乱的情况又带来更多的问题。

以会计制度为例。民办学校现在无论是在民政部门登记的民办非企业单位，还是在工商登记的企业单位，都实行“小企业会计”。但是根据规定，民办非企业单位应当实行“非营利组织会计”。

民办学校不能占着“公益”的名分，又要求“企业”的实质，必须把属性划清楚。这一点，参与座谈会的学校方面代表（包括法人、管理者和教师）也认可，也多同意划清属性。大部分学历教育学校方面代表支持民办学历教育学校正名为公益性社会组织。幼儿园方面情况不一，有些幼儿园会选择进行企业登记，有的则愿意转变为公益性幼儿园。但是现在，大部分民办学校都是“营利”的，这一点也得到政府职能部门和学校方面的认可。

（二）关于分类、分级管理的问题

成都市发改部门提出民办教育发展的方向，要考虑怎么和公办学校良性互补，要适度竞争，错位发展。对民办学校发展要进行整体新一轮布局，规划布点设置，允许社会投资，要加大配套措施，改善评价质量和发展水平，规范正常教育秩序。不少民办学校建议学习上海“国进民退”，对差的民办学校政府予以购买。

关于土地、税收政策。几乎所有民办访谈对象都认为，民办学校和公办学校应“一个政策”，平等享受“国民待遇”。发改等部门提出包括民办学校在内的民办非企业单位是否也要分两种——营利的和非营利的，营利的就去工商登记。

有参加座谈会的同志支持对民办学校进行分级管理、属地管理，但是属地到底是哪个“地方政府”应当进行研究。如锦江区教育部门认为作为区级政府职能部门，无政策支撑，即使成为管理主体，很多问题也无法解决。比如说成都市教育部门评优评先，参照各区县教职工比例每年有一个比例分配。民办学校由于总体属于少数，在各区县中高级人才比例民办学校就分不到。所以民办的评优评先指标就得在成都市全市平衡，结果带来的问题是指标通常会给市属的民办学校，区属的学校就分不到，优秀班主任、优秀教师都没有。

（三）关于财政和收费的问题

1. 财政补助

成都市财政部门表示生均经费为小学每生700元，初中每生900元，均高于中央和四川省的要求标准，民办学校和公办学校一样同等享受。不过仍有民办学校表示他们收到的成都户籍学生的生均经费补贴不足，这中间恐有对政策认知的差异或政策执行透明度的问题。

成都市对民办教育财政方面主要的扶持发展政策包括设立民办教育专项基金（2014年为1000万元），建立社会组织孵化园，实行政府购买服务，从 2011 年开始对民办幼儿园进行补贴等。

在财政补助方面，民办中职学校意见较大。目前的政策是中职生可以申请国家补助，其中公立的中职学校三年学费全免，民办中职学校则第一、二年免除，第三年不免。成都市中职学生一学年学费为 2200 元。民办中职学校希望能平等享受待遇。

2. 关于合理回报

民政部门认为现在的瓶颈主要在“法人”资格的问题。

（1）根据《民办非企业单位登记条例》，投资者不享有对学校的所有权，限制发展积极性。

（2）学校资产不能抵押，这点在改善办学条件时面临困境。

（3）关于合理回报的问题，国家法律缺乏明确的规定，相关法律有冲突。

（4）民非组织要清算，现在不能收回投资，只能用于该事业。多个部门认为，如果取消民办学校登记时的“注册资金”，就可以规避合理回报的问题，因为这样就无所谓收回投资的问题了。

另外，包括与会的很多民办学校管理者和老师在内，很多人都认为民办教育现在过度热衷“合理回报”，并没有惠及普通平民，公益性不明显。所以既要占用公共资源，又来寻求“合理回报”不合理。但另一方面，现在民办学校“筹资能力”又太弱，应帮助民办学校搭建可持续的资金筹措平台。

3. 关于收费

多个学校提出民办学校的收费能否由市场决定，尤其是民办中职学校在收费方面希望调整收费标准的呼声较高。如成都华大医药卫生学校，由于是卫生类学校，在设备、材料等方面开支普遍高于其他学校，但是目前也和其他学校一样执行同一收费标准，即除了国家和地方政府补贴的2200元外，不得收取其他费用。该校表示执行有困难，希望能参照大学和高职教育的做法。大学医学类专业的收费标准要远高于平均值，这是医学类专业本身专业性强、使用实验材料多等所决定的。中职教育也应该参照办理，按专业属性分类管理，分级收费（或补贴）。

（四）关于人事管理和退休养老问题

这部分民办学校和公办学校差异较大，政府职能部门和学校的认知既有相同，也有差异。

1. 关于民办学校教师的职称评审和评优评先工作

民办学校表示现在的职称评审指标体系多是为公办学校量身定做，有些指标不符合民办学校情况。在多个座谈会中被提得最多的是“支教”的问题。现在成都市的职称评审和评优中规定必须要有支教一年经验。但是支教是由地方教育行政部门安排，一般只安排给公办学校，不安排给民办学校，所以民办学校教师很多就受制于这一指标。另一方面，民办学校也认为在没有财政拨款的情况下，安排他们的教师去支教很为难。所以希望在职称评审体系中，不要将这条作为硬性指标。

有学校指出，现在职称评审的评委全是公办教师，难免对民办学校及民办学校的教师有歧视。有民办学校管理人员反映，有的评审人员对民办学校存在认识上的误区，认为民办学校收的就是“1/2＋1/3＝1/5”的人，学生如此教师也好不到哪去。所以，有来自民办中小学校长和教师的声音称，各种评价包括评优评先和职称评审等，民办学校能否单设单评。评审后的工资也不占用财政。

不过完全不占用财政是不可能的，如果单设单评，那么一旦出现民办学校教师向公办学校流动，这个职称是否有效？现在的情况是，民办的经历，考上公办教师后多不被认可。人社部门的疑问是公办教师如果到民办学校任教，如果还保障公办教师的公办待遇，则有“吃空饷”的嫌疑。来自幼儿园的声音则表示目前很多幼儿园都进行内部评定，但是这种评定外面不承认。

关于职称评审，民办中职学校的问题最为突出，锦江区成都华大医药卫生学校表示该校 12 年来没有评过职称，因为不知道去哪里评。

2. 民办学校发展隐含着风险

现在民办学校要求“同工同酬”，对公办教师发放生活补贴有意见。当地教育行政部门表示，公办教师发放补贴是因为以前公办学校教师薪资普遍低于民办教师，现在这么做只是把过去的差距补齐。据了解，2008 年、2009 年前后，成都市民办学校教职工月平均工资比公办学校的高 1500 元左右。

尤其是实行绩效工资制度以后，公办学校教师待遇有了较大提升，这也使得成都市的民办学校很难在成都市内聘到公办教师，而在以前这样做相当普遍。现在成都市的民办学校主要是聘用四川省内其他市州的公办教师，这些市州因为经济社会发展水平和成都市有较大差距，他们的公办教师较容易被成都市内的民办学校所吸引。但这样做挤占了周边市州本来就有限的教师资源，加剧四川省内成都市和其他市州的差距，并不利于教育资源均衡配置。

3. 民办学校教师的担心根源在养老体制不一样

民办学校教师养老无保障，现在国家提出养老金并轨，可能是根本的解决办法。

总体上，人社部门反对将民办学校教师参照公办教师管理，认为他们退休后就纳入社会保障。对民办学校教师现在不管，将来也不应该管。目前，成都市民办学校的教师评价系统、五险一金、住房补贴等多参照公办学校办理。多个学校建立退休养老补差基金，将退休金按照公办事业单位人员补齐。

（五）关于民办学校的投资者和管理者

多个行政部门以及民办学校的管理者、教师都提到要规范民办学校的义务，改善教职员工的权益。

首先，法人、校长有自身素质的提高问题。投资者、管理者的素质还有待提高，他们中有从教育系统中来的，还有从其他系统来的，后面这部分问题大。

其次，教育行政部门在这方面的作用也有待加强。锦江区四川师范大学附属实验学校称，该校一正三副共 4 位校长都没有校长资格认证，原因是不知道怎么认证。目前，高中校长上岗培训认证由成都市负责，初中和小学由各区、县负责，但是各区、县没有做民办。这部分需要加强。

最后，是投资者的“动因”的问题。某校长在座谈会上认为现在举办民办学校的人，动因是慈善的是少数，大部分都是作为一项投资。如果是投资，一定是认为比投资其他领域更划算。作为企业，董事会看到“合理回报”，一定算经济账。据悉，该校曾因为投资者的问题在近年发生过学校老师集体罢工的问题。

所以与会人员多主张，要将民办学校的投资者和管理者区分开，要建立对投资者的“准入机制”。一旦将民办学校分为营利性和非营利性两类，对投资者的要求更要明确。

四、小结和建议

调研中看到，无论是地方教育行政部门工作人员，还是民办学校工作人员，大家都认可民办学校在特定方面的优势，也认可民办学校的作用，民办学校在管理上更灵活、更有特色。大部分认为在学历教育阶段，民办教育应当也容易形成特色、做品质教育。

武侯区教育部门提到，现在很多民办学校引领教育，公办学校要在管理上向民办学校看齐，比如人员招聘等。除了支持民办教育发展外，也要反过来用民办学校的发展经验促进公办学校的发展。

民办学校的校长们也提出，在业务上面，公办学校和民办学校的待遇还是基本公平的。很多民办学校也成为成都市的优秀学校，比如武侯区锦官新城小学、成都外国语学校等。

为促进民办教育更加健康、可持续发展，综合调研所得建议如下。

（一）加强顶层设计，明确学校属性

根据经济建设和社会发展需要，有必要对涉及民办教育的法律法规进行修订。建议国家层面加强教育立法，加强教育法律法规的内部统一，同时应注意与教育外部其他法律法规的协调。建议充分体现国家意志，对民办教育的属性、定位予以明确界定。要严格按照《民办教育促进法》第六条，明确国家机构以外的社会组织或者个人，利用非国家财政性经费，面向社会举办学校及其他教育机构的活动的性质为“捐资办学”，而不是“投资办学”。

（二）探索分类管理，保证捐资动机

建议对民办学校按照非营利性、营利性进行分类登记管理。如界

定为营利性组织，则继续按照现状执行小企业会计制度；如界定为非营利性组织，则应按照要求执行民间非营利组织会计制度。特别探索非经营性民办学校的合理回报问题。既要保证学校运行不受干扰，也要满足捐资者的捐资动机。应探索在投资收益以外，寻找其他满足捐资者捐资动机的方法，而不是从学校正常的管理运作中直接提取利润。对有捐资办学行为的企业和个人，可依照《企业所得税法》第九条和《个人所得税法》第六条予以相应的减税。

（三）落实公共财政扶助政策

切实落实对民办学校的鼓励和扶持政策，加大民办学校扶持力度。一是探索提高学校资源配置效率，允许地方政府将国有产权办学场地免费或低价提供民办学校使用；二是设立民办教育专项奖补资金，对承担地方政府委托任务的民办学校，按照购买学位数拨付相应办学成本或参照公办学校经费拨款水平直接财政拨款；三是公共财政直接划拨经费，对民办中职学校第三学年办学成本进行补偿。

（四）破解养老保险双轨制，保证民办学校留住教师

尽快明确民办学校事业法人身份。依据有关法律法规精神，将提供普惠教育服务的非营利性民办学校确立为自收自支事业单位。探索给予实施普惠性中初等学历教育和学前教育的民办学校教师，与公办学校教师在社会保障、医疗保险和住房公积金等方面也能享有同等社会保险等待遇。对其他民办学历教育学校教职工参加城镇职工基本养老保险时，公共财政对其缴纳养老保险费用部分给予一定比例的补贴。

执笔人：曹启挺

第三部分

问卷报告

第九章

城乡家庭子女接受民办教育情况调查报告

从2014年入户问卷调查情况来看，多层次、选择性教育需求正在增长，但也造成了较大的支出压力。其中，非义务教育阶段家庭选择民办教育的负担较重，城区高于镇区和乡村。而且，课外辅导或培训班需求较为普遍。为此，本报告提出以下建议：明确民办教育发展方向和活动范围，在非义务教育阶段大力鼓励支持民办教育发展，引导民办学校提供多层次、多样化的教育服务；针对学前教育阶段民办园占比过高的现状，以及这一学段兼有保育和教育的双重任务，应以分类管理为抓手，鼓励和引导民办园提供普惠性学前教育服务；推进民办高等学校转型发展，在办学属性上引导其向非营利方向发展，在人才培养上鼓励其向应用型本科院校发展；转变教育观念，合理引导校外教育需求，规范各类社会补习机构和教辅市场。

国务院发展研究中心“中国民生指数研究”课题组[①] 2014年对全

① 为科学监测和评估各项民生事业的发展情况，及时把握不同群体的民生诉求，准确反映民生之急、民生之忧，更好地为中央决策服务，经国务院领导同志批准，从2011年开始由国务院发展研究中心牵头，持续开展“中国民生指数”课题研究工作。课题研究内容包括编制年度中国民生指数、开展覆盖全国31省市的民生满意度电话调查、选择部分省市开展入户调查、开展专题研究等。

国8省（市）近万户居民进行了入户问卷调查，其中，有上学（含幼儿园）子女的家庭为4896户。从回收的有效问卷来看，子女就读民办学校（或幼儿园）的共计796份，占比为18.0%。对这部分入户问卷的初步分析表明，多层次、选择性教育需求正在增长，但也给家庭造成较大的支出压力。

一、子女就读民办学校的问卷（样本）构成情况

（一）民办教育省际差异较为明显

子女就读民办学校占比最高的省份超过最低的省份近11个百分点。其中，广东、浙江的占比最高，分别为23.2%和22.0%；其次是河北、陕西和安徽的，占比分别为18.7%、18.7%和17.0%；而黑龙江、四川和上海的这一占比相对较低，分别为14.1%、14.0%和12.5%。

（二）城乡民办教育存在一定差异

子女就读民办学校占比最高的区域超过最低的区域近7个百分点。其中，城区的占比最高，为21.3%；其次为乡村的，占比为17.3%；而镇区的这一占比相对较低，为14.5%。

（三）学前阶段民办教育需求较大

子女就读民办园的占比最高，为54.2%，超过就读公办园的占比；而其他学段则主要是以就读公办学校为主，就读民办学校的占比从低到高依次为本科及以上7.9%、小学10.5%、高中10.8%、初中12.3%、中职（中专、技校、职高）18.4%、高职19.6%。

二、子女就读民办学校的家庭教育支出压力较大，不同学段、城乡之间存在差异

（一）子女就读民办学校的家庭教育支出压力普遍较大

从2014年的入户问卷调查情况来看，在796份有效问卷中，有40.8%的被访者认为教育是“家庭支出压力最大的一项”，占比远高于排在第二位的医疗（18.2%）、第三位的住房（13.3%）和第四位的食品（9.7%）。其中，子女处于义务教育阶段的家庭中，有45.1%的认为教育是“家庭支出压力最大的一项”[①]；子女处于非义务教育阶段的家庭中，有38.9%的持相同看法，其中，学前阶段的这一比例为29.9%。

从全年子女教育总支出[②]占家庭生活总支出的比例情况来看，有72.4%的家庭这一比例超过10%，有43.4%的家庭这一比例超过25%，有10.7%的家庭这一比例超过50%，更有3.4%的家庭这一比例超过75%。

（二）非义务教育阶段家庭选择民办教育的负担较重，城区高于镇区和乡村

从全年子女教育总支出情况来看，有66.9%的家庭这一支出超过

---

① 需要指出的是，国家已逐步实现义务教育阶段学杂费全面免除，除了部分家庭因择校费、课外辅导或培训班费以及“撤点并校”不得不陪读而产生费用等类似支出会带来经济负担外，子女处于义务教育阶段的家庭教育支出压力不会很大。而且，我国现有的义务教育阶段公办资源较为充足，基本能够满足城乡居民子女教育需求。因此，对于入户问卷调查反映的“子女处于义务教育阶段民办学校的家庭中，有45.1%的认为教育是‘家庭支出压力最大的一项’”这一结果应当具体分析。首先，因课外辅导或培训班需求带来的家庭负担，需要通过转变教育观念、合理引导校外教育需求加以解决；其次，因当地公办教育资源不足、不得不选择民办学校而带来的家庭负担，需要通过加大公办教育资源或普惠性民办教育资源供给加以解决，当然，此类地区在全国仅为少数；最后，对于那些主动放弃已有的公办教育资源，为了子女能够获得更加优质、个性化、多样化的教育服务而选择“贵族学校”等高端民办学校而带来的家庭负担，政府无须过多干预。

② 不包括子女在家的生活费，但包括赞助费、捐资助学费等类似费用。

5000元，有32.3%的家庭这一支出超过1万元，更有11.2%的家庭这一支出超过2万元。

分学段来看，高中及以上的教育总支出超过1万元的占比最高，从低到高依次为中职35.7%、高中59.7%、高职60.6%、本科及以上82.2%。需要指出的是，即便是子女处于高中以下学段的家庭，全年教育的各项支出仍然给家庭带来不小的负担。从入户问卷调查情况来看，子女处于义务教育阶段的家庭，教育总支出超过1万元的占到29.7%；子女处于学前教育阶段的家庭，教育总支出超过1万元的也占到20.6%。

分城乡来看，城区的教育总支出超过1万元的占比最高，达到40.8%，而镇区、乡村的分别为32.9%和23.2%；教育总支出在5000元以下的占比，乡村的最高，达到45.4%，而镇区、城区的分别为37.0%和21.6%。

三、就近、方便是选择民办学校（或幼儿园）的主要原因，课外辅导或培训班需求较为普遍

从入户问卷调查情况来看，在家庭为子女选择民办学校（或幼儿园）的诸多理由①中，“民办的离家近，交通方便”是最主要的原因，“因不符合条件无法进入公办的”“公办的资源紧缺，学位不足”“民

① 按照主次顺序，本文对被访者选择的顺序依次赋值5、3、1（第一选择为5分，第二选择为3分，第三选择为1分），并汇总得分。得分越高，表明对被访者来说越是重要。得分从高到低依次为“民办的离家近，交通方便”（1364分）、“因不符合条件无法进入公办的”（864分）、“公办的资源紧缺，学位不足”（756分）、“民办的教学质量高”（666分）、“民办教学方式灵活”（322分）、“民办升学时能进入更好学校”（98分）、“学费低”（86分）、“民办更有利于出国”（13分）。

办的教学质量高”则分列二、三、四位。从首选理由来看，排在前四位的依然是上述四项，占比依次为 30.0%、21.2%、15.7%和14.8%。

从入户问卷调查情况来看，子女参加课外辅导或培训班的家庭共计152个、且主要集中在基础教育阶段（140个），占比为19.2%。分学段来看，子女处于初中阶段的家庭参加课外辅导或培训班的占比最高，为33.7%，其他依次为高中30.5%、小学26.3%、学前12.8%。

从每周去课外辅导或培训班的总时长来看，平均为5.46小时。其中，基础教育阶段的总时长为5.57小时，义务教育阶段的总时长为5.99小时。分学段来看，小学的总时长为5.35小时，初中为6.76小时，高中为4.58小时。值得注意的是，学前阶段也达到5.30小时。从参加课外辅导或培训班的全年总支出来看，这一费用超过5000元的占到29.2%，超过1万元的也占到10.3%，更有3.2%的家庭这一费用超过2万元。从参加课外辅导或培训班的途径来看，经学校或老师推荐的共有52个，占比为34.2%。

四、若干建议

（一）明确民办教育发展方向和活动范围

在义务教育阶段，必须坚持政府办学为主体，围绕教师轮岗、财力均等和学生资源均等方面建立完善的配套制度，推进义务教育均衡发展；在非义务教育阶段，大力鼓励支持民办教育发展，引导民办学校提供多层次、多样化的教育服务，增强教育选择性。考虑到我国现有的小学及以上公办教育资源较为充足，基本能够满足城乡居民子女教育需求，因此，这些学段也不宜盲目发展民办教育，特别是那些缺乏特色、与公办学校雷同的民办学校。鉴于教育事业发展必须坚持的公益属性以及世界各国的经验、教训，民办教育的发展方向应该明确为鼓励和引导社会力量重点兴办公益性教育事业。

考虑到不同学段的特殊性，高中及以上将是未来民办教育发展的重点领域。总体来说，义务教育阶段应以公办学校以及部分非营利性民办学校为主体，给营利性民办学校留有的发展空间有限，即便有，也是发挥其在提供多样化、个性化需求方面的作用。而且，针对不同类型的民办学校（或幼儿园），公共财政的投入范围和重点，以及具体的管理办法、措施和扶持政策等也需要加以明确①。这也是一些教育发达国家比较成熟的经验，是国际上管理民办教育的通行做法。

（二）鼓励和引导民办园提供普惠性服务

正如2014年入户问卷调查反映的那样，子女就读幼儿园的家庭中，选择民办园的超过半数，远高于其他学段选择民办学校的比例；而且，这部分家庭的教育支出压力同样较大。针对学前教育阶段民办园占比过高的现状，以及这一学段兼有保育和教育的双重任务，加之“入园难、入园贵”问题仍未得到有效缓解，应在继续增加公办园数量、提高公办园占比的同时，以分类管理为抓手，鼓励和引导民办园

---

① 例如，在法人属性上，营利性民办学校是企业单位，非营利性民办学校是民办非企业单位，考虑到民政部民间组织管理局正在修法（已列入人大立法议程），方向是将最接近国际上非营利性机构概念的民办非企业单位明确为非营利性机构，非营利性民办学校的法人属性将更加明确；在教师身份上，随着《机关事业单位养老保险改革决定》的颁布，机关事业单位与企业单位养老保险在制度上实现并轨，同时政府要正确履行教育行业管理职能，继续推动落实民办学校教师在职称评定、工龄计算等方面享受与公办学校教师同等待遇，民办学校与公办教师的身份界限将逐步打破；在税收优惠上，根据营利性和非营利性民办学校的不同属性，按照《企业所得税法》《公益事业捐赠法》《民间非营利组织会计制度》等分别执行；在财政资助上，仍可采取政府购买服务、学生资助、财政奖补等方式统筹解决，继续推动落实民办学校学生在升学、国家助学贷款、国家奖学金、生活困难补助、就业等方面与公办学校学生享有同等权利。

提供普惠性学前教育服务。

首先，对民办园实行分类管理之后，关于非营利性民办园的各项扶持和优惠政策将得以真正落实和进一步完善，这将有助于其继续提供普惠性学前教育服务；其次，营利性民办园的办园成本更加透明，学费虽有上涨的可能，但政府仍有采取相应的政策工具对其进行调控的余地；最后，经过这些年的努力，已有相当比例的公办园可以提供普惠性学前教育服务。而且，如果区域内公办园、非营利性民办园的占比较高，也会对营利性民办园的收费空间产生一定的约束。这些也都有利于减轻家庭的学前教育支出压力，使其享受到普惠性的学前教育服务。

（三）推进民办高等学校转型发展

1999 年高校扩招之后，农村学生的比例虽然明显提高，但其主要分布在教育资源、教育质量较弱的地方院校和专科院校，更有不少集中在民办高等学校。但是，由于财政投入严重不足、筹集办学发展资金融资难，民办高校主要依靠收取学费滚动发展，进而造成高中以上学段民办教育的家庭支出较大。而且，费用负担也会将一部分寒门学子拒之门外。这势必会影响民办高校在畅通农村和贫困地区学子纵向流动渠道方面的作用。

对此，需要加快推进民办高校转型发展。从办学属性的角度来看，最重要的就是按照营利性和非营利性，建立民办高校的分类管理制度，针对不同类型的民办高校分别制定相应的管理办法、措施和扶持政策，引导民办高校（尤其是高职）向非营利方向发展。非营利民办高职应以发展公益性的民办职业教育事业、培养技能型人才为首要目标，收费项目及标准实行政府指导管理；除了在民政部门注册登记外，运营成本、财产财务、个人收入分配和年终收益分配等方面也应接受更加严格的监管，进而为其接受社会捐赠、公共经费投入创造条件。此外，从人才培养的角度来看，还应鼓励民办高校向应用型本科院校转型，面向行业产业设置学科专业，形成突出实践能力培养的教学体系，采取产学研合作的人才培养模式，提高教师实践教学能力。这就需要进一步加大政府政策方面的支持和保障。

（四）合理引导校外教育需求

为了真正达到教育减负的目的，必须转变学校及家长的教育观念。一方面，要加快推进教育教学质量评价、考试招生制度等相关改革，及时研究解决改革中遇到的新情况、新问题，认真总结各地经验，调整、完善相关政策措施；另一方面，要加强家长与学校的沟通配合，引导家长树立正确的教育观念，合理安排学生课外学习活动，切实减轻学生负担，进而也减轻家长经济负担。

同时，还要规范各类社会补习机构和教辅市场，特别是进一步加大对教师参与举办校外文化课补习行为的专项治理。首先，按照审批程序和设置标准，规范社会补习机构的审批登记；其次，加强对此类机构的日常考核与监管；最后，引导其提供更加符合素质教育要求的校外教育服务。

执笔人：佘　宇

第十章

幼儿家长对民办学前教育的认知和态度调查报告

民办园是当前学前教育的主要提供者，无论是幼儿园数量，还是在园幼儿数量，民办园的比重都已经超过公办园。为了解幼儿家长对与民办园发展相关问题的认知和态度，本研究采用问卷调查方法，并对数据进行 SPSS 统计分析。问卷的内容包括家长对幼儿园宏观发展的认知与态度，以及对幼儿园在促进幼儿身心健康、语言能力发展、人际交往和社会适应能力、探究能力和思维发展、审美能力等方面所发挥作用的重要性的认知和态度两个部分。问卷分析了不同阶层的家长对各种问题的看法和差异。调查发现，家长对民办园教学内容和质量进行了充分肯定。与公办园家长相比，民办园家长更反对幼儿园自由竞争，更支持政府指导定价。为实现学前教育的公平性，促进民办园和公办园共同发展、相互借鉴，建议多发展并合理布局公益性幼儿园。

我国有记载的最早的民办（私立）园于 1898 年在厦门鼓浪屿建立。改革开放后，民办园又在我国遍地设立，以满足群众对学前教育的迫切需要。目前，无论是幼儿园数量，还是在园幼儿数量，民办园的比重都已经超过公办园。

为了解幼儿家长对与民办园发展相关问题的认知和态度，我们进行了此项调查[①]。本次研究采用问卷法。样本采用多阶段抽样，先在全国选取典型的市县，并在各市县内选择不同性质的幼儿园，然后在所选择的幼儿园内选择大班、中班、小班、托班各1个班级。

一、样本和问卷设计

本次问卷调查采用多阶段抽样。最后选取的幼儿园，在地域分布尽可能做到东、中、西部地区都有，考虑到全国民办园主要集中在城镇地区，所以本次受访的7所幼儿园有6所来自城镇地区（南京市、成都市、合肥市、长沙市、苏州市和昆山市），农村地区1所（嘉善县）。

问卷委托相关幼儿园将问卷向各家长进行发放和收取，以确保问卷的回收率。最后通过物流寄往研究中心。对问卷采用SPSS统计软件进行数据分析。

课题组合计在全国5个省的7个幼儿园进行了问卷调查。共发放问卷659份，实际回收有效问卷543份，有效问卷回收率为82.4%。作为对比，我们也同期向公办园的家长发放了1573份问卷。民办园和公办园加起来共有问卷2116份。

每份问卷包括两个部分的问题。第一部分是家长基本信息和家长对幼儿园宏观发展的认知和态度。第二部分为家长对幼儿园在促进幼儿身心健康、语言能力发展、人际交往和社会适应能力、探究能力和思维发展、审美能力等方面所发挥作用的重要性的认知和态度。以上两个部分均为客观题，受访者只需要在相应的空白处打钩或打叉即可。

---

① 部分问题及选项参考了蔡迎旗教授在《幼儿教育财政投入与政策》一书中所附问卷内容。详见蔡迎旗：《幼儿教育财政投入与政策》，教育科学出版社2007年版。

二、幼儿家庭的基本情况

（一）幼儿最主要照料者为母亲，民办园的家长学历高于公办园

问卷询问了受访家庭幼儿的主要照料者是什么人，备选项包括父亲、母亲、祖父母（含外祖父母）、亲戚以及其他共5个选项，允许多选。

其中“母亲”被选择的频率最高，高达81.6%，其次为“父亲”61.3%，“祖父母”52.7%。其他两个选项则非常少。

“母亲”也是在唯一选项中出现频次最高的，达到89次，占16.4%。请注意这个数据并不等于单亲家庭比例，因为很多父亲常年在外的家庭，问卷中也把母亲作为唯一选项。这个数据远远高于选择父亲为唯一照料者的数量，因为后一种情况的家庭只占问卷数量的2.6%。

另一方面，高达7.4%的受访问家庭的幼儿，是完全由祖父母隔代教养的，这个数据侧面反映出我国的隔代教养问题在都市区也非常普遍，而不是只存在于偏远农村。见表10.1。

表10.1　　幼儿的主要照料者

主要照料者	是	占比（%）	其中：唯一选项	频率	占比（%）
父　亲	333	61.3	父　亲	14	2.6
母　亲	443	81.6	母　亲	89	16.4
祖父母或外祖父母	286	52.7	祖父母或外祖父母	40	7.4
亲　戚	37	6.8	亲　戚	—	—
其　他	25	4.6	其　他	—	—

问卷询问了主要照料者的最高学历，这个问题并没有区分照料者是谁，当主要照料者是复数的时候，那么就勾选其中学历最高者的选

项。此题共收到有效答案537份，其中勾选本科及本科以上的261份，占48.6%，大专121份，占22.5%，大专及以上学历共占71.5%。作为对比，同类调查中的公办园家长，大专及以上学历的比例为60.2%。而包括公办和民办在内的所有受访幼儿园家长，这一学历的比例为63.1%。可见，民办园的家长总体学历比公办园高。

当主要照料者为唯一时，那么最高学历者就是唯一的主要照料者的最高学历。调查发现，当唯一的主要照料者为母亲或父亲时，其最高学历半数都在大专或大专以上。也就是说，任何学历的母亲，成为幼儿的唯一主要照料者的几率基本上是一样的。至于唯一照料者为父亲的情况，因为样本量太少，这里不做具体分析。

（二）近半数民办园幼儿来自中产家庭

问卷统计显示，在所有的有效回答中，49.2%的父亲和45.1%的母亲其文化程度是本科及本科以上。仅有6.2%的父亲和6.3%的母亲的文化程度在初中或初中以下。如同常识所认知的一样，城乡差异和文化程度经检验具有显著的相关性。以拥有大专及以上学历的比例来说，城镇幼儿的父亲的数据为81.9%，母亲为77.7%。但在农村，大专及以上学历的比例，迅速下降为59.5%和64.9%，和前者有一定差距。

合计父母至少一方拥有大专及以上学历的受访问家庭共有456个，占受访总家庭数的84%。见表10.2。

在幼儿父母的职业分布方面，在问卷设计的8个选项中，幼儿父亲以选择各类专业技术人员（24.4%）、办事人员和管理人员（20.3%）和商业从业人员（20.1%）的最多，幼儿母亲的选择以办事人员和管理人员（21.7%）和各类专业技术人员（19.6%）为最

表 10.2　　　　　　　幼儿父母的文化程度分布表

文化程度	父亲		母亲	
	频　率	有效百分比（%）	频　率	有效百分比（%）
初中或初中以下	33	6.2	34	6.3
高中或中专	72	13.5	92	17.1
大　专	167	31.2	169	31.5
本科及本科以上	263	49.2	242	45.1
合　计	535	100.0	537	100.0
缺失值	8		6	

注：表中的总数为有效回答数，已排除缺失值（未回答）。

多，与公办园家长相比，国家机关、党群组织、企事业单位负责人员明显少很多。见表 10.3。

表 10.3　　　　　　　幼儿父母的职业分布表

职业类别	父亲		母亲	
	频　率	有效百分比（%）	频　率	有效百分比（%）
国家机关、党群组织、企事业单位负责人员	88	16.5	52	9.8
各类专业技术人员	130	24.4	104	19.6
办事人员和管理人员	108	20.3	115	21.7
生产工人、技术工人和相关人员	53	10.0	42	7.9
农林牧渔劳动者	4	0.8	14	2.6
服务业从业人员	20	3.8	47	8.9
商业从业人员	107	20.1	89	16.8
其他请注明	22	4.1	67	12.6
合　计	532	100.0	530	100.0
缺失值	11		13	

注：表中的总数为有效回答数，已排除缺失值（未回答）。

关于家庭收入，问卷选取的标准是“最近一年的可支配收入（如是城镇户口，包括工资、奖金及各类隐性收入；如是农村户口，则是务农和从事其他各种活动的收入）”。以年可支配收入 1 万元、2.5 万元、5 万元、8 万元、12 万元、25 万元为界，分为 7 档。共收到有效回答 507 份，中位值为 84932 元。该数据与调查中受访的全部家庭（包括公办园幼儿家庭和民办园幼儿家庭）相比，高出约 1 万元。见表 10.4。

表 10.4　　受访家庭最近一年的可支配收入分布表

最近一年的可支配收入（元）	频　率	有效百分比（%）
10000 及以下	29	5.7
10001 ~ 25000	46	9.1
25001 ~ 50000	67	13.2
50001 ~ 80000	98	19.3
80001 ~ 120000	111	21.9
120001 ~ 250000	106	20.9
250001 以上	50	9.9
合　计	507	100.0
缺失值	36	

注：表中的总数为有效回答数，已排除缺失值（未回答）。

合计年收入在 1 万元以下的受访家庭占 5.7%，这部分数据相当于低收入户。年收入在 5 万 ~25 万元的占 62.1%。若结合居住在城镇，且夫妻双方至少一方拥有大专及以上学历，且家庭年收入在 5 万 ~25 万元之间 3 个指标同时满足则视为中产家庭的认定标准，那么受访问家庭中，中产家庭的数量为 271 户，占问卷总数 543 份的 49.9%。

（三）民办园非幼儿园所属区域的幼儿比例高于公办园

作为幼儿园幼儿的家长，所有的受访问对象的家庭当然都拥有至少 1 个正在读幼儿园的幼儿。下面是这些幼儿的基本情况分布信息。

在报告幼儿性别的民办园家庭中，幼儿中男孩有 282 人，女孩

258 人，性别比为109. 3∶100，男孩稍多。

受访的民办园家庭在“孩子的户口所在地”这个选项上，50. 6%的幼儿被填写的户口是“本城市幼儿园所属区域”，27. 7% 填写的是户口在“本城市非幼儿园所属区域”，填写户口来自“外地”的受访问家庭有 352 份，占 21. 8% 。

公办园和民办园所收幼儿的户口所在地具有较大的差异。公办园中 63. 1% 的幼儿户口来自“本城市幼儿园所属区域”，外地户口占 15. 5% 。而民办园中，本幼儿园所属区域和非所属区域各占 50% ，其中外地户口的幼儿占 21. 8% 。见表 10. 5。

表 10. 5　　　　公办园和民办园幼儿户口所在地的差异

受访家庭幼儿的户口所在地		公办园	民办园
本城市幼儿园所属区域	频率	969	265
	占比（%）	63. 1	50. 6
本城市非幼儿园所属区域	频率	329	145
	占比（%）	21. 4	27. 7
外　地	频率	238	114
	占比（%）	15. 5	21. 8
合　计	频率	1536	524
	占比（%）	100	100

注：表中的总数为有效回答数，已排除缺失值（未回答）。

受访问民办园家庭幼儿按班级划分，其中入读托儿班的 31 人（占 5. 8% ），小班 164 人（30. 4% ），中班 152 人（28. 2% ），大班 192 人（35. 6% ）。4 人未做回答。

所有受访家庭幼儿入读的均为普通班，有 35 位家长声称他们的幼儿读的是收费较高的蒙氏班或英语班，但根据事后抽样回访，可能只是这些班级有蒙氏课程，而且也不是针对个别幼儿，所以该数据没有采纳。但是公办园家长只有13位有此声称。该数据可能侧面反映出民办园的教学内容更加丰富。

有3位家长声称他们的孩子“寄宿”在幼儿园，其余幼儿全部是“全日制”走读。

三、家长对幼儿园管理的相关问题的态度

（一）总体上认可幼儿园目前收费标准，如上涨一半将转园，再涨将无奈

调查显示，家庭是幼儿园阶段生活、学习所需经费的主要来源。根据对问卷数据汇总显示，家庭提供了幼儿最近一年的生活、学习所需费用的97%。

在最主要的家庭提供的经费来源上，在受访的家庭中，公办园和民办园、城镇和乡村有显著差异。公办园家长填报的平均提供幼儿最近一年的生活、学习费用为1.26万元，民办园家长达到2.16万元。最高的某城市民办园家长平均填报为32896元。

在家长对目前幼儿园的收费标准的看法上，总体认为“适中”的家长占78.9%，认为较高的占17.5%。总体上可以认为家长对幼儿园的收费标准还是认可的。13个分项目[①]之间差别不大。

问卷询问了家长，假定以本学期的各项收费为基础，如果再上涨不同的幅度，家长是否还会继续送孩子上学。问卷设定的上涨幅度包括“上涨10%”“上涨30%”“上涨50%”“上涨1倍”“上涨2倍”。选项包括“继续上该幼儿园”“改上其他价位低的园或班”“不确定”

① 即保教费、管理费、书本费、伙食费、代办费、借读费、空调费、家长学校、服装费、兴趣班、集资费、赞助费和其他。

“退学在家”。

数据显示，当现有收费上涨10%时，仅有5.2%的家长产生让孩子转园或退学的想法。如果上涨50%，选择继续上园的有效百分比下降到23.6%，跌破1/4，同时回答“不确定”的家长超过1/3。诚如社会一般的认知，学费上涨越多，转园的倾向就越高。不过严格来说，当上涨幅度超过50%以后，变化的显著性开始降低。根据问卷调查后的抽样访谈得知，这个原因来自于“无奈”，学费上涨不是一家幼儿园的事情，当涨到那么高的幅度以后，转哪个幼儿园都一样了。

（二）民办园家长比公办园家长更反对公办、民办园执行不同的收费标准

问卷还询问了家长对另外7项与收费相关的假设的态度。见表10.6。按有效百分比计算，具体分布如下：

71.6%的家长同意或很同意“按幼儿园的等级和质量统一收费，等级质量越高，收费也越高”，选择不同意或很不同意的为14.4%；

68.6%的家长同意或很同意“按幼儿园的公办或民办性质、类型分别确定收费标准”，选择不同意或很不同意的为13.8%；

27.6%的家长同意或很同意“按幼儿园的受欢迎程度收费，越受欢迎，要求入园的幼儿越多，收费越高”，选择不同意或很不同意的为62.2%；

14.4%的家长同意或很同意“按幼儿家长与幼儿园的关系收费，本单位部门职工的孩子收费低一些，对父母不在本单位部门的孩子应适当提高收费”，选择不同意或很不同意的为71.0%；

27.9%的家长同意或很同意“按幼儿的户口分类对待，户口在幼儿园招生范围的幼儿，收费可低一点，非本范围的，尤其是外地的幼儿，收费应高一些”，选择不同意或很不同意的为50.2%；

27.8%的家长同意或很同意“按幼儿个人的教育成本收费，其他因素一概不考虑”，选择不同意或很不同意的为42.7%；

77.8%的家长同意或很同意“按幼儿家庭状况酌情考虑收费，幼儿园可适当减免低收入家庭、单亲家庭、流动人口等处境不利的幼儿的费用”，选择不同意或很不同意的为8.4%。

表10.6　　　　家长对一些收费相关的假设的态度

收费假设	很同意	同意	不确定	不同意	很不同意	未回答
按幼儿园的等级和质量统一收费，等级质量越高，收费也越高	319	1120	281	256	35	105
按幼儿园的公办或民办性质、类型分别确定收费标准	206	1161	349	243	32	125
按幼儿园的受欢迎程度收费，越受欢迎，要求入园的幼儿越多，收费越高	74	269	394	1030	186	163
按幼儿家长与幼儿园的关系收费，本单位部门职工的孩子收费低一些，对父母不在本单位部门的孩子应适当提高收费	41	243	287	929	468	148
按幼儿的户口分类对待，户口在幼儿园招生范围的幼儿，收费可低一点，非本范围的，尤其是外地的幼儿，收费应高一些	97	456	435	785	211	132
按幼儿个人的教育成本收费，其他因素一概不考虑	111	436	580	666	173	150
按幼儿家庭状况酌情考虑收费，幼儿园可适当减免低收入家庭、单亲家庭、流动人口等处境不利的幼儿的费用	448	1097	276	133	33	129

注：包括公办园家长和民办园家长。

为了分析哪些因素影响了家长的上述选择，我们对包括文化程度、收入情况、城乡分布等诸多因素和上述7个选项进行了变量之间的相关分析，最终发现有5个因素和上述7个选项中的一个或多个存在显著性相关关系。这5个因素是：

（1）受访家庭儿童所在幼儿园的性质；

（2）受访家长的城乡分布；

（3）主要照料者是否母亲；

（4）父母文化程度（包括幼儿母亲的文化程度、幼儿父亲的文化程度和父母至少一方拥有专科及以上学历）；

（5）家庭收入（家庭最近一年的可支配收入）。

具体的相关关系如下。

（1）“父母文化程度”和对“家庭收入”与变量“按幼儿园的等级和质量统一收费，等级质量越高，收费也越高”在0.01水平（双侧检验）下有显著性相关关系。父母文化程度越高，家庭收入越高，越倾向支持幼儿园等级质量越高收费越高。其他因素无显著性相关关系。

（2）“受访家庭儿童所在幼儿园的性质”与变量“按幼儿园的公办或民办性质、类型分别确定收费标准”在0.01水平（双侧检验）下，有显著性相关关系，“主要照料者是否母亲”和“家庭收入”两个因素，与该选项在0.05水平（双侧检验）下，有显著性相关关系。即来自公办园的家长更倾向于公办园和民办园收费标准不同，而来自民办园的家长则更反对分别确定收费标准。主要照料者是母亲的家长，更倾向支持分别确定收费标准，家庭收入越高，越倾向支持分别确定收费标准。

（3）“父母文化程度”和对“家庭收入”与变量“按幼儿园的受欢迎程度收费，越受欢迎，要求入园的幼儿越多，收费越高”在0.01

水平（双侧检验）下，有显著性相关关系。父母文化程度越高，家庭收入越高，越倾向支持受欢迎程度越高的幼儿园收费越高。

（4）“城乡”“幼儿园性质”“父母文化程度”与变量“按幼儿家长与幼儿园的关系收费，本单位部门职工的孩子收费低一些，对父母不在本单位部门的孩子应适当提高收费”在0.01水平（双侧检验）下，有显著性相关关系。居住在城镇地区的家长更倾向于支持对父母不在本单位部门的孩子应适当提高收费，文化程度越高的家长越倾向于支持对父母不在本单位部门的孩子应适当提高收费。

（5）“父母文化程度”与变量“按幼儿的户口分类对待，户口在幼儿园招生范围的幼儿，收费可低一点，非本范围的，尤其是外地的幼儿，收费应高一些”在0.01水平（双侧检验）下，有显著性相关关系。“家庭收入”与该选项在0.05水平（双侧检验）下，有显著性相关关系。父母文化程度越高，家庭收入越高，越倾向支持对非本地户口幼儿提高收费。

（6）“母亲的文化程度”与变量“按幼儿个人的教育成本收费，其他因素一概不考虑”在0.01水平（双侧检验）下，有显著性相关关系。母亲的文化程度越高，越倾向于支持按幼儿个人的教育成本收费，其他因素一概不考虑。其他因素，包括“父亲的文化程度”“父母双方至少一人拥有大专及以上学历”在内与该变量都没有显示有显著性相关关系。

（7）“主要照料者是否母亲”与变量“按幼儿家庭状况酌情考虑收费，幼儿园可适当减免低收入家庭、单亲家庭、流动人口等处境不利的幼儿的费用”在0.01水平（双侧检验）下，有显著性相关关系。主要照料者有母亲的，越倾向支持幼儿园适当减免低收入家庭、单亲家庭、流动人口等处境不利的幼儿的费用。

也就是说，民办园家长和公办园家长在两个问题上的回答有差异，民办园家长更反对将幼儿园划分类型管理，主张平衡，他们较认同因为幼儿园或家庭自身的因素而确定不同的收费标准，但反对因为政府支持的不同，而使不同的家长缴纳不同的幼儿入园费用。公办园家长则很自然地倾向于维护现有格局。

（三）保教质量和办园条件是家长对幼儿园选择的首要考虑因素，民办园家长更关心幼儿园的远近、学费和社会关系

为了解家长在选择幼儿园时，幼儿园的位置、收费、质量、社会关系以及群体压力等因素的所起的作用，我们分别对这些变量进行了调查。

在所有的影响因素中，被选择为“很重要”或“重要”次数最多的是“幼儿园保教活动的质量和办园条件”，占 2116 份问卷的 92.1%。其次为“幼儿园的地理位置或离家的远近”，有 87.0% 的家长进行了选择，再次为“幼儿园的声誉、地位和等级”（85.9%）、“将来有可能上对口的重点小学或有其他的好处”（53.4%）。以上这些变量都是幼儿园本身的条件。

被选择为“不重要”或“很不重要”次数最多的是“周围人的压力，别人的孩子上这所幼儿园了”（59.0%），是唯一超过半数的变量。关于这点，事后的抽样访谈显示原因可能在家长初为幼儿选择幼儿园时，社区关系不熟悉，但如果是“转园”的选择时，该变量的重要性有可能提升。

“熟人的推荐，或听从各种广告宣传”成为最大的“不确定”因素。认为该因素重要（或很重要），不重要（或很不重要），以及不确定的家长各占三成。见表 10.7。

表 10.7　家长选择幼儿园时的重要考虑因素分布

变量		很重要	重要	不确定	不重要	很不重要	未回答	合计
幼儿园的地理位置或离家的远近	频次	1035	806	66	113	5	91	2116
	百分比（%）	48.9	38.1	3.1	5.3	0.2	4.3	100.0
学杂费的数量，可以少交、免交学费，享受某些优惠	频次	266	682	493	490	34	151	2116
	百分比（%）	12.6	32.2	23.3	23.2	1.6	7.1	100.0
熟人的推荐，或听从各种广告宣传	频次	154	532	638	577	52	163	2116
	百分比（%）	7.3	25.1	30.2	27.3	2.5	7.7	100.0
幼儿园的声誉、地位和等级	频次	921	897	122	43	8	125	2116
	百分比（%）	43.5	42.4	5.8	2.0	0.4	5.9	100.0
幼儿园保教活动的质量和办园条件	频次	1283	666	52	10	5	100	2116
	百分比（%）	60.6	31.5	2.5	0.5	0.2	4.7	100.0
周围人的压力，别人的孩子上这所幼儿园了	频次	113	174	422	1035	213	159	2116
	百分比（%）	5.3	8.2	19.9	48.9	10.1	7.5	100.0
将来有可能上对口的重点小学或有其他的好处	频次	439	692	476	327	46	136	2116
	百分比（%）	20.7	32.7	22.5	15.5	2.2	6.4	100.0

注：以上数据包括公办园家长和民办园家长。

我们同样将上述几个变量和前述中所列的 5 个变量做了两两相关分析，结果如下。

（1）“幼儿园的地理位置或离家的远近”与“父母文化程度”

“家庭收入”在0.01水平（双侧检验）下，有显著性相关关系。与“城乡分布”“幼儿园性质”在0.05水平（双侧检验）下，有显著性相关关系。父母文化程度越高，家庭收入越高，越会倾向考虑幼儿园地理位置，城镇家长、上民办园的家长在选择幼儿园时更倾向考虑幼儿园地理位置。

（2）“学杂费的数量，可以少交、免交学费，享受某些优惠”与“幼儿园性质”“母亲的文化程度”“家庭收入”在0.01水平（双侧检验）下，有显著性相关关系。民办园家长会更多考虑学费问题。母亲的文化程度越高，越倾向于不考虑学费问题，但父亲的文化程度与此变量没有呈现显著性相关关系。家庭收入越高的家庭，越倾向于不考虑学费问题。

（3）“熟人的推荐，或听从各种广告宣传”与“城乡分布”“幼儿园性质”“父母的文化程度”在0.01水平（双侧检验）下，有显著性相关关系。城镇家长、民办园家长更倾向于依赖熟人的推荐，这可能是因为城镇可供选择的民办幼儿园多，家长必须去查找更多的消息来源，而农村往往就那么一两家幼儿园，并且大家知根知底，城镇公办园也是一样数量非常有限。父母的文化程度越高，越依赖熟人的推荐，这可能也跟父母期望有关。但此变量和家庭收入无关。

（4）家长考虑“幼儿园的声誉、地位和等级”和“幼儿园保教活动的质量和办园条件”可以合称为“幼儿园办学条件”，因为它们在相关分析中的结果完全一致。“城乡分布”“父母的文化程度”“家庭收入”三者与家长择园时考虑“幼儿园办学条件”在0.01水平（双侧检验）下，有显著性相关关系。城镇家长、文化程度越高的家长、家庭收入越高的家长更倾向于考虑幼儿园办学条件。

（5）“周围人的压力”是唯一一个和所有的变量存在显著性相关关系的变量。与“家庭文化程度”“家庭收入”在0.01水平（双侧检验）下，有显著性相关关系。与“城乡分布”“幼儿园性质”“主要照料者是否母亲”在0.05水平（双侧检验）下，有显著性相关关系。文化程度越高，收入越高的家长，周围人压力对其影响越小。居住在城镇的家长，选择公办园的家长，周围人的压力对其影响越小。幼儿主要照料者是母亲的，比主要照料者中没有母亲的家庭，更倾向于受周围人压力的影响，这也是“主要照料者是否母亲”这个变量在本组7个选项中唯一有相关关系的一个。

（6）“将来有可能上对口的重点小学或有其他的好处”与“城乡分布”“幼儿母亲的文化程度”在0.01水平（双侧检验）下，有显著性相关关系。母亲的文化程度越高，越不考虑将来升小学和其他好处，农村家长比城镇家长更倾向于考虑这个要素。但是父亲的文化程度对此变量没有呈现显著性相关关系。

综合来看，幼儿择园一定是发生在有足够多的幼儿园可择的前提下，并且幼儿园本身的教学质量是最主要的择园要素，母亲在幼儿择园时发挥了主导的作用。而民办园家长比起公办园家长，对幼儿园的地理分布、学费和社会关系更加敏感。

四、家长对政府介入幼儿园管理的程度的认知和态度

研究显示，虽然是民办园，但是家长非常欢迎政府更多地介入对民办园的管理，与此同时放宽对公办园的限制。

（一）家长欢迎政府成为学前教育费用的第一承担者

关于家长对政府介入幼儿园管理的态度的调查，本部分包括3道题目。

（1）您认为下列4方（1. 政府，2. 幼儿园的举办单位或个人，3. 社会其他团体或个人，4. 家庭）如何分担学前教育费用才算合理？

（2）对政府资助幼儿个人的各种形式，您的态度是什么？

（3）对政府调控幼儿园收费价格的方式，您的态度是什么？

首先，在关于各方如何分担学前教育费用才算合理这个问题上，问卷设计有4个选项，即政府、幼儿园举办单位或个人、社会其他团体或个人、家庭。这个题目是一个排序题，要求受访的家长按照自己认为的承担经费份额的多少进行排序。约10%的问卷只写了自认为重要性最高或最低的两项或其中一项，中间没有排序。

调查显示，在排序第一的1717个有效回答中，“政府”占78.2%，而“政府”一共被排序了1522次，排序第一的占88.2%。可见家长对政府的期待很高。

如果按照1、2、3、4对排序的重要性进行赋分，排第一的得1分，排第四的得4分。1分为在学前教育费用承担中重要性最高，4分为重要性最低。那么“政府”的平均得分为1.12分，“幼儿园的举办单位或个人”为3.08分，“社会其他团体或个人”为3.40分，“家庭”为2.40分。也就是经过加权后，家长认为“政府”在分担学前教育费用中所占的重要性为第一，“家庭”第二，“幼儿园的举办单位或个人”排第三，最后是“社会其他团体或个人”。见表10.8。

在对“排序第一”的答案与有关变量进行相关性分析后显示，“受访家庭幼儿入读的幼儿园的性质”和“排序第一”在0.01水平（双侧检验）下有显著性相关关系，“父母的文化程度”则和“排序第

表 10.8　　家长对各方分担学前教育费用合理性的排序

	变量名	排序第一	排序第二	排序第三	排序第四	小计
有效回答	政府	1342	44	44	92	1522
	幼儿园的举办单位或个人	78	765	765	291	1899
	社会其他团体或个人	32	481	481	791	1785
	家庭	265	356	356	481	1458
	合计	1717	1646	1646	1655	
缺失	未选择	399	470	470	461	
总　计		2116	2116	2116	2116	

一”在0.05水平（双侧检验）下有显著性相关关系。民办园家长比公办园家长更倾向于选择“家庭”，而公办园家长则更倾向于选择“政府”。父母的文化程度越高，选择“政府”的倾向性越大。

（二）民办园家长比公办园家长更支持政府实施间接的资助形式

关于政府资助幼儿个人的形式，问卷列举了8种，家长选择的结果如表10.9所示。根据表10.9显示的结果，所有8种假定的资助形式，都获得了半数以上家长的支持，其中“学费减免”所获支持（包括“很同意”和“同意”）最高，有效百分比高达94%。最低的“给家长代币券，该代币券只能用于冲抵孩子的学费”也获得了58.2%的支持。

不支持（包括“很不同意”和“不同意”）率最高的是“给家长代币券，该代币券只能用于冲抵孩子的学费”（13.8%）和“奖励优秀幼儿”（13.6%）。通过对部分家长的深度访谈了解，这可能是因为部分家长担心这两种形式在操作中较易带来腐败，妨碍社会公平。

表 10.9　　　受访家长对政府资助幼儿个人的形式的态度表

变量名		很同意	同意	不确定	不同意	很不同意	合计	未选择
发放助学现金	频次	775	871	168	114	23	1951	165
	有效百分比(%)	39.7	44.6	8.6	5.8	1.2	100.0	
学费减免	频次	941	950	98	15	7	2011	105
	有效百分比（%）	46.8	47.2	4.9	0.7	0.3	100.0	
家长个人所得税部分抵扣或豁免	频次	561	783	456	118	24	1942	174
	有效百分比（%）	28.9	40.3	23.5	6.1	1.2	100.0	
允许家长税前预存教育资金，该资金只能用于缴纳孩子的学费	频次	457	830	510	139	27	1963	153
	有效百分比（%）	23.3	42.3	26.0	7.1	1.4	100.0	
给家长代币券，该代币券只能用于冲抵孩子的学费	频次	345	783	541	229	39	1937	179
	有效百分比（%）	17.8	40.4	27.9	11.8	2.0	100.0	
立法规定孩子父母所属单位提供资助	频次	416	784	577	146	25	1948	168
	有效百分比（%）	21.4	40.2	29.6	7.5	1.3	100.0	
发放助学贷款	频次	365	955	450	143	33	1946	170
	有效百分比（%）	18.8	49.1	23.1	7.3	1.7	100.0	
奖励优秀幼儿	频次	541	849	289	203	63	1945	171
	有效百分比（%）	27.8	43.7	14.9	10.4	3.2	100.0	

在进行相关性比对分析后发现受访家庭的某些因素和上述态度具有显著性相关关系，详见表 10.10。

表 10.10　受访家长对政府资助幼儿个人的形式的态度的相关检验

变量名		发放助学现金	学费减免	个税抵扣或豁免	税前预存教育资金	发放代币券	立法规定单位资助	奖励优秀幼儿
受访家长的城乡分布	Pearson 相关性	0.032	-0.056*	-0.059**	-0.095**	-0.042	-0.021	0.035
	显著性（双侧）	0.164	0.012	0.010	0.000	0.065	0.354	0.121
	平方与叉积的和	18.025	-23.732	-34.540	-55.887	-25.859	-12.304	23.442
	协方差	0.009	-0.012	-0.018	-0.028	-0.013	-0.006	0.012
	N	1951	2011	1942	1963	1937	1948	1945
受访家庭儿童所在幼儿园的性质	Pearson 相关性	0.021	-0.068**	-0.108**	-0.078**	-0.096**	-0.057*	0.021
	显著性（双侧）	0.351	0.002	0.000	0.001	0.000	0.012	0.348
	平方与叉积的和	16.194	-39.237	-85.684	-62.201	-79.815	-44.692	19.002
	协方差	0.008	-0.020	-0.044	-0.032	-0.041	-0.023	0.010
	N	1951	2011	1942	1963	1937	1948	1945
主要照料者是否为母亲	Pearson 相关性	-0.082**	-0.007	-0.014	0.001	0.001	-0.002	-0.017
	显著性（双侧）	0.000	0.750	0.551	0.964	0.972	0.925	0.449
	平方与叉积的和	-48.192	-3.209	-8.363	0.636	0.512	-1.319	-11.985
	协方差	-0.025	-0.002	-0.004	0.000	0.000	-0.001	-0.006
	N	1924	1983	1915	1936	1910	1920	1917
幼儿母亲文化程度	Pearson 相关性	-0.019	-0.139**	-0.187**	-0.168**	-0.137**	-0.123**	0.068**
	显著性（双侧）	0.421	0.000	0.000	0.000	0.000	0.000	0.003

续表

变量名		发放助学现金	学费减免	个税抵扣或豁免	税前预存教育资金	发放代币券	立法规定单位资助	奖励优秀幼儿
幼儿母亲文化程度	平方与叉积的和	-32.857	-184.016	-340.241	-308.690	-262.278	-223.090	140.582
	协方差	-0.017	-0.095	-0.181	-0.163	-0.140	-0.118	0.075
	N	1890	1946	1880	1899	1873	1885	1880
幼儿父亲文化程度	Pearson相关性	-0.019	-0.101**	-0.173**	-0.134**	-0.103**	-0.099**	0.088**
	显著性（双侧）	0.414	0.000	0.000	0.000	0.000	0.000	0.000
	平方与叉积的和	-32.297	-129.126	-308.480	-239.208	-191.659	-175.238	177.968
	协方差	-0.017	-0.067	-0.165	-0.126	-0.102	-0.093	0.095
	N	1883	1942	1875	1897	1872	1881	1877
家庭最近一年的可支配收入	Pearson相关性	-0.020	-0.105**	-0.109**	-0.121**	-0.110**	-0.009	0.012
	显著性（双侧）	0.382	0.000	0.000	0.000	0.000	0.690	0.609
	平方与叉积的和	-55.201	-214.256	-305.865	-338.327	-323.802	-25.662	37.863
	协方差	-0.030	-0.111	-0.164	-0.180	-0.174	-0.014	0.020
	N	1872	1923	1862	1884	1858	1867	1864

注：** 在 0.01 水平（双侧）上显著相关。* 在 0.05 水平（双侧）上显著相关。

但是“发放助学贷款”这一条，跟受访家庭的各种因素都没有呈现显著性相关，所以表 10.10 中不再显示“发放助学贷款”这一条。

调查显示，家长的“城乡分布”和他们对“学费减免”“家长个人所得税部分抵扣或豁免”“允许家长税前预存教育资金，该资金只能用于缴纳孩子的学费”这 3 个选项的态度具有显著相关关系。城镇居民更倾向同意这三种政府资助形式。

“受访家庭儿童所在幼儿园的性质”和“学费减免”“家长个人所得税部分抵扣或豁免”“允许家长税前预存教育资金，该资金只能用于缴纳孩子的学费”“给家长代币券，该代币券只能用于冲抵孩子的学费”“立法规定孩子父母所属单位提供资助”5项呈现显著相关关系。民办园家长更倾向支持以上5种政府资助形式。这5种资助形式都属于间接资助形式，相反另外3种都是直接现金发放。

“主要照料者为母亲”的家庭更倾向支持“发放助学现金”。

“幼儿父母的文化程度”越高的家庭，越倾向于支持“学费减免”“家长个人所得税部分抵扣或豁免”“允许家长税前预存教育资金，该资金只能用于缴纳孩子的学费”“给家长代币券，该代币券只能用于冲抵孩子的学费”“立法规定孩子父母所属单位提供资助”5种政府资助形式，但是更倾向反对“奖励优秀幼儿”。

“家庭收入”和“学费减免”“家长个人所得税部分抵扣或豁免”“允许家长税前预存教育资金，该资金只能用于缴纳孩子的学费”“给家长代币券，该代币券只能用于冲抵孩子的学费”呈现显著性相关。家庭收入越高的家庭，越倾向于支持上述4种政府资助形式。

（三）民办园家长更支持政府指导民办园定价、放松公办园定价

最后，是询问家长对政府调整幼儿园收费价格的方式的态度。分别询问对“机关园”“教办园”“企事业园”“街道或小区园”“合资园和民办园”选择以下态度中的哪一种，这些态度包括：

（1）政府分级分类定价，每园实行一价制，幼儿园不得调价；

（2）政府设立指导价，允许幼儿园在一定幅度内浮动价格；

（3）政府制订定价标准，幼儿园根据这一标准自己定价；

（4）政府完全放开价格，让幼儿园自由竞争，由市场决定价格。

调查显示，从机关园到合资园和民办园，答案的比重逐渐后移。认为机关园应该“（1）政府分级分类定价，每园实行一价制，幼儿园不得调价”的有效百分比高达77.4%，应该“（4）政府完全放开价格，让幼儿园自由竞争，由市场决定价格”的仅占4.6%。但到“合资园和民办园”时，这一比重分别变化为48.3%和24.6%。

但是我们必须承认的是，这个总体的百分比的真实性是被隐藏了的。当我们把公办园的家长和民办园的家长的回答分开统计后，就会发现完全不一样的数据。表10.11是不同性质的幼儿园的家长对“教办园”（是公办幼儿园的主体）与“合资园和民办园”的不同态度。

从表10.11中可以看到，无论是公办园还是民办园的家长，认为对“合资园和民办园”应该由“a. 政府分级分类定价，每园实行一价制，幼儿园不得调价”的选择并没有明显的差异。在后面的3个选项中，民办园家长甚至更倾向于“b. 政府设立指导价，允许幼儿园在一定幅度内浮动价格”，反而公办园的家长更倾向于“d. 政府完全放开价格，让幼儿园自由竞争，由市场决定价格”。

民办园家长甚至对“教办园”和“合资园和民办园”应该由“a. 政府分级分类定价，每园实行一价制，幼儿园不得调价”的选择也没有明显的差异。也就是说，无论是公办园还是民办园，都有约半数的民办园家长认为应该由“a. 政府分级分类定价，每园实行一价制，幼儿园不得调价”。真正对数据发生重要影响的是约3/4的公办园家长坚定地认为“a. 政府分级分类定价，每园实行一价制，幼儿园不得调价”，这个比例比民办园家长的比例高约50%。

表 10.11　不同性质的幼儿园的家长对政府调控幼儿园收费方式的态度异同表

变量名		对教办园			对合资园和民办园		
		全部	公办园家长	民办园家长	全部	公办园家长	民办园家长
a. 政府分级分类定价，每园实行一价制，幼儿园不得调价	计数	874	727	147	512	369	143
	百分比（%）	69.9	75.7	50.7	48.3	48.8	46.9
b. 政府设立指导价，允许幼儿园在一定幅度内浮动价格	计数	250	157	93	166	99	67
	百分比（%）	20.0	16.4	32.1	15.6	13.1	22.0
c. 政府制订定价标准，幼儿园根据这一标准自己定价	计数	80	56	24	122	90	32
	百分比（%）	6.4	5.8	8.3	11.5	11.9	10.5
d. 政府完全放开价格，让幼儿园自由竞争，由市场决定价格	计数	46	20	26	261	198	63
	百分比（%）	3.7	2.1	9.0	24.6	26.2	20.7
	计数	1250	960	290	1061	756	305
	百分比（%）	100.0	100.0	100.0	100.0	100.0	100.0

注：表中的数据已经排除缺失值（未回答）。

也就是说，民办园家长更支持政府加强对民办园的定价管理，而放松对公办园的定价限制。但公办园家长则更主张固化公办园和民办园的差异。

五、家长对各种类型学前教育提供形式的态度差别比较

在这一部分，我们分别询问了家长对“家庭（散居在家）”“社区

(综合性服务中心)”“全日制幼儿园”“非全日制幼儿园”“寄宿制幼儿园”这5种学前教育提供形式，在幼儿的健康、语言、社会、科学和艺术5个领域的能力培养方面的重要性。

这部分问卷的设计初衷，是因为课题组尝试研究推动“社区”在幼儿教育中的发挥更大的作用，所以希望了解家长对“社区”在幼儿教育中所发挥作用的认知和态度。

由于本次调查中的幼儿均在“全日制幼儿园”，没有“非全日制幼儿园”和“寄宿制幼儿园”，所以关于这两个提供形式，家长的任何回答只作为参考，不进行详细的分析。本研究主要比较家长对“家庭（散居在家)”“社区（综合性服务中心)”“全日制幼儿园”这3种学前教育提供形式在幼儿5个领域能力培养方面的态度。

（一）指标设定

为精确了解家庭、社区和幼儿园对幼儿具体的各种技能发展的作用，我们将每一大项幼儿能力又分为2～3个不等的二级指标，4～9个不等的三级指标。合计共5个大项，11个二级指标，32个三级指标。

原则上，要求家长对每一个二级指标，在“家庭（散居在家)”“社区（综合性服务中心)”“全日制幼儿园”“非全日制幼儿园”“寄宿制幼儿园”5项中选择自认为作用最明显的1项在问卷表中打“✓”，选择自认为作用最不明显的1项在问卷表中打“×”。

由于家长回答问卷时，没有访问员在现场指导，所以的确有很多家长，只勾选了“作用最明显的”，而没有选择“作用最不明显的”，这样的问卷仍旧传递了明确和有效的信息，因此我们将这些问卷视为有效问卷。

还有个别问卷，可能是因为理解的问题，在个别三级指标进行选择的时候，出现同时选择两项以上的“作用最明显”或“作用最不明显”的情况。课题组经过研究认为，由于问卷的匿名性，无法联系受访者本人，且受访者的勾选本身也真实地反映了受访者的态度，所以课题组也将这些问卷视为有效问卷，这些回答也按有效回答录入，不作为缺失值。这也是为什么在表10.12中，选择家庭、社区和幼儿园在促进幼儿“具有健康的体态（身高和体重适宜，能正确坐、立、行）”的“作用最明显”的三者之和等于2238（582+217+1439），大于问卷总数2116份的原因。

（二）统计结果

表10.12至表10.16是家长对各种学前教育形式在促进幼儿健康、语言、社会、科学和艺术5个领域发展方面的评价表。

调查结果显示，大部分家长都认为“全日制幼儿园”在促进幼儿各方面能力上发挥的作用“最明显”。其中以认为幼儿园促进幼儿“手的动作灵活协调（能画、剪、折、粘，自己吃饭、扣扣子等）”能力作用最明显的人数最多，有1550份问卷，占回收问卷总数的73.3%。认为幼儿园在促进幼儿“亲近自然，喜欢探究（激发好奇心和探究兴趣）”的能力方面最明显的次数，在32个三级指标中选择率最低，但也有1113份，占问卷总数的52.6%。

家庭在幼儿的“身心状况”方面被认为作用最明显而被选择的频次最高，如认为家庭对幼儿“情绪安定愉快（有安全感和信赖感，会恰当表达和调控情绪）”作用最明显的有682人，占问卷总数的32.2%。

至于社区（综合性服务中心），加权以后，其所有的重要性得分都是负的。并且在32个三级指标中，只有1个指标被选择“作用最不明显”的频次少于“家庭”，那就是促进幼儿“喜欢并适应群体生活”的能力。

在这一部分的所有问题的选择中，公办园家长和民办园家长均没有明显差异，家长对公办园和民办园提供教育满意的程度也没有明显的差异。毕竟如果家长对幼儿园教育的作用有那么怀疑的话，也就不会送孩子来上幼儿园了。

表10.12　家长对各种学前教育形式在促进幼儿身心健康发展方面的评价

评价项目		家庭（散居在家）				社区(综合性服务中心)				全日制幼儿园			
		all	✓	×	W	all	✓	×	W	all	✓	×	W
身心状况	a. 具有健康的体态（身高和体重适宜，能正确坐、立、行）	872	582	290	292	628	217	411	–194	1500	1439	61	1378
	b. 情绪安定愉快（有安全感和信赖感，会恰当表达和调控情绪）	883	682	201	481	605	212	393	–181	1352	1279	73	1206
	c. 具有一定的适应能力（能适应季节变化，促进平衡机能发展，能适应生活环境变化）	694	457	237	220	593	225	368	–143	1461	1389	72	1317

续表

评价项目		家庭（散居在家）				社区(综合性服务中心)				全日制幼儿园			
		all	✓	×	W	all	✓	×	W	all	✓	×	W
动作发展	d. 具有一定的平衡能力，动作协调、灵敏（活动中能学会自我保护能力）	625	387	238	149	609	233	376	-143	1528	1483	45	1438
	e. 具有一定的力量和耐力	636	385	251	134	591	219	372	-153	1458	1358	100	1258
	f. 手的动作灵活协调（能画、剪、折、粘，自己吃饭、扣扣子等）	639	371	268	103	570	184	386	-202	1592	1550	42	1508
生活习惯与生活能力	g. 具有良好的生活与卫生习惯（作息、饮食、个人卫生、锻炼等）	723	487	236	251	566	135	431	-296	1451	1370	81	1289
	h. 具有基本的生活自理能力（如穿脱衣和鞋袜等）	737	501	236	265	533	139	394	-255	1359	1264	95	1169
	i. 具备基本的安全知识和自我保护能力	700	440	260	180	571	185	386	-201	1371	1256	115	1141

注：上表中，“✓”表示被该形式在左列的评价项目中作用最明显，“×”表示最不明显。“all”为前述两数据之和，表示该形式共被选择的次数。“W”为前述两数据之差，表示加权后的被家长认为的作用重要性，正数表示作用明显，负数表示作用不明显，数值越大表示程度越深（下文表10.13至表10.16与此相同）。

表 10.13　家长对各种学前教育形式在促进幼儿语言能力发展方面的评价

评价项目		家庭（散居在家）				社区(综合性服务中心)				全日制幼儿园			
		all	✓	×	W	all	✓	×	W	all	✓	×	W
倾听与表达	a. 认真听并能听懂常用语言	673	515	158	357	495	82	413	-331	1270	1238	32	1206
	b. 愿意讲话并能清楚地表达	597	447	150	297	516	121	395	-274	1296	1249	47	1202
	c. 具有文明的语言习惯	530	314	216	98	469	87	382	-295	1414	1364	50	1314
阅读与书写准备	d. 喜欢听故事，看图书	550	364	186	178	465	79	386	-307	1355	1314	41	1273
	e. 具有初步的阅读理解能力	453	253	200	53	455	68	387	-319	1368	1299	69	1230
	f. 具有书面表达的愿望和初步技能(如通过涂涂画画表达一定的意思)	432	227	205	22	467	73	394	-321	1451	1391	60	1331

表 10.14　家长对各种学前教育形式在促进幼儿人际交往和社会适应方面的评价

评价项目		家庭（散居在家）				社区(综合性服务中心)				全日制幼儿园			
		all	✓	×	W	all	✓	×	W	all	✓	×	W
人际交往	a. 愿意与人交往	580	295	285	10	478	189	289	-100	1308	1268	40	1228
	b. 能与同伴友好相处	445	175	270	-95	401	124	277	-153	1449	1422	27	1395
	c. 具有自尊、自信、自主的表现	513	274	239	35	399	97	302	-205	1341	1264	77	1187
	d. 关心尊重他人	568	305	263	42	415	114	301	-187	1290	1251	39	1212

续表

评价项目		家庭（散居在家）				社区(综合性服务中心)				全日制幼儿园			
		all	✓	×	W	all	✓	×	W	all	✓	×	W
社会适应	e. 喜欢并适应群体生活	462	163	299	-136	378	122	256	-134	1443	1409	34	1375
	f. 遵守基本的行为规范	464	198	266	-68	400	97	303	-206	1368	1337	31	1306
	g. 具有初步的归属感	556	352	204	148	356	61	295	-234	1249	1161	88	1073

表 10.15　家长对各种学前教育形式在促进幼儿探究能力和思维发展方面的评价

评价项目		家庭（散居在家）				社区(综合性服务中心)				全日制幼儿园			
		all	✓	×	W	all	✓	×	W	all	✓	×	W
科学探究	a. 亲近自然，喜欢探究（激发好奇心和探究兴趣）	636	441	195	246	461	189	272	-83	1164	1113	51	1062
	b. 具有初步的探究能力（能对事物和现象进行观察比较以发现异同，提出问题并猜测答案等）	495	301	194	107	413	129	284	-155	1323	1283	40	1243
	c. 在探究中认识周围事物和现象（如引导思考、简单推理和分析等）	497	283	214	69	406	112	294	-182	1351	1289	62	1227

续表

评价项目		家庭（散居在家）				社区(综合性服务中心)				全日制幼儿园			
		all	✓	×	W	all	✓	×	W	all	✓	×	W
数学认知	d. 初步感知生活中数学的有用和有趣（能用数来表达事物，感受数所表达的意义）	498	285	213	72	383	77	306	-229	1330	1281	49	1232
	e. 感知和理解数、量及数量关系(理解大小多少，以及加减等)	453	243	210	33	384	66	318	-252	1404	1348	56	1292
	f. 感知形状与空间关系(理解上下、前后、左右、里外、中间、旁边等)	463	269	194	75	374	71	303	-232	1335	1294	41	1253

表 10.16　家长对各种学前教育形式在促进幼儿审美方面的评价

评价项目		家庭（散居在家）				社区(综合性服务中心)				全日制幼儿园			
		all	✓	×	W	all	✓	×	W	all	✓	×	W
感受与欣赏	a. 喜欢自然界与生活中美的事物(能用语言、动作等描绘美的方面，如颜色、形状、形态等)	579	385	194	191	423	147	276	-129	1394	1338	56	1282

续表

评价项目		家庭（散居在家）				社区(综合性服务中心)				全日制幼儿园			
		all	✓	×	W	all	✓	×	W	all	✓	×	W
感受与欣赏	b. 喜欢欣赏多种多样的艺术形式和作品（专心观看，有模仿和参与的愿望等）	464	220	244	-24	426	141	285	-144	1462	1370	92	1278
表现与创造	c. 喜欢进行艺术活动并大胆表现（如唱唱跳跳、涂涂画画等）	457	238	219	19	425	124	301	-177	1500	1450	50	1400
	d. 具有初步的艺术表现与创造能力（如能用声音、动作、姿态以及绘画、手工制作等模仿和表现）	431	187	244	-57	397	105	292	-187	1529	1434	95	1339

可见，在业务方面，只要是正规的全日制幼儿园，无论是民办园还是公办园，大家总体上都认为能有效提供幼儿成长过程中的各项教育和服务职能，并且幼儿园的作用也是家庭、社区所无法取代的。

六、小 结

综合问卷调查结果，可以得出以下结论：

（1）当前以城镇中产家庭为主的幼儿家长，对学前教育非常重视；

（2）家长对当前幼儿园的收费标准总体上满意；

（3）民办园家长非常希望加强政府在学前教育中的投入；

（4）民办园家长希望缩小民办园和公办园的差异；

（5）当前公办园和民办园的教学质量和他们对幼儿身心发展的重要性得到家长的广泛认可，这种认可并没有因为公办或民办而有显著差异。

基于此，为实现学前教育的公平性，促进民办园和公办园共同发展、相互借鉴，建议如下。

第一，多发展公益性幼儿园。不必过于强调幼儿园是公办的还是民办的，这样既能保证政府对幼儿园的建设投入，又使幼儿园在管理上保持灵活性和教学多样性，也有助于提高家长对学前教育的满意度。

第二，合理布局公益性幼儿园。按照社区人口规划足够数量的公益性幼儿园，使适龄幼儿在家附近就能进入理想的幼儿园。合理的规划也将有助于缓解家庭被迫送孩子上本辖区外的幼儿园的现状，进而减少安全隐患。

此外，还需要进一步改善幼儿园师资力量，规范幼儿园非教师的队伍建设，提高师资稳定性等。由于这些并不是专门针对民办园提出的，本调查报告并不特别涉及。更详细的对策性研究，可参见课题组其他部分的研究成果。

执笔人：曹启挺

第四部分

背景报告

第十一章

典型国家私立教育发展概述

世界上大多数国家都以公立教育为主体，私立教育处于辅助或补充的地位。从全球范围来看，各级教育中私立教育所占比例从高到低分别是学前教育、高等教育、中等教育和初等教育，这种状况与各国实施义务教育制度有密切关系。私立教育规模在同级教育中所占的比例，受政治、经济和文化因素的影响在各国之间差异较大，但总体上处于对公立教育的补充地位。从发展历史来看，宗教在国外私立教育发展中普遍发挥了一定作用。本章在世界范围内选取了若干典型国家，即东亚的日本，金砖国家之一的巴西，欧美发达国家中的美国、德国和法国，通过研究其私立教育的发展历程、私立教育相关政策、私立教育的特点和问题等，为我国民办教育发展提供有益的参考和启示。

一、私立教育发展的国际背景与理论解释

工业革命以来，大多数国家特别是在中小学教育阶段，形成了以公办学校为主体的现代教育体系，但私立教育始终存在。自 20 世纪

70 年代以来，在世界范围内出现了私有化浪潮，同样也影响到了教育领域。

（一）各国私立教育规模

世界上大多数国家都以公立教育为主体，私立教育处于辅助或补充的地位。从全球范围来看，各级教育中私立教育所占比例从高到低分别是学前教育、高等教育、中等教育和初等教育，这种状况与各国实施义务教育制度有密切关系。从 OECD 国家平均水平来看①，1998～2010 年间，私立学前教育在园幼儿数占比平均从 1998 年的 24.02% 上升为 2010 年的 43.05%；私立小学在校生数占比为 8%～12%；私立初中在校生数占比为 10%～15%；私立高中在校生数占比为 14%～19%；私立中职在校生数占比大约为 12%～18%；私立高等教育在校生数占比为 24%～30%。私立教育规模在同级教育中所占的比例，受政治、经济和文化因素的影响在各国之间差异较大，但总体上处于对公立教育的补充地位。从发展历史来看，宗教团体在国外私立教育发展中普遍发挥了一定作用。

对于私立教育发展原因的解释，最重要的理论发现来自埃斯特尔·詹姆斯（Estelle James，1993）的研究②。詹姆斯首先观察到，小学和中学阶段进入私立学校的学生在不同国家间存在相当大的差异③。对此，她给出了一个分析框架，认为有四个因素影响私立教育的发展，其中两个是影响对私立学校需求的因素，即过度需求（excess de-

① 吴霓等：《中国民办教育发展报告 2012》，教育科学出版社 2013 年版。

② 亨利·M·列文著：《中国教育私营化的机遇与挑战》，范皑皑译，阎凤桥校，载于《北京大学教育评论》，2005 年第 1 期。

③ E. James. "Why Do Different Countries Choose a Different Public-Private Mix of Educational Services," *Journal of Human Resources*. 1993，28（3）.

mand）和差异需求（differentiated demand）。过度需求是指公立学校无法提供充足的入学机会，满足不了全部需求，因此，私立学校会来填充供需缺口；差异需求是指家庭有不同于现有公立学校提供的教育偏好，他们要依靠私立学校来满足更高标准的需求。另外两个影响因素，一个是非营利实体（如教会）的存在，这些实体通常出于宗教原因而提供符合其目标的可供选择的教育机会，这是影响私立学校供给的因素；另一个是政府对于私立教育的政策，如准入政策、补贴政策等，这是一个同时影响私立学校供给和需求的因素。

（二）西方国家的教育市场化改革及其背景

20 世纪 70 年代以来，针对公共部门日益官僚化和效率低下的问题，西方国家兴起了公共行政领域的改革运动，开始重视政府活动、公共服务的效率和质量，广泛采用私营部门成功的管理方法及竞争机制，改变公共服务由国营部门垄断供给的局面，扩大私营部门的参与。教育也是其中的一个重要改革领域，但高等教育和中小学教育领域的改革存在明显的区别。

在高等教育领域，西方国家的主要做法是：减少国家对高等教育经费投资的比例，增加非政府（市场、个人或家庭）对高等教育的投资；强化高等教育与私有经济部门的联系，加强大学与工商界的联系；加强私立高等教育机构的作用。高等教育市场化改革中，西方国家政府的确存在削减公共开支的动机，但这种改革的效果即使到目前仍然存在争议。

在中小学教育领域，改革主要针对公立教育制度进行，其核心内容可以归纳为“放权”和“择校”两类。它的基本目标是构建学校、学生（家长）和政府之间的新型关系。放权是公立学校改革的根本特征，即政府放松对学校的直接控制，向社区和学校赋予更多的决策权，实行学校自治，以增加教育活力，形成学校特色的多样性，提升教育质量。另一方面，放宽择校的限制，向家长和学生赋权，促进公立学校之间、公立学校和私立学校之间的竞争。虽然学校自治与学生（家长）择校并不必然相关，但两者在实践中有共生的特点，建立起了教育服务的一个“内部市场”。为人们熟知的两种做法是教育券和特许学校制度。这实际上是在教育管理中引入市场竞争机制。

在中小学教育领域改革中，政府并不减少对公立学校的投入，且对这一阶段的私立学校给予较多资助。绝大多数发达国家乃至发展中国家，义务教育费用均由财政负担，因此，与其说是市场化改革，不如说是民主化改革更为准确。在这一改革目标中，对公立教育自上而下的科层制管理将被学校自治取代，但在权力向学校、学生（家长）转移后，政府仍将扮演重要角色：负责提供教育经费、认可新建的学校、组织和监督择校过程、公布学校信息、为学生提供必要的交通设施等。而国家对教育的控制也依然存在，主要是通过课程控制来实现的。可以看出，西方国家在中小学教育领域教育机会供给充足，“市场化”改革主要是在教育发展过于均衡，学校之间几乎没有竞争，丧失了提高教育质量的活力这样一个背景下进行的。与高等教育市场化改革不同，它基本不涉及学校产权、经费或收费问题。事实上，很多国家的私立学校的经费也来自公共筹资（如表 11.1 所示）。

（三）小结

首先，从政策目标来看，西方国家在公立教育中引入市场机制和鼓励发展私立教育的主要目标是为了促进竞争、增强公立教育系统的

表 11.1　OECD 国家教育机构公私负担相对比例（2007 年）

	国家	学前教育				小学、中学及以上非高等教育			
		公共资源	私人资源			公共资源	私人资源		
			家庭花费	其他私人机构和团体	合计		家庭花费	其他私人机构和团体	合计
OECD成员国	澳大利亚	40.5	59.1	0.4	59.5	81.1	15.7	3.2	18.9
	奥地利	68.9	18.4	12.7	31.1	96.0	2.8	1.2	4.0
	比利时	96.4	3.4	0.2	3.6	95.2	4.6	0.2	4.8
	加拿大	—	—	—	—	88.4	4.1	7.5	11.6
	智　利	75.1	24.5	—	24.9	77.2	22.3	0.6	22.8
	捷　克	91.0	7.3	1.7	9.0	90.7	7.1	2.2	9.3
	丹　麦	81.2	18.8	—	18.8	98.1	1.9	—	1.9
	芬　兰	90.6	—	—	9.4	99.0	—	—	1.0
	法　国	94.0	6.0	—	6.0	92.7	6.2	1.1	7.3
	德　国	72.8	—	—	27.2	87.3	—	—	12.7
	希　腊	—	—	—	—	—	—	—	—
	匈牙利	—	—	—	—	—	—	—	—
	冰　岛	72.7	23.3	4.0	27.3	96.1	3.6	0.2	3.9
	爱尔兰	—	—	—	—	—	—	—	—
	意大利	93.1	6.9	—	6.9	96.8	3.2	—	3.2
	日　本	43.8	38.7	17.5	56.2	89.9	7.6	2.5	10.1
	韩　国	49.7	47.7	2.6	50.3	77.8	20.1	2.1	22.2
	卢森堡	—	—	—	—	—	—	—	—
	墨西哥	81.8	18.1	0.1	18.2	82.1	17.8	0.1	17.9
	荷　兰	98.5	1.5	—	1.5	86.7	4.8	8.4	13.3
	新西兰	89.2	10.2	0.6	10.8	85.6	14.2	0.3	14.4
	挪　威	82.6	17.4	—	17.4	—	—	—	—
	波　兰	85.8	14.2	—	14.2	98.6	1.4	—	1.4
	葡萄牙	—	—	—	—	99.9	0.1	—	0.1
	斯洛伐克	83.9	13.9	2.2	16.1	89.3	7.0	3.7	10.7
	西班牙	78.2	21.8	—	21.8	92.9	7.1	—	7.1

续表

国家		学前教育				小学、中学及以上非高等教育			
		公共资源	私人资源			公共资源	私人资源		
			家庭花费	其他私人机构和团体	合计		家庭花费	其他私人机构和团体	合计
OECD成员国	瑞　典	100.0	—	—	100.0	100.0	—	—	—
	瑞　士	—	—	—	—	86.1	—	13.9	13.9
	土耳其	—	—	—	—	—	—	—	—
	英　国	86.1	13.9	—	13.9	78.1	11.3	10.6	21.9
	美　国	77.8	22.2	—	22.2	91.4	8.6	—	8.6
OECD平均水平		79.7	—	—	20.3	90.3	—	—	9.7
EU19平均水平		87.2	—	—	12.8	93.4	—	—	6.6
合作伙伴国	巴　西	—	—	—	—	—	—	—	—
	中　国	—	—	—	—	—	—	—	—
	爱沙尼亚	98.8	1.2	—	1.2	98.8	1.1	0.1	1.2
	印　度	—	—	—	—	—	—	—	—
	印度尼西亚	—	—	—	—	—	—	—	—
	以色列	76.7	21.4	1.9	23.3	92.3	4.8	3.0	7.7
	俄罗斯	67.3	30.5	2.2	32.7	97.2	1.0	1.8	2.8
	斯洛文尼亚	83.9	16.0	0.1	16.1	90.4	9.1	0.6	9.6

注：学前教育（Pre-primary education）对应的是3岁及以上的幼儿，其中，加拿大、希腊、匈牙利、爱尔兰、卢森堡、葡萄牙、瑞士、土耳其8国没有相关数据；小学、中学及以上非高等教育（Primary, secondary and post-secondary non-tertiary education）中，希腊、匈牙利、爱尔兰、卢森堡、挪威、土耳其6国没有相关数据。

数据来源：OECD. *Education at a Glance2010* ：*OECD INDICATORS*. 2010.

活力，丝毫没有推卸政府的财政投入责任。可以说，西方国家发展私立教育的目的，主要是满足人们对教育多样性的需求，以及提高公共资金的使用效率。

其次，从历史传统来看，西方国家的私立教育有较为悠久的历史传统和较强的延续性，受宗教影响较大，非营利传统深厚。世界上许多国家都把私立教育纳入非营利组织范畴，例如日本、韩国都建立了学校法人制度，私立学校由作为社会公益法人的学校法人设立，不得以营利为目的。究其原因，主要是这些国家的经济社会已经发展到较高阶段，公共教育系统发达，且私立教育发展主要是受到宗教和历史传统的影响。又如，欧美的大学有很多是私立大学，但大多数都属于不以营利为目的的非营利机构，私立中小学大都也是如此。

再次，对私立学校给予补贴是国际上的普遍做法。政府对私立学校的资助原则，总体来说是要有利于实现一个国家的总体教育目标①。例如，对于中小学教育来说，公平目标显然是第一位的。为实现这一

---

① 亨利·M·列文（Henry M. Levin，2005）的研究表明，在规划整个国家教育体系时，人们会特别注意在四个目标中寻求平衡，它们是选择自由（choice）、效率（efficiency）、公平（equity）和社会凝聚力（social cohesion）。在某种程度上，这些目标会相互抵触，不同的国家优先考虑的目标也不同。

（1）选择自由：这个目标更多强调教育中的个人收益，以此来保证私立学校可以自由地被学生和家长选择。这一重要目标对应于詹姆斯所说的基于异质文化、宗教和语言的差异需求。

（2）效率：这个目标指的是在给定资源约束条件下追求教育产出最大化。每个国家都有通过教育活动达到的经济、社会和政治目标。正如许多国家反映的情况一样，这些国家的学校生产某种教育产品，人们相信这些产品能够帮助提高学生的学业成绩，而这样的劳动力生产可能对实现各项目标有重大的作用。但是，在公立和私立之间作出选择，意味着哪个能够更有效地运用资源实现自己的目的。私立学校以及那些相信私立学校生均成本更低的人们主张保留市场作用，让学校之间为录取学生而展开竞争，可以提高生产效率。

（3）公平：这个目标是指具有不同性别、社会阶层、种族、语言障碍条件和地域的学生要求获得平等的教育机会、资源和产出。私立学校支持者主张，选择学校的能力将会把禁锢在劣质学校的学生解放出来，竞争的市场会使学校更有动力迎合学生的需要。反对者则认为，私立学校加剧了教育的不公平，因为高知识高收入的家长能获取更多信息和更多资源。他们也相信这种选择本身就排除了穷人，剥夺了穷人的公民权，有权势和地位的人们只会选择那些有同样权势和地位的学生进入的学校，而学校也是根据这个标准来选择学生的。

（4）社会凝聚力：这一规则是指教育要使所有学生凝聚成一个整体，参与到社会、政治和经济体制中去。这对于移民国家和有着深刻的地域、种族和宗教问题的国家尤为重要。社会凝聚力常常作为学校教育的核心要素，渗透到课程、社会价值、目标、语言和政治内容当中。私立学校的反对者相信，私立学校的教育会带来知识、信念和价值上的差异，而这对于实现社会、政治和经济目标具有一定的破坏作用。

详见亨利·M·列文著：《中国教育私营化的机遇与挑战》，范皑皑译，阎凤桥校，载于《北京大学教育评论》，2005 年第 1 期。

目标，澳大利亚就是按照教育资源指数来资助私立学校，即对占有较多教育资源的学校，不补或少补；对教育资源贫乏的学校多补。为私立学校提供资助，实质上是对不同私立学校，甚至是公立、私立学校的教育资源的分配加以平衡。正如亨利·M·列文（Henry M. Levin，2002）指出的那样[①]，如果政府的教育补贴是按照该学校所拥有的残障和贫困学生的数量来有所区分地划拨，则会解决一些公平的问题。学校将会更愿意录取此类学生，提供资源和课程满足他们的需要。如果家庭还需要在政府补贴之外自己付费来补偿教育成本，这就有利于那些能够送孩子去更昂贵和限制性学校的高收入家庭，而这样的学校隐含着增加现有教育系统不公平性的可能。

最后，政府财政投入实际上已经成为各国各级各类教育（高等教育除外）关键且重要的经费保障（如表11.1所示）。当前，各国教育事业发展经费来源呈现多元化特点，即由政府财政投入、社会捐赠和家长交费等多投入渠道构成，但各部分投入比例在各国有所不同。总体而言，发展中国家的政府投入比例远低于发达国家，但在普及和推动教育事业发展的过程中，政府也提供了必不可少的经费保障。需要指出的是，政府对于教育的财政投入并不等于由政府直接举办所有教育机构，政府也可以通过其他渠道，如对私立机构的奖励、补助，对幼儿家庭的津贴、税费抵扣等，实现对教育的投入，以此加强对非公立机构的引导、管理与扶持力度。

---

① H. Levin. "A Comprehensive Framework for Evaluating Educational Vouchers," *Educational Evaluation and Policy Analysis*. 2002, 24.

二、日本的私立教育

（一）教育概况

日本每年的科研经费约占 GDP 的 3.1%，位居发达国家榜首。学校教育分为学前教育、初等教育、中等教育、高等教育四个阶段，学制为小学 6 年、初中 3 年、高中 3 年、大学 4 年、大专 2～3 年，其中小学到初中为 9 年义务教育。日本是一个非常重视教育的国家，教师的地位非常高。2008 年度教育预算为 53122 亿日元，占当年预算总额的 11.2%。大学有国立大学、公立大学和私立大学。著名的国立综合大学有东京大学、京都大学等，著名的私立大学有早稻田大学、庆应义塾大学等。此外，日本重视社会教育，函授、夜校、广播、电视教育等较普遍。①

（二）私立教育发展概况

二战后，日本私立教育开始迅速发展。20 世纪 80 年代后，日本各教育阶段的私立学校比重如表 11.2 所示。其中，私立幼儿园的比重超过一半，私立高等学校占到高等学校总体的七八成，义务教育阶段的私立学校相对较少，但比重随着小学、初中到高中逐渐增大。从在校学生数的角度来看，私立幼儿园和私立高校在吸纳学生方面的重要性更为凸显。1985～2003 年，私立小学学生比例由 0.54% 增加到 0.94%，增幅 74%；私立初中学生比例从 2.9% 增加到 6.2%，增幅超过一倍；而其他阶段的私立学校学生数增幅较小。如表 11.3 所示。

---

① 参见："日本概况"，新华网：http://news.xinhuanet.com/ziliao/2002-04/01/content_329931_8.htm。

表 11.2　　日本私立学校数在各教育阶段所占比例　　单位:%

年　份	幼儿园	小　学	初　中	高　中	两年制学院	四年制学院
1985	58.5	0.7	5.2	23.6	83.8	72.0
1990	58.3	0.7	5.4	23.8	84.0	73.4
1995	58.2	0.7	5.7	24.0	83.9	73.5
2000	58.7	0.7	6.1	24.1	86.9	73.7
2003	59.4	0.8	6.3	24.2	88.2	74.9

数据来源：转引自［日］渡边聪：《私立教育在现代日本教育发展中的角色》，载于《教育发展研究》，2005 年第 10 期。

表 11.3　　日本私立学校学生数在各教育阶段所占比例　　单位:%

年　份	幼儿园	小　学	初　中	高　中	两年制学院	四年制学院
1985	75.3	0.54	2.9	28.5	89.7	72.7
1990	78.1	0.68	3.8	28.7	91.4	72.7
1995	79.6	0.81	5.2	30.2	92.4	73.2
2000	79.1	0.92	5.7	29.4	91.2	73.3
2003	79.1	0.94	6.2	29.3	91.0	73.5

数据来源：转引自［日］渡边聪：《私立教育在现代日本教育发展中的角色》，载于《教育发展研究》，2005 年第 10 期。

就发展历程而言，20 世纪 60 年代，日本经济高速增长，就有人提出原有的国家主导型教育体制与不断发展的经济和社会需求不符。如 1963 年日本经济审议会提出了《经济发展中人力开发的问题与对策》，批判日本战后教育的统一化现象；1971 年中央教育审议会的报告也瞄准了改革整个教育体制的任务，但依然强调国家的责任和指导。虽然提出了改革目标，但直到 80 年代，日本才真正开始教育自由化、个性化、多样化的改革，这一方面是由于新首相中曾根康弘的大力推进，他设立了首相直辖的教育改革咨询机构临时教育审议会，推行新自由主义的教育改革；另一方面，90 年代的日本经济面临泡沫破裂、内需不足、生产下降、市场疲软等危机，政府财政赤字高筑、机构臃肿、组织僵化，不仅对教育的财政投入不足，更使人们对简政放权、发挥市场效率的呼声提高，教育上私立学校开始快速发展。进入21世纪，新自由主义的教育政策得到进一步贯彻，例如自由择校制度在1999年开始试点，地方分权的教育改革不断推进，“开放式教育”政策在2002年引入全国。“开放式教育”是针对日本长期存在的填鸭式教学，以及激烈的学习竞争、青少年犯罪、逃课、自杀等问题提出的，旨在通过减少上课时间、课程内容，降低课程难度，教导学生互相照顾和合作等。但这受到了教师的反对，家长对学生成绩下降的担心，以及全社会对日本年轻人保持世界竞争优势的怀疑。由于私立学校可以自由设置课程，不受该政策的影响，因此也有大批学生流入私立学校。①

近年来，日本私立教育发展也出现了一些新趋势，如私立补习学校增多、自由择校制的出现、“特许学校”和“社区学校”的兴起等。就补习学校而言，核心家庭的家长担心“开放式教育”改革造成教学质量下降，因此纷纷将子女送入补习学校。表11.4显示了私立补习学校规模随时间的变化情况，而2003年，全日本的小学、初中和高中总共才40217所，中小学的所有老师也不过924277人。

表11.4　　日本私立补习学校数目和雇员数

年　份	1989	1994	1999
补习学校数量（所）	38642	47475	47082
补习学校雇员数（人）	218706	253226	303559

数据来源：高益民：《日本教育改革的新自由主义侧面》，载于《清华大学教育研究》，2002年第6期。

在教育支出方面，补习学校花费不菲。据调查，2002年有将近

① 高益民：《日本教育改革的新自由主义侧面》，载于《清华大学教育研究》，2002年第6期。

一半的初中生就读补习学校，年平均开支高达215000日元，而每年开支超过150000日元的初中学生比例也超过了44%。[①] 除补习学校外，从幼儿园到高中的私立学校费用也十分高昂，如2014年1月日本文部省公布了“学生学习费用调查”的2012年度结果，数据显示，如果从幼儿园到高中的每个阶段都在私立学校就读，学习费用总额平均为1677万日元，比都在公立学校就读多出3到4倍的费用。[②] 见表11.5。

表11.5　　各教育阶段日本公私立学校的平均年度费用对比

	幼儿园	小　学	初　中	高　中
公立学校平均年度费用（日元）	23万	30.6万	45万	38.6万
私立学校平均年度费用（日元）	48.7万	142.2万	129.5万	96.7万

数据来源：高彦颖编译：《日本私立学校就读费用高于公立学校3至4倍》，载于《世界教育信息》，2014年第3期。

（三）日本私立教育的相关政策

日本目前已形成了国立、公立和私立学校共同存在和发展的办学格局，其中私立幼儿园是整个幼儿教育的主体，以国办、公办中小学为主体带动私立中小学发展，私立高校成为整个高等教育的主要成分。日本采取了众多举措，形成了“政府宏观管理，社会广泛参与，学校自主办学”的私立教育发展模式。以下将从整体的私立教育、私立高等教育和私立幼儿园三个领域，简单阐述日本的私立教育政策。

---

① 转引自［日］渡边聪：《私立教育在现代日本教育发展中的角色》，载于《教育发展研究》，2005年第10期。

② 高彦颖编译：《日本私立学校就读费用高于公立学校3至4倍》，载于《世界教育信息》，2014年第3期。

1. 整体的私立教育政策

（1）健全的私立教育法律法规体系

二战后，日本政府制定了新的《私立学校法》（1949 年），并于此后的半个世纪中修改了23 次之多。又制定了《关于给予私立大学研究设置国家补助的法律》（1957 年）、《日本私学振兴财团法》（1970 年、1997 年改正为《日本私立学校振兴共济事业团法》）、《私立学校振兴助成法》（1975 年）等有关私立学校的法律。文部省也根据《私立学校法》颁布了《私立学校法施行令》和《私立学校法施行规则》（1950 年），并进行了多次修改。这些法律法规构成了战后日本私立学校教育法规体系，政府依法规范私立学校的办学行为，促进私立学校的健康发展。①

（2）私立学校的管理制度

日本私立学校根据《私立学校法》设定学校法人，并设立理事会和评议会。其中理事会总揽学校法人内部事务，评议会成员从有捐资行为的学校教员和该校毕业生以及其他有捐资行为的人中选任，对学校的重大问题进行审议表决。此外，设监事负责监督学校法人的财产状况和理事会的工作。

日本对私立学校的行政管理实行中央和地方对口管理，其中私立大学、短期大学、高等专门学校及学校法人归属文部省管理，私立中小学、幼儿园、私立专修学校等归属都道府县管理。主管部门负责审批私立学校的设置、撤销及经营者的变更，下达关闭私立学校的命令，要求私立学校提交有关教育调查、统计报告等。

私立学校在学校资产运营、教育教学、师资管理等方面拥有充分

① 黎克林：《日本私立学校的发展现状及启示》，载于《教育理论与实践》，2004 年第 24 期。

的办学自主权。例如私立学校具有学校财产和经费的使用权和处理权，可以充分根据社会需要和本校特点进行有关的教育教学活动，教师的聘用、晋升、工资待遇、解雇均由学校自行负责，但由于合同制的完善及受终身雇佣制的影响，校方不轻易解聘教师，也使私立学校教师队伍相对稳定。

（3）政府对私立学校的资助

日本政府通过私学振兴财团补助私立高等教育，由都道府县资助私立中小学、幼儿园及特殊教育等学校。资助方式有日常性补助、低息贷款、税收减免等形式。日常性补助形式有一般补助和特别补助两种，其中一般补助是以教职员工、学生数为基数乘以补助单价来计算补助金额，特别补助用于完善教育教学研究条件和特色教育。低息贷款主要用于私立学校的校舍维修、新建、土地、教学设备的购置等项目。税收政策上，日本政府对私立学校免征法人税和事业税，对私立学校用于教育的财产免征固定资产税，减轻私立学校收益事业所得部分的税率，对向学校法人捐赠物品或捐款的个人或法人实行免税。

（4）发挥行业组织的作用

日本教育领域最大的行业组织是全日本私立学校联合会，它在政府和学校之间起着重要的中介作用。它的运营活动包括开展校际间交流、教育教学研究、办学效益评估、出版刊物、负责教师培训和教师资格认定、教职员福利和表彰奖励、接受政府委托的部分事务性管理工作等。

2. 私立高校的政策

历史上，日本具有“学在官府”的传统，第二次世界大战之前，私学只是国立和公立学校的一种辅助性机构，政府虽然给予其合法性，但仍从学校管理、学科设置、教师聘用等方面进行严格的限制。第二次世界大战之后，日本政府开始改变对私立高校的限制和歧视政策，逐渐从“严格控制”转向“私学自由”和“振兴私学”。私立高校比较有特色的政策可以归纳为以下方面。

（1）政府对私立高校的支持

《私立教育法》的颁布，赋予了政府教育改革的法律权威，但政府并不拥有有效的管理手段来规制高等教育。本应承担保障高等教育质量职能的日本大学设置认可机构（JAUU）也没有发挥预期的功效。因此，日本政府设法通过两种重要的手段对私立教育的质量进行有效管理。

第一是设置认可。由于对高校或新学科专业的设置认可这一初期资格认证体系效率的减退，政府引入了对高校创办规划的评估体系。日本大学设置认可机构颁布了一整套高校设置标准要求，并对该套标准进行了进一步的修正和完善，期望获得市场准入权的私立高等教育机构则必须满足政府提出的高校设置标准。此外，希望增设新学科专业的私立高等院校也同样需要符合相同的标准要求。这些制度程序不仅用于管理新创办的高校或学科专业，对于既有的高等院校，该制度程序作为政府管制的工具也同样发挥着重要的作用。①

第二是财政支持。日本政府从 20 世纪 70 年代开始着手解决私立高校经费短缺问题，对私立高校进行经费资助，实行补助金制度。1975 年又进一步颁布了《私立学校振兴助成法》，专门规定政府对私立学校的办学经常费用进行大幅度的财政补助，从而使政府的资助行为固定化、法制化。30 年来，日本政府对私立高校办学经常费用的补

① 金子元久：《转型期中的日本私立大学：特征、危机与未来发展方向》，载于《北京大学教育评论》，2007 年第 2 期。

助在1980年达到最高点，占私立高校经常费用总额的29.5%。进入90年代之后，由于受经济不景气等因素的影响，补助金的增长率较低，但补助金占私立高校经常费用总额的比例仍维持在10%以上。[①]

（2）私立高校的内部管理制度[②]

私立高校采取法人治理结构，其主要特点如下。

第一，双重管理主体。根据私立学校法的规定，原则上学校法人的治理主体是理事会。作为特例，该法律赋予由毕业生、教师和管理人员构成的学校评议委员会在决策过程中拥有实质性权限，这有助于学校成员普遍参与管理事务。

第二，理事会作为执行主体。理事会的作用与权限基本反映在决策方面。但是在很多情况下，理事会也作为学校的执行主体发挥着很大的作用，受学校法人雇佣的理事也被任命为学校的执行理事，此外校长担任理事长的情况也极为常见。通过这样的制度设计，校外人士实际上成为理事会的非主流角色。

3. 私立幼儿园的政策

（1）专门法律法规保障[③]

在整体的私立教育法规外，日本还专门颁布了私立幼儿园的一系列法令规章，使幼儿园的工作有法可依、有章可循，监督并指导了私立幼儿园的发展。比如，早在1891年颁布的《关于幼儿园、图书馆、盲哑学校以及与小学校相类似的各种学校和私立学校等规定》中，日

---

① 详见徐国兴：《政府对私立大学财政资助制度及其评价功能：日本的经验和启示》，载于《复旦教育论坛》，2007年第1期。

② 金子元久：《转型期中的日本私立大学：特征、危机与未来发展方向》，载于《北京大学教育评论》，2007年第2期。

③ 王琪：《日本私立幼儿园的发展特点及给我们的启示》，载于《幼儿教育（教育科学版）》，2007年第3期。

本政府就对私立幼儿园教师的聘用和解职作出规定。此后幼儿教育法规逐渐增多，如《幼儿园令》（1926年）、《教育基础法》（1946年）、《幼儿园教育大纲》（1955年）、《幼儿园设置标准》（1956年）、《幼儿园教育要领》（1964年，1990年更新为《新幼儿园教育要领》）。1949年日本还颁布了《教员许可法》《教员许可法实施令》，规定"不论国立私立与否，凡幼儿园教员，均需具备幼儿园教员资格证书"，"私立幼儿园教员需经都道府县知事授予"。这些幼儿园教育法令，既保护了儿童受教育的权利，也促使私立幼儿园逐步走上正轨。

（2）特色化自主办园①

在日本面临低生育率，幼儿生源日益减少之时，私立幼儿园采用多种措施改变现状，实行多功能、有特色的自主办园策略。例如，开设"2岁儿童教室"，开展半日保育活动，帮助那些没到入园年龄的儿童及其家长了解幼儿园的活动，使之与幼儿园建立起情感联系，日后自愿来这里入托；提供临时托儿服务，为工作忙的家长提供方便；开展家长培训，开设科学育儿知识讲座，为相应年龄幼儿家长提供教育咨询等等。

（3）广泛的社会参与②

第一次世界大战后，随着教育的民主化和经济的复兴、繁荣，社会各方面力量参与到私立幼儿教育的发展中来。如1952年，日本成立私立学校振兴会，该会通过各种渠道为私立幼儿园争取更多的公费补助，以减轻幼儿的学费负担。日本民间中介机构——全日本私立学校联合会在政府和学校之间起着重要的协调作用。20世纪70年代中期，

①② 王琪：《日本私立幼儿园的发展特点及给我们的启示》，载于《幼儿教育（教育科学版）》，2007年第3期。

日本的大学、研究所加强了对儿童早期智力开发的研究及科研成果的推广，整个社会更加重视发展幼儿教育事业。此外，日本社会上各种资源都会对学前儿童开放，设立专门的接待日向幼儿园开放。

三、巴西的私立教育

（一）教育概况

巴西教育体系分基础教育和高等教育两级，基础教育分初级教育和中等教育，初级教育相当于我国的小学和初中，中等教育相当于我国的高中。高等教育指各类大学，学制一般为 4 年。据巴西教育部统计，各类学校 20.7 万所，其中联邦学校 208 所，州立学校 3.37 万所，市立学校 13.78 万所，私立学校 3.55 万所（占 17.1%）。初级学校在校学生约 3353 万人，中等教育学校约 903.2 万人，职业教育学校约 70.56 万人。全国共有高等教育机构 1859 所，其中大学 163 所，在校生共计 388.8 万。巴西实行 9 年义务教育制，对贫困生入学实行国家助学金制度。2009 年，6～14 岁儿童入学率为 97%，成人识字率 90.3%。①

教育行政管理体系方面，巴西实行分级负责、分类管理。其中，幼儿教育阶段由市政府负责，义务教育阶段由市和州政府负责，高中教育阶段由州政府负责，高等教育阶段公立大学由州政府和联邦政府负责，私立大学由联邦政府负责审批、监督。②

教育经费方面，巴西是世界上唯一将教育经费写入宪法的国家。巴西军政府 1967 年制定的宪法就明确规定了教育的目标、经费和各级

① 参见："巴西国家概况"，新华网：http://www.fmprc.gov.cn/ce/cebr/chn/bxjj/t578137.htm。
② 孙霄兵等：《巴西的私立教育》，载于《比较教育研究》，2002 年第 4 期。

政府的责任与义务。1988 年修订了新宪法，规定中央财政收入的 18% 用于教育，州、市政府财政的 25% 用于教育。[①]

（二）巴西私立教育发展概况

1. 发展历程

1500 年，葡萄牙航海家发现了巴西，此后很长一段时间，巴西只有教会举办的私立的宗教性学校，直到 1759 年，政府才开始办学。1825 年，葡萄牙承认巴西独立，巴西帝国成立。1964 年巴西军人通过政变上台，军政府对基础教育十分重视，私立学校在不同教育阶段的比重发生了很大变化。随后的 1970 ~ 1980 年是巴西经济的繁荣时期，也是私立教育的快速发展时期。1980 年以后，随着经济的萧条，巴西私立教育有所倒退。而目前，巴西经济发展稳健，私立教育又进入了一个新的繁荣时期。

1999 年，巴西的私立学校近 2.8 万所，占全国学校总数的 12.34%；在校生 505 万余人，占全国在校生总数的 10.69%。义务教育阶段，全国有学校 18.3 万所，在校生 3605.97 万人。其中私立学校 1.8 万所，占 9.78%；在校生 327.73 万人，占 9.08 %。高中教育阶段有学校 1.86 万所，在校生达到 776.92 万人。其中私立学校 6000 余所，占 32.72%；在校生 122.44 万人，占 15.75 %。高等教育阶段，1999 年共有高等学校 1097 所，其中私立高等学校 905 所，占 82.5%；私立学校在校生 153.79 万人，占高等教育阶段在校生总数的 64.9%。[②] 2003 年，义务教育阶段，全国共有学校 21.2 万所，其中，

① 员文杰等：《巴西私立高等教育的发展与启示》，载于《教育与教学研究》，2014 年第 6 期。

② 孙霄兵等：《巴西的私立教育》，载于《比较教育研究》，2002 年第 4 期。

私立学校3.5万所，占16.5%。高等教育方面，全国在校大学生约350万人，其中85%的学生就读于私立大学。从数据来看，巴西义务教育阶段私立教育所占比重小，而高等教育阶段私立教育占比相当高。

巴西是世界上最具代表性的私立高等教育主导型的国家。巴西的高等教育，特别是私立高等教育起步较晚，虽然独立后的1824年《宪法》和1901年《教育法》允许私人办学，但当时只有一些专业学院。20世纪30年代军人独裁时期的瓦加斯政府将教育视为国家战略问题，颁布《巴西大学章程》，1934年巴西成立了第一所现代意义上的综合性大学圣保罗大学，1940年则成立了第一所私立大学里约热内卢天主教大学。随后，圣保罗、累西腓等大城市相继开办了天主教大学，1942年拉丁美洲第一个职业教育中心成立。

60年代以后，巴西政府进行教育体制改革。1968年颁布《大学改革法》，使高等教育形成公立和私立两个系统。按照办学的规模和定位，高等教育机构被分为大学、联合学院和独立学院。1968～1974年，巴西新增公立高校88所，私立高校（大部分为独立学院）增加388所。私立高校迅速崛起和猛增，并且其数量超过了公立高校。

1985年，21年的军人独裁统治结束。为应对日益增长的高等教育需求，巴西政府继续推进高等教育的私有化进程，使得私立高校在校生超过60%[①]。1992年巴西私立大学占39%。1996年，随着新《教育法》的颁布，教育机构被允许竞争，满足学生的教育需求。此外，私立教育机构被分为严格的私立学校、民办学校、教会学校和慈善学校

① 转引自：R. M. Brito Meyer. "The education system in Brazil," *AngloHigher*, 2010, 2 (5).

四类，其中慈善学校一般由天主教会主办，宗教课程的比例较大，收费与普通私立学校相同，但20%的免费教育提供给穷人。慈善学校的收费继续用于办学，税率为学校受益的10% ~15%（普通私立学校为25% ~30%）。[①]

1996年，巴西的私立高校有711所，2000年达到1004所，2003年攀升到1752所。2002年，私立高校在巴西高等教育中所占的比重达到了70%。[②] 目前，巴西近2500所高校中，私立高校为2250所，其中有90所私立大学。私立高等教育以每年10%的速度增长，私立高校在校学生比例已高达75%[③]。

2. 发展特点

（1）私立基础教育的特点

首先，私立学校收费标准差异很大。由于巴西各地区、不同社会阶层的居民收入差距较大，因此只有创办不同层次的私立学校才能更好地满足居民需求。巴西私立学校最低收费约为每月15美元，最高收费可达400美元。其次，私立学校的自主性很高。由于私立学校不受政府经费的资助，可以自主决定教师聘用、课程设置等。再次，私立学校教学质量较高。在基础教育阶段，私立学校的社会声誉高于公立学校，经济条件较好的家庭愿意将子女送入私立学校就读。与公立学校相比，私立学校可以保证优质的教学质量，提供优良的教学设施和安全的校园环境等。最后，小型私立学校逐渐增多。随着城市化发展，

---

① 王泽琳：《巴西和中国的高等教育体制对比与思考》，载于《教书育人：高教论坛》，2003年第11期。

② 陈利，周谊：《巴西私立高等教育发展中的问题与原因分析》，载于《民办高等教育研究》，2006年第2期。

③ 员文杰等：《巴西私立高等教育的发展与启示》，载于《教育与教学研究》，2014年第6期。

巴西的郊区人口增多，家长倾向选择让孩子就近入学，因此小型的、分散的私立学校逐渐增多。

（2）私立高等教育的特点

首先，私立高校发展迅速。据悉，1996～2006年的10年间，巴西公立高校只增加了17.5%，而私立高校数量增长了184.4%，且私立高校比例已接近于90%。巴西私立高等教育的发展程度高于大部分拉美国家，且高于其他OECD国家。新增的私立高校大多是营利性的，这主要因为政府出台鼓励政策，使投资者看到投资私立高等教育的丰厚利润回报。巴西国家教育研究院的统计数据如表11.6所示。

表11.6　　　　巴西私立高校数量统计

年　份	1996	2001	2006
高校总数（所）	922	1391	2270
私立高校总数（所）	711	1208	2022
私立高校比重（%）	77.1	86.8	89.1

数据来源：转引自员文杰等：《巴西私立高等教育的发展与启示》，《教育与教学研究》，2014年第6期。

其次，私立高校地区发展不均衡。巴西的不同区域，在人口、资源、经济、历史和政策方面差异很大，东南部地区仅占全国土地面积的18%，却集中居住着全国59%的人口；北方地区占全国的42%，却只居住着全国人口的5%。同样，巴西社会经济和教育的发展也存在着地区不均衡的特征，里约热内卢州和圣保罗州遥遥领先全国其他地区。私立高校的地区分布也非常不均衡。例如，发达的东南部地区集中了全国44%的公立高校和48%的私立高校，以及一半以上的私立高校学生。巴西各地区高校在校生数量比见表11.7。

表 11.7　　巴西高校在校生数量所占比例统计　　单位:%

区　域	全　国		北　部		东北部	
学　校	公立	私立	公立	私立	公立	私立
2000 年比例	33	67	8	2.40	30.60	7.80
2008 年比例	25	75	10.70	5	30	14
增长率	43.60	110.60	91.20	327.70	41.10	272.90
区　域	东南部		南　部		中西部	
学　校	公立	私立	公立	私立	公立	私立
2000 年比例	34.30	60.40	18.20	21	8.70	8
2008 年比例	31	55.60	18.60	17	9.50	8.40
增长率	29.60	93.70	46.80	70.70	57.10	118.70

数据来源：转引自员文杰等：《巴西私立高等教育的发展与启示》，载于《教育与教学研究》，2014 年第 6 期。

最后，私立教育的“马太效应”。巴西政府资助公立高校，营利性的私立高校则主要靠学校自我运转。[①] 就教学质量等多方面而言，巴西的私立基础教育和公立高等教育占明显优势，因此就出现了这样的情况：来自富裕家庭的子女进去教育良好的私立中小学，由于成绩优异，容易进入公立大学深造；而中低收入家庭的子女难以承担高昂学费，大多选择在公立中小学就读，却难以考入公立大学，只能选择私立高等教育机构就读。而公立高校不收学费，私立高校的学费高昂，按照学校和专业不同，每月学费数百至上千美元不等，学生一年的费用支出平均高达 7000 美元，普通家庭很难承担，因此不少学生以半工半读的方式支付自己的学费。

① 营利性私立高校主要是靠学校自我运转，得到的政府资助极少。相关文献表明，营利性学校的利润水平在 10% 左右，学校的利润视为投资者个人所有，对于其继续投资的领域和性质，法律不作限制。

3. 私立高等教育存在的问题

（1）高等教育的公平性问题

私立高校的快速发展虽然增加了高校入学机会，却带来了社会阶层、地域、种族等方面的教育公平性问题。在社会阶层方面，巴西私立高中教学质量高、学费贵，富裕家庭的孩子都在私立学校接受最好的教育，在大学入学考试中占有优势，容易进入教学质量好的公立高校，接受免费教育。而贫穷家庭的孩子大多进入公立中学，在大学入学考试中处于劣势，只好选择收费的私立高校就读，造成穷人孩子上学难的局面。在地域方面，巴西的主要大学分布在东南部和南部，例如圣保罗州就拥有一流学府圣保罗大学，及一些高水平的私立大学，而其他地域的学校分布少，教学质量不高，使得不同地域的学生难以享受公平的教育资源。在资助和毕业方面，私立高校学生要付高昂的学费，且获得政府资助的机会也小于公立高校学生；毕业后由于文凭的含金量和专业限制等问题，私立高校学生就业也相对困难。

（2）私立高校的教学质量问题

与公立高校相比，巴西的私立高校教育质量较差，甚至被称为“文凭制造厂”，这表现在以下方面：首先，在生源质量上，私立高校的录取条件比公立高校低很多。例如2002年，巴西大学的平均录取率是2.9:1，私立高校为1.6:1，公立高校则为9.5:1。为吸引生源，私立高校各出奇招，甚至不惜采取不正当的竞争手段。其次，专业设置上，私立高校偏重于文科类专业，技术性专业较少。例如2000年，营利性私立高校中52%的学生专业为社会科学类，16%的学生专业为信息技术和工程类。且2002年，巴西高校的夜校课程平均占57%，其中公立高校36%，私立高校67%。最后，教师队伍上，私立高校教师多为兼职且学历低于公立高校老师。如2002年高校教师中，公立学校的博士生导师占38.2，私立学校只占12%。因此，在科研上私立高校的实力也非常薄弱。

（3）巴西政府的政策倾斜性问题

巴西高等教育从建立之初，公立高校就一直是政府关注和资助的重点。20世纪90年代，虽然允许公立、私立高校的竞争，但事实上由于政策、历史和教育质量等问题，更多出现了私立高校之间的竞争。国家资助上，公立高校是主要获益者，私立高校难望其项背。如1998年，巴西政府对高等教育的资助费用为1400万美元，其中600万用于联邦大学，500万用于州立大学，而联邦大学在校生35万，州立大学在校生25万，合计60万，生均资助费用为18美元。同年120万私立高校学生却只有300万美元的国家资助，生均2.5美元。私立高校所获得的国家资助要远远低于公立高校。此外，在巴西，公立高校免学费，这也为公立高校赢取更好的学生打下了基础。①

（三）巴西私立教育的相关政策

以下将从私立教育的法律法规、私立学校的设立与审批、学校运作、对学校的监督与评估、政府对私立学校的资助、巴西私立学校联合会6个方面，简要综述巴西私立教育的相关政策。

1. 私立教育的法律法规

巴西的公立和私立学校都遵循《国民教育法》，没有专门的私立教育法。巴西《宪法》规定，任何人都有举办私立学校的自由。但是法律明确规定，在巴西举办的学校，校长必须是巴西人，且私人不得举办警察、军事性质的学校。巴西政府对营利性的私立学校没有财政

---

① 陈利，周谊：《巴西私立高等教育发展中的问题与原因分析》，载于《民办高等教育研究》，2006年第2期。

资助，也没有税收方面的优惠。[①]

2. 私立学校的设立与审批

在巴西设立私立学校需要满足以下的基本条件：符合国民教育法关于私立学校的责任和义务方面的规定；符合全国教育理事会关于私立学校的规定；提供详尽的教学计划；提供可以保障教育计划实施的学校运行计划和相关的规章、制度；固定的教学场所；教师及各方面人员配备情况；财务保障计划，说明资金的来源情况。

举办私立学校需要进行公司法人登记，在此之后方可办学。在审批方面，按照分级行政管理体系，私立幼儿园由市级教育行政部门和教育理事会负责；小学和初中由市、州两级教育行政部门和理事会负责；高中教育由州教育行政部门和教育理事会负责；大学由联邦教育部和全国教育理事会负责。

私立学校实行办学许可制度。办学许可证的有效期5年，期满后重新考核。以大学为例，举办者先向教育部提供学校专业设置的资料并接受审核，办学中接受教育部的监督和评估。评估结果的合格率超过80%后，教育部给学校颁发办学许可证。第一届学生毕业后，教育部考核决定，是否给予学校学位授予权。

如果私立学校违反相关规定，政府则采取警告、不予新生注册和关闭学校等处罚。如果私立学校对行政处罚持有异议，可以提起申诉或提请司法程序解决。

3. 私立学校的运营管理

巴西的私立学校分为营利性和非营利性两种。营利性学校不享受税收减免，和其他企业一样需要缴纳所得税、职员社会保障税等40多

---

① 孙霄兵等：《巴西的私立教育》，载于《比较教育研究》，2002年第4期。

种税款，税负一般占到私立学校收费的35%。为鼓励非营利的公益性私立学校，一般采取免税政策。巴西政府规定，投资者举办学校必须聘请教育专业人士作为校长，但是对于私立学校的内部管理制度没有明确规定。很多私立学校没有成立董事会，家族式管理的模式十分普遍。

巴西私立学校可以根据成本自行确定学费标准，政府不设私立学校收费上限，但学校需要向家长和学生出具详细的财务报表和经费开支情况。学生按月缴纳学费，目前巴西私立学校学费一般是每月100～500美元。私立学校拥有教学自主、财务独立、人员管理自主、教育方式自由等方面的权利，在完成国家规定的必修课后，私立学校可以自主开设课程。①

4. 对私立学校的监督和评估

巴西教育部通过课程评价测试对各私立高校进行质量监督，即每年进行一次全国“大考”，将该校某课程的平均成绩作为指标，进行公布和对比。“大考”目前取得了良好效果，对以往教学质量较差的学校开展监督和督促，也为高水平的学校提供了好的展示平台。

此外，从1997年起，巴西教育部组织专家对各大学实行教育机构评级体系，对学校的师资、课程、基础设施建设、教学安排等进行评估并分等级公布。同时全国教育研究中心也会从多方面搜集高校数据，定期对全国的高校进行调查。②

5. 政府对私立学校的资助

针对教育的公平性问题，巴西政府2004年起推出了与私立大学合

① 孙霄兵等：《巴西的私立教育》，载于《比较教育研究》，2002年第4期。

② 陈利，周谊：《巴西私立高等教育发展中的问题与原因分析》，载于《民办高等教育研究》，2006年第2期。

作的“全民大学计划”（University-for-All Program，ProUni），资助来自于低收入家庭的学生就读私立大学。根据学生家庭收入的不同，分别为全奖、半奖以及每月300雷亚尔的生活补贴。此外，许多州和市政府以及私立学校有专门的大学生贷款可供申请，如高等教育学生资助基金FIES（Higher education student finance fund）等。[①]

6. 巴西私立学校联合会

巴西全国私立学校联合会成立于1930年，是一个代表全国3.5万所私立学校利益的非政府组织。该组织在全国各州派驻代表，主要任务是在联邦政府、州政府和议会“游说”，为私立学校谋取最大利益。[②] 各级私立学校联合会负责若干私立学校，私立学校自愿加入。加入联合会后，要向联合会缴纳相关费用，一般而言费用总计相当于私立学校收入的1%。具体来说，私立学校联合会的主要功能是：制定共同遵守的行业规范，提供信息服务，进行教育教学方法的交流，与政府沟通反映私立学校共同的困难和问题，协调私立学校工会和教师工会的矛盾等。[③]

（四）巴西私立教育对我国的启示

巴西广土众民，地区发展不均衡，和我国同为“金砖国家”，在国情上有一定的相似性。其在私立教育发展中积累了不少经验及教训，特别是经济转型期的教育措施，对我国有借鉴意义。

首先，从政府行为来看，政府既要履行好基本职责，又要依靠市

---

① 员文杰等：《巴西私立高等教育的发展与启示》，载于《教育与教学研究》，2014年第2期。

② 汪明：《墨西哥、巴西私立教育发展状况及其启示》，载于《国家教育行政学院学报》，2007年第4期。

③ 孙霄兵等：《巴西的私立教育》，载于《比较教育研究》，2002年第4期。

场和社会的力量。巴西政府为私立教育发展创造了良好的法律、政策环境，将基础教育发展作为主要职责，给予私立教育在学前教育和高等教育领域的巨大发展空间。同时，政府尊重市场规则和社会力量，将私立教育明确划分为营利和非营利两类，采取不同的税收政策，吸引社会资金注入等。

其次，从监督制度来看，有针对私立学校审批、运行和质量考核的完备监督评估制度。比如私立学校在设立之前，需要经过政府教育部门和教育理事会专家的严格审核，并采取分级审批、分层管理的原则；学校的财务状况需要公开并接受社会监督；每年一次的“大考”、学校信息调查和评估也对教学质量起到了监督作用，并产生社会舆论影响。

再次，从社会参与来看，巴西有较成熟的行业自组织。如巴西私立学校联合会机构遍布全国各地，为私立学校提供专业、优质的服务，并制定行业自律准则供各私立学校遵守。这种中介组织有效发挥了社会的作用，使得政府、市场和社会各尽其职。

最后，从教育公平来看，巴西私立基础教育和公立高等教育质量很高，形成了富人上好大学的马太效应和社会阶层再生产，不利于底层向上流动和社会公平。虽然巴西政府采取了资助私立大学的贫困学生，规定公立大学招收贫困生的名额比例等，但距教育公平还相差甚远。我国目前也面临着城市与农村、东西部之间、社会各阶层之间的较大差距，吸取巴西私立教育发展的教训，重视教育公平问题，也是我国教育发展的题中应有之义。

四、美国的私立教育

（一）教育概况

在美国，教育管理是州或地方政府的责任，而非联邦政府。但是联邦政府教育部可以通过控制教育基金来施加一定程度的影响。美国教育部公布数据显示，2008 年美国各级教育总支出约计 10930 亿美元，占当年 GDP 的 7.6%，其中，60.5% 用于中、小学基础教育，39.5% 用于高等教育及相关科研项目。[①] 美国学校分公立、私立两类，多数州实行 10 年义务教育，各州学制不一，大部分为小学 6 年、初中 3 年、高中 3 年。高等教育有 2 年制的初级学院和技术学院，4 年制的大学本科和 2 ~4 年的研究生院。美国的平均教育水准极高，联合国的经济指数调查中将美国的教育水准列为世界第一，在世界排名前 500 名大学中，美国占 168 所，前 20 名中，美国占 17 所。

（二）美国私立教育发展概况

关于美国私立教育发展的历史，有学者将其分为三个阶段。[②]

第一阶段大致从 1620 年到 1825 年，从殖民地学校到公立学校。当时的美国殖民者都希望在新大陆上完整保留各自的文化、宗教和种族身份，因此每个宗教团体或文化、种族群体都有权决定各自的教育形式和内容。当时的学校创办者身份各异，联邦和州的法律尚未认可当时的教育状况，州政府对教育的干涉也相当有限。而 1791 年通过的

① 参见："美国概况"，新华网：http：//news. xinhuanet. com/ziliao/2002 －01/28/content_257426_ 6. htm。

② 详见 Vance Randall：《透析美国私立教育》，载于《教育发展研究》，2005 年第 12 期。

《第一修正案》给予宗教信仰以宪法保障，也规定了州和教会的行政管理分开，这使得州政府保留了控制教育的合法权，拥有了对私立教育和宗教教育的审批权，是美国私立教育史上的一次重大转变。

第二阶段大致从1825年到1930年，从公立学校到进步主义学校。19世纪30～40年代，美国面临严重的国内危机，种族和宗教冲突、南北部冲突、大量移民涌入、工业化城市化的弊病显现等，不少人开始将公共教育视为社会改革的基础。随后，各州政府开始提供大规模、直接而完备的公立教育服务，教育的控制权逐渐由教会、家庭、社区等私立机构向公立机构转变。公共教育运动的开展使得一些私立学校被迫关门，某些被合并入公立学校体系中。但社会上对公共价值观、政府经费在公私立学校间的分配等问题上争论激烈，甚至出现公立学校倡导者与宗教教徒之间的“学校之战”。南北战争后，社会对秩序和稳定的呼声促使政府进一步介入私人生活领域，义务教育法与强制就学的规定诞生。社会混乱促使了进步主义时代的到来，当时的进步主义改革者多是受过良好教育的中上阶层白人新教徒，认为美国社会的个人主义和自由主义根深蒂固，因此，国家必须借助某些利益集团，如大企业与政府的政治力量联合扩大资源，直接面对和解决社会问题。之后，教育权力很大程度上交给了教育专家和教育官僚组织，“对专家学识的笃信”替代了过去“对上帝意旨的顺从”。国家层面也以立法限制私立学校，严格规定学校课程设置、英语普及等内容。

第三阶段从1930年至今，是文化多元与私营化阶段。20世纪30年代起，由于美国经历经济大萧条和几场战争、法院宣布种族隔离违宪、家长对公立学校管理松散的质疑、60年代“垮掉的一代”的反社会潮流等，使人们重新呼唤私立教育的兴起和公立教育的改革。从

1961 年至 1962 年，全美国仅有 250～300 所私立新教学校，1984 年则增加到 6000 多所。在 1971 年到 1981 年的 10 年间，新教私立学校的数量增长了 47%，入学人数增长了 91%，教师数增长了 116%。这一阶段，美国的私立教育发展形式多样，表现在：第一，许多公立学校与私营服务商签订协议，将某些职能承包出去；第二，向私立学校就读的家庭发放“优惠券”，或开具免税证明，缴纳私立学校费用；第三，出现特许学校（Charter School），即私人管理经营的公立学校；第四，私立教育内部发展在举办者、课程提供、学生组成方面更具多样性；第五，家庭学校（home schooling）运动兴起。

据 1999～2000 年度的数据，美国私立中小学教育囊括近 1.5 万个学区、12 万所学校、5300 万在校学生和 330 万教师。总体情况如表 11.8 所示。

表 11.8　　美国中小学教育总体情况

学校性质	学校		学生		教师数	
	数量（所）	占比（%）	数量（万人）	占比（%）	数量（万人）	占比（%）
公　立	89508	76.6	4681.2	88.8	288.7	87.9
私　立	27223	23.3	516.3	9.8	39.5	12.0
独　立	5889	5.0	80.8	1.5	9.3	2.8
总　计	116910	100	5275.0	100	328.4	100

数据来源：转引自王伟：《美国私立中小学的近期变化》，载于《比较教育研究》，2003 年第 1 期。

美国的私立学校包括教会学校和独立学校，在私立学校就读的学生约占学生总数的 10%。其中，独立学校占私立学校总数的 21.6%，在独立学校就读的学生占私立学校学生总数的 15.7%，独立学校中的教师占 23.5%。从选择情况来看，学生的分布如下：1% 的学生选择特许学校；2%的学生选择家庭学校；10%的学生选择私立学校；11%的学生在公立学校体系内通过上重点学校、少数可以跨区招生的公立学校及伪报家庭住址的方式实现选择；36%的学生通过搬家来选择学校；余下的40%的学生则没有任何选择的机会和经济能力。[①]

（三）美国私立教育的相关政策

美国私立教育的发展，与联邦和各州制定的一系列政策措施密不可分，其中有较大影响的主要是教育券和公立学校私营政策等。

1. 教育券政策[②]

近年来，由于公学的一统天下排斥了正常竞争，使得教育制度僵化、效率低下，许多美国人对公共教育的质量产生不满，“教育券”政策就是针对此提出的解决方案。

教育券是政府把原来直接投入公立学校的教育经费按照生均单位成本折算以后，以面额固定的有价证券（即教育券）的形式直接发放给家庭或学生，学生凭教育券自由选择政府所认可的学校（公立学校或私立学校）就读，不再受学区的限制，教育券可以冲抵全部或部分学费，学校凭收到的教育券到政府部门兑换教育经费，用于支付办学经费。

但教育券制度推行后，引起了激烈的争论。反对者认为，首先，教育券对低收入家庭子女选择私立学校的促进效果有限。因为教育券只能冲抵部分学费，贫困家庭孩子依然难以承担高昂的教学经费，这只是减轻了富裕家庭的负担，有可能进一步损害教育的公平性。其次，

---

① 转引自王伟：《美国私立中小学的近期变化》，载于《比较教育研究》，2003年第1期。

② 详见李军：《当前美、英、日等国私立教育政策分析与借鉴》，载于《中国民办教育研究》，2003年第0期。

教育券的资金由政府拨付，这挤占了公立学校的资助经费，而大量贫困学生实际上就读于公立学校。第三，美国私立学校种类众多，有宗教性的、营利性的等等，有人指责，教育券违反了公共资金不能用于营利活动以及政教分离的原则。

但赞同者则主要强调教育券的积极影响，首先，贫困学生拿到教育券，客观上增加了其进入私立学校的机会，学校则提升了种族多样性；其次，教育券津贴额数低于公立学校生均开支，转读私立学校的学生缴付给私立学校教育券后，仍留下余额用于补贴继续就读公立学校的学生，所以教育券政策没有减少公立学校学生的资源，而是使它相对增加。第三，教育券促进了教育的竞争和质量提高，使人们有了选择教育和追求机会平等的条件。

目前关于教育券的争论与评估研究依然在进行中，但大部分学者倾向认为，教育券政策是当前美国基础教育择校思潮所体现的教育私有化改革措施之一，也是政府支持私立学校发展的具体的行动。它在客观上使私立学校教育和公立学校教育站在了同一条起跑线上，同时对公立教育机构造成了巨大的压力，使公共服务具有选择性特征。它为现有教育体制注入了竞争活力，有助于国家教育的发展。

2. 公立学校的私营管理政策

20 世纪 90 年代后，为了解决公立学校的危机，借鉴私立学校办学成功的经验，美国实行了一项新的教育改革政策，对公立学校实行私营管理。目前，公立学校私营管理政策有两种主要的实践模式：第一种是特许学校，另一种是处于起步阶段的私营教育公司承包经营公立学校。

就特许学校而言，他们以自筹资金为主，同时享受政府公共财政支持。美国第一所特许学校于 1991 年在明尼苏达州成立，据统计，

2002～2003 学年，全美已经有 2695 所特许学校，在读学生已达到 684495 人，发展速度迅猛。特许学校一般规模偏小，1998～1999 学年度，平均每校学生数仅为 137 人，而公立学校的平均学生数是 475 人；学生人数超过 600 人的特许学校仅占特许学校总数 8%，这一比例在普通公立学校达 35%。

一项研究表明，学生对特许学校的满意率较高，教师的调查结果亦是如此：93.2% 的教师对学校的办学理念非常满意和较满意；90.9% 的教师对学校规模感到满意；教师对学生的满意程度也达到 91.3%，对学校管理者的满意程度为 85.4%。特许学校在办学的方面，尤其是非学业成绩方面具有积极成效。

但该类学校也面临突出的困难，主要是经费不足。统计表明，截至 2002 年 10 月，全美倒闭的特许学校数已占到开办总数的近 7%；特许学校如何尽快提高教育质量和学生的学业成绩，也是另一个重要挑战。

另一项重要的私立教育政策就是私营教育公司对公立学校相关职能的承包，即私营机构通过与地方学区的教育主管部门签订承包合同，管理传统的公立学校。

私营教育公司承包经营公立学校政策的特点在于增加了社会投资，扩大了人们受教育的机会，使国民教育体系在政府财政性教育投入之外又得到了较大资金支持。同时私营教育公司通过采取多样化的、纵横联合的整合扩张发展模式，较快地形成了具有特色的“连锁机构”，利用教育与就业服务业之间的协同作用，提供给学生接触实践的机会，有助于提高教育质量。由于注重教育创新和新技术、新方法的应用，达到了降低成本、提高管理效率和竞争能力的目的。

这项政策也在美国社会引起广泛争议，支持者认为其优点显而易见。首先，私营管理可以使教育获得较多的经费资助，这在教育财政危机、办学经费拮据的形势下十分重要。其次，私营管理加强了教师的责任感和竞争意识。教师需要为学生的成绩负责，这和其工资待遇及聘用合同挂钩，教师人才市场的开放性也有助于学校和教师的双向选择，并为教学的灵活多样性提供了条件。最后，公立学校可以通过吸纳私有资金，更新教学设施、增加选修课程、举办课外活动，以此提高公立学校的质量，有助于教育公平。

反对者则指出了这项政策的消极影响：首先，私营管理会对公立学校形成制约，比如资助并不能保证持续下去，资金链断裂将对公立学校造成严重影响；公立学校的办学也要受制于资助者，且私营公司的目标是盈利，可能与教育的长远目标产生冲突；其次，私营管理可能导致新的教育不平等出现，使那些有能力争取私营公司资金的公立学校与原本处于弱势的公立学校间的差距进一步拉大。

五、德国的私立教育

德国的义务教育体系为12～13年，实际上因邦而异。小学阶段除了少数邦为6年（如柏林）之外，其余为4年。晋升至中学阶段期间，有2年的定向阶段，可以选择今后就读的学校，即文法高中、实科高中或主干学校。德国有340所高等教育机构，其中大部分为公立，有3/4的学生就读于160所大学、神学院、教育学院及艺术学院，其余学生分属于应用技术大学、职业技术学校等。

德国的初等和中等私立学校主要有两种，即替代性学校和补充性学校。替代性学校的开办需经过国家认可，其教学目的、学校设施和教师的水平不得低于相应的公立学校。替代性学校可以按照自己的教育观、宗教观和世界观培养人才，可以自由选择适合的教师，自由选择学生。[①] 补充性学校不能替代公立学校，开学也不需要政府认可，只需一个简单的报告，也无法获得政府资助，但他们要遵循治安法规定，不能有损于学生的安全和健康。补充性学校主要都是职业学校，如语言学校、体操学校和一些外国人或机构在德国举办的学校。

在高等教育方面，第二次世界大战后德国私立高等教育发展经历了两个阶段：20 世纪 60 ~ 70 年代，私立高校逐渐合法化，成为公立高校的补充；80 ~ 90 年代以来，德国以美国私立大学为榜样，在商业化和市场竞争的背景下，大力发展私立高校。具体而言，二战后德国经济起飞，1964 年皮希特提出了“德国教育灾难论”，他认为教育的困境意味着经济的困境，西德需要使高中毕业生的人数翻一番，并显著增加大学生人数。60 年代中期后，西德开始了单方面追求高等教育数量发展的教育大跃进。1960 ~ 1980 年间，西德新增了 24 所公立综合大学，一些工业学校也升级为技术大学。1980 年西德的高校新生入学率达到了 19.1%，公立大学人满为患，原本 90 万个学习位置挤了 180 多万人。作为公立大学的补充，第一批私立高校应运而生，如 1969 年创办的韦德尔高等专科学校和 1972 年成立的波鸿矿院等。虽然 1975 年，德国《高校总法》就确定了私立高校的合法性，但直到 1979 年，得到国家承认的私立高校只有 8 所，不论在规模、专业还是教育质量上都不占优势。

80 年代后，一方面，公立大学 60 年代大跃进的弊端日益显著，公立大学数量迅速扩张导致质量下降；另一方面，德国经济增长减缓导致政府对高等教育的资助减少，政府希望私立高校能减轻公立高校

① 详见彭正梅：《德国私立教育的法律认可和管理》，载于《全球教育展望》，2002 年第 8 期。

的财政压力，且形成竞争局面；与此同时，不少德国人从美国私立大学的成功中学到其灵活的教学科研、克服官僚化办学的优点，因此出现了德国私立高校的发展热潮。1982 年德国第一所私立研究型高校维滕赫德克大学成立，90 年代成立了 22 所私立高校，2000 年起平均每年新成立的私立高校不少于 6 所。①

2012 年，德国有公立高校 240 所，私立高校 107 所，教会院校 40 所，私立高校占德国高校总数的 29%。2010～2011 学年冬季学期德国高校的注册学生为 2343016 名，其中私立高校注册生占总数的 5%。与 2000 年相比，私立高校数量增长了 191%，在校学生数增长了 446%（全德高校学生增幅 133%）。私立高校在进入 21 世纪后，发展迅猛，已成为德国高等教育发展的重要标志。②

但私立高校在发展中也逐步暴露出了一些问题。第一，尽管很多私立高校都自诩为精英大学，招生人数少③，却几乎都是专业学院而非综合性大学，专业以实用性为主，教学内容较窄。第二，私立高校大都为教学型，很少投资科研，很多教师都是短期聘用的兼职教师。学校财政状况普遍不好，通常学费收入只占运营费用的 20%～30%，其他靠基金和捐助。第三，虽然政府承认私立高校的合法性，私立高校也较贴近市场，但由于传统因素和自身实力，目前私立高校还难以与公立高校竞争。

---

① 详见张帆：《德国私立高校的发展和变化》，载于《国家教育行政学院学报》，2007 年第 11 期。

② 刘莉，魏真：《德国私立高校的发展及对我国民办高校的启示》，载于《中国成人教育》，2013 年第 14 期。

③ 德国私立高校规模普遍偏小，大部分学生人数在千人以内（2005 年，千人以上的大学只有 13 所）。

六、法国的私立教育

法国学生在6～16岁接受义务教育，公立小学和中学免收学费，免费提供小学和初中教材。初等教育学制5年，入学率100%。中等教育包括普通教育和职业技术教育两类，普通中等教育分为初中和高中，学制各为4年和3年，中等职业技术教育主要包括技术高中、职业高中、艺徒培训中心、就业前教育适应班4种类型。法国的高等学校除私立学校外，也只缴纳少量注册费。高等教育分为综合性大学、高等专业学院、高等技术学校和承担教学任务的科研教育机构4类。

法国在历史上长期施行私立教育，如中世纪时，私立教育或宗教教育曾经是学校教育的唯一形式。法国大革命后，公立教育诞生，教育的世俗化给教会学校以沉重的打击。1959年的“德伯雷法”对私立教育大动干戈，此后95%的私立学校和政府签订契约，这种“赎买”契约要求私立学校施行国民教育，而政府也支付私立学校的基本费用。①

近年来由于法国公立学校不断有教师罢工、校园暴力、教学纪律松散等问题的出现，相当多的生源流入私立学校。私立学校有更自由的办学机制，将家长视为“客户”，能提供更有针对性的服务，因此构成了对公立学校的有力竞争。截至2003年，法国有各类私立学校1万多所，教师13万人，在校学生300万人，占全国在校生总数的17%。但私立中学平均每年的学费有四五百欧元，最高可达几千欧元，多为富裕家庭子女的选择。

法国的私立中小学可以按是否和政府签合同分为两种。不签合同

① 详见王晓辉:《法国私立教育的基本特点》，载于《比较教育研究》，2002年第9期。

的私立学校为营利性机构，教学不受国家监管，无需遵守教育部的大纲，财政等完全自主，只要符合国家法律即可。但95%的私立中小学和政府签订合同，严格遵守国家教育体制，由国家支付教师工资。“简单关系”的合同要求私立学校在校舍条件、师生比例、教师资格等多方面和公立学校保持一致标准，但教学有一定自由度，日常经费也来自学费；“协约关系”合同要求私立学校严格实施国家的教学大纲、接受国家对教学和财务的监控，学校日常经费也由政府拨付。法国政府不仅在私立学校的开办条件、申请程序、教师聘用、学生录取等方面有严格控制，也实行国家垄断文凭的原则，即只有公立学校才可颁发获得国家认可的文凭，私立机构只能颁发学历证明。但私立学校学生可参加国家统一考试、获得国家认可的文凭，因此考试成绩是衡量私立学校的重要指标之一。①

私立高等教育方面，法国1984年通过了《高教法》，说明“私立高等教育遵从自由原则”，国家对开办高校的管理是“备案制”而非“预先批准制”②。私立高校被分为两大类型，一类是“私立自由高等教育机构”或“私立大学教育机构”，另一类是“私立高等技术教育机构”。国家对其营利性、办学条件、教学质量、学校管理等方面均有详细要求。③

执笔人：佘　宇　王斯敏

---

① 详见刘芳：《法国：私立学校对公立学校构成有力竞争》，载于《中国改革报》，2005年8月4日。

② “备案制”是法国对民间社团及活动管理的一项基本制度，当事人根据有关法律规定的基本条件，就其所成立的社团或所开展的活动向有关部门作出书面声明，除即时领回一份回执外，事先无需经过批准。

③ 王文新：《法国政府对私立学校的管理》，载于《教育发展研究》，2003年第11期。

第十二章

美国特许学校发展情况及启示

美国特许学校是在地方教育行政部门、学生、家长和公立学校的四方博弈下产生的，受教育行政部门管理。从教育产业发展的角度看，特许学校的出现促进了社会力量参与办学，也激发了特许学校与普通公立学校之间的良性竞争。特许学校在美国各州的不断壮大发展也印证了其存在的必要意义。特许学校创立了绩效运作方式，使学校在拥有充分自主权的同时，还要承担相应的责任。自主权越大，责任越大。本章从特许学校的办学特点入手，挖掘了特许学校为公立教育发展带来的重要意义，并梳理了其对我国民办教育发展带来的启示。从美国特许学校的发展历史中，可以得到以下几点启示：完善教育法规，推进合同制办学，调整政府角色；激发学校内部动力；建立缜密的外部责任制；提高社会对教育的参与度。

一、特许学校的概念与发展情况

美国特许学校（charter school）的构想出现于20世纪80年代，第一所特许学校则建立于90年代。最早提出“特许学校”概念的是美国教育学家雷巴德（Ray Buddie，1923－2005）。70 年代初，他在《特许教育：学区新模式的关键》[①] 一书中提出了“特许”的概念。“特许”一词原意为合同（Contract）。1988 年，他在《特许教育：重建学区》[②] 一文中详细介绍特许学校的概念，并提出了具体的实施方法：由学校董事会特许一些教师在 3～5 年内独立教学。

美国教育协会（Education Commission of the States，ECS）于 1996 年给出了对特许学校的定义：特许学校是公立学校的另外一种形式，学校开办者与州政府签订协议，按协议要求开办学校，在协议期满后根据评估结果双方商议续约或解除合约。

清华大学教育学教授史静寰在其著作《当代美国教育》中把特许学校定义为：“一种独立的公立学校，由美国州或市政府与一些团体、企业及包括教育工作者、家长、社区领导在内的个人签订合同、互相承诺的一种办学形式。这种学校的经费来源与美国一般公立中小学一样，由政府提供，接受州生均费用。因此，在性质上它仍然属于公立学校，但是除了必须履行合同中有关健康、安全以及学校组织者与财政担保人之间的有关规定外，在聘用教职工、经费使用、课程设置及教学改革的实施方面，享有很多的自主权。”

特许学校是政府与社会力量相结合背景下，不断演化的教育需求催生的一种全新办学模式。特许学校一般是由个人或其他组织建立的非营利机构。其兼具了公办教育和民办教育的特征，受到法律法规的规范、教育主管部门的监管和办学合同的限制，在有限条件下享受与

---

① Budde R. *Education by Charter—Key to New Model of School District*. Presentation at the annual meeting of the Society for General Systems Research. 1975.

② Budde R. “Education by Charter：Restructuring School Districts，” *Key to Long-Term Continuing Improvement in American Education*. 1988.

公立教育相近的待遇。

明尼苏达州政府在1991年最先出台了特许学校法规范特许学校的发展，1992年Bluffview Montessori学校成为了当地第一所注册特许学校，截至2011年，明尼苏达州共有149家特许学校注册在案，注册学生达到3.5万人。特许学校之所以能在如此短的时间里迅速发展，与美国政府的政策支持分不开。特许学校自出现以来，得到了老布什、克林顿、小布什和奥巴马等历届政府的大力支持，政府颁布了一系列政策，支持特许学校的发展。美国特许学校的发展状况在各州间存在较大差异，发展较快的州有亚利桑那州、加利福尼亚州、密歇根州等，截至2006年底，上述三州开办的特许学校总数分别为466所、625所和241所。[①]

二、特许学校政策出台的背景

特许学校作为美国教育史上举足轻重的一项改革产物，它的产生有着复杂的背景。首先，特许学校的产生离不开经济发展和教育需求的影响。20世纪70～80年代，美国经济出现衰退，影响了它在国际政治舞台上的地位，特许学校正是在美国急于恢复昔日政治地位的情况下产生的。美国经济衰退、政治失意的现状急需培养出更多人才，然而美国传统公立学校教育体制僵化、教育质量低下的现状无法满足当时美国在经济和政治上的要求，于是美国政府在1983年4月出台了《国家处在危险之中：教育改革势在必行》（*The nation is in the danger, The reform of education is essential*）报告，特许学校应运而生并迅速发展起来。

---

① 金添：《美国特许学校法解析》，载于《比较教育研究》，2008年第3期。

从70～80年代开始，美国一直在追求教育的公平。到90年代初已从均等的入学机会发展到追求教育资源和教育结果平等的高度，强调要为每一个人提供合适的教育，要发展每一个学生的才智，不断满足多样化和个性化的需求。然而当时的公立学校是断然做不到的，公立中小学的经费主要来自当地居民所缴纳的各种税收，但是在美国各州之间、甚至同一个州的各区之间经济发展程度相差很大，导致各州之间人均教育经费支出相差也很大。发达的东部各州与落后的西南部各州的教育生均经费支出相差达2.6倍。①

特许学校的出现试图通过教育体制改革、发挥学校自主权和绩效责任制等方式缓解美国基础教育领域存在的严重问题。同时，它的产生和发展不仅深受教育市场化改革的影响，也是美国政府和管理机构完善配套法规，大力支持、推动的结果。

三、特许学校办学模式的相关评价

特许学校从1992年建立之初到现在将近20年，办学期间产生了很多新颖的办学理念，引入了市场竞争机制，得到了学者的广泛关注。总体来看，对特许学校的研究主要可以分为以下两类。

（一）特许学校与传统公立学校的比较研究

在特许学校出现之初，国外学者就它的性质和特点进行了激烈的讨论，有些学者将其归类为公立学校，有些学者则将其归类为私立学校。考虑到特许学校与传统的公立学校存在差异，因此将它与传统公

① 教育发展与政策研究中心：《发达国家教育改革的动向和趋势（全一册）》，人民教育出版社1986年版。

立学校进行对比是不可避免的。*Lawrence D.* Weinberg（2004）[①] 提到特许学校与传统的公立学校不同，它主要是由家长或者是小型组织建立的，不受州政府和学区的管理，特许学校会尽量满足那些在宗教信仰上有要求的家长，更具自由性。

在美国，学者们针对特许学校与传统公立学校在办学质量（学生成绩）上的比较从来没有停止过争论。特许学校的支持者们认为特许学校在培养学生的创新性和自主性上比传统的公立学校要略胜一筹。它们不仅能够提高学生的学习成绩，而且比周围传统公立学校学生的成绩更优秀。Joe Nathan（1996）[②] 认为与传统公立学校相比，特许学校主要有四个优势，分别是选择学校更加自由、教育者有更多的机会、实行绩效制、竞争更加公平。Arnold F. Shaker 等（2006）[③] 调查发现当地的特许学校学生成绩比传统公立学校的学生成绩要优秀，与 Eric P. Bettinger（2004）[④] 观点不同——Bettinger 通过统计密西根的特许学校与周围传统公立学校四年级学生在数学和阅读上的考试分数，得出结论认为特许学校的学生在这两项的成绩上并没有比公立学校的学生优秀。Michael J. Fedewa（2005）[⑤] 从家长的角度将特许学校和传统公立学校进行了对比，在调查了北卡罗来纳州的家长选择特许学校的原因后得出结论，认为家长之所以选择特许学校主要是从以下几个因素

---

① Lawrence D. Weinberg. *The Constitutionality of Religion-Based Charter Schools：Answering Practical Legal Questions*. ProQuest Information and Learning Company，2004.

② Joe Nathan. "Possibilities，Problems，And Progress Early Lessons from the Charter Movement，" *PHIDELTA KAPPAN*，1996，(9).

③ Arnold F. Shaker，Paul Manna，John F. Witte. "Flexibility Meets Accountability：State Charter School Laws and Their Influence on the Formation of Charter Schools in the United States，" *The Policy Studies Journal*，2006，34 (4).

④ Eric P. Bettinger. "The Effects of Charter Students and Public Schools，" *Economics of Education Review*，2004.

⑤ Michael J. Fedewa. *The North Carolina Charter School Choice：Selection Factors and Parental Decision-Making*. ProQuest Information and Learning Company，2005.

来考虑的：课程设置、教师对学生的关注程度、班级规模、课外活动、家长能否参与以及学术标准等。

（二）特许学校发展的影响研究

John Bohte（2004）[①] 认为过去美国很多学者对特许学校的研究大多都集中在将特许学校的学术情况与传统公立学校进行比较，很少有学者研究特许学校的市场化。正因为如此，他研究特许学校市场化，论述了特许学校市场化改善了公立教育的制度，促进了公立学校学生成绩的提高。Terry G. Geske 等（1997）[②] 认为特许学校自 90 年代出现以来取得了巨大的发展，并在此基础上梳理了政府、社会参与者和家长等不同群体对特许学校发展作出的贡献，以及其未来面对的挑战。Geske 认为，评价特许学校应该站在发展公立学校的角度，将其作为公立教育的一部分看待。特许学校出现之初，学者只单纯研究这一现象以及出现的原因，到 20 世纪末、21 世纪初研究视角发生了改变，开始研究其背后的市场绩效。支持特许学校市场化的人认为，这种做法能够鼓励特许学校的创办人满足低收入人群或者少数家庭的需要；反对特许学校市场化的人认为，追求利益最大化才是特许学校创办者的最大动力。

针对特许学校是否有利于教育公平的实现，学者们持不同意见。认为特许学校的出现有利于教育公平的学者们研究发现，特许学校在招收学生的过程中一视同仁，每个学生都有进入特许学校进行学习的

---

① John Bohte. "Examining the Impact of Charter Schools on Performance in Traditional Public Schools," *The Policy Studies Journal*, 2004, 32 (4).

② Terry G. Geske, Douglas R. Davis, Patricia L. Hingle. "Charter Schools: A Viable Public School Choice Option," *Economics of Education Review*, 1997, 16 (1).

权利。为了防止特许学校出现只招收优秀学生的情况，特许学校法禁止特许学校在制定入学政策的时候出现歧视性的条款。反对这一观点的学者认为特许学校的出现区分了贫困群体和其他群体的受教育权利，会加剧教育的不公平（Fuller，2000①；杜亮，康晓伟，2009②）。Kathleen Knight Abowitz（2001）③ 提出在传统的公立学校中很难做到对所有学生一视同仁。他认为特许学校虽然不能解决社会的公平问题，但是它的出现有利于改变现在不公平的现状。

四、特许学校发展的特点

特许学校在美国发展 20 余年来，形成了如下特点。

（一）合同制特征

特许学校属于公立学校，但与传统公立学校不尽相同，特别是在与政府的关系方面存在差异。特许学校与政府事先会订立合同，即"特许证"（Charter），两者为合同关系。20 世纪 90 年代以来，特许学校与政府一般会签订一份 3 ~ 5 年的合同，以提高学生学习成绩作为双方契约的主要内容。特许学校每年需要向政府报告本年教学成绩，如果特许学校在规定期限内未实现合同中承诺的内容，特许证将会被取消，政府有权关闭教育质量低下的特许学校。在合同制的作用

---

① Fuller B. "The public square, big or small? Charter schools in political context," *Inside charter schools: The paradox of radical decentralization.* Cambridge, MA: Harvard University Press. state of Connecticut. Kalamazoo, MI: The Evaluation Center, Western Michigan University, 2000.

② 杜亮，康晓伟：《美国特许学校改革与教育公平研究》，载于《清华大学教育研究》，2009 年第 1 期。

③ Kathleen Knight Abowitz. "Charter Schooling and Social Justice," *Educational Theory*, 2001, 51（2）.

下，特许学校拥有更多自主权的同时，也需要承担更多的责任，即绩效责任。

（二）小型和自治模式办学

一般来说，美国中小学的规模相较我国多数同等学校更小，而特许学校的规模更小。超过 60% 的特许学校入学人数不足 200 人，超过 15% 的特许学校入学人数甚至不足 50 人。[①] 另一方面，特许学校相对于公立学校拥有更多的自主权，这具体表现在使用经费、聘用教师等方面。学校的聘用教师、经费使用方面不必拘泥于公立教育的统一划拨调配和监管，具有很大的灵活性。但是这些自主权具体到每个州又有其自己的规定。

（三）促进家长与社会力量的积极参与

特许学校采取各种各样的手段刺激家长参与学校日常管理，如吸引家长参与学校教育目标的制定、经费预算、教育教学等学校具体管理工作。特许学校定期召开家长教育专题讨论会，学校经常和家长一起讨论学校事务管理、教师教学、学生学业成绩等问题，通过各种途径让家长了解和掌握学校的各项事务，充分发挥他们监督学校办学的职能。学校也定期向家长及社会公众汇报教育教学成果，自觉地接受家长和社会的监督。特许学校还经常通过电话、书信、电子邮件等方式与家长保持密切的联系，听取他们对学校管理及教学等方面的意见和建议，并积极做出回应。在不少特许学校，家长主动地参与学校管

---

① RPP International, Emeryville, CA; Minnesota University, Minneapolis. Center for Applied Research and Education Improvement. A Study of Charter Schools. First-Year Report, 7PP7. Office of Educational Research and Improvement (ED), Washington, DC.

理工作，与学校领导、教师共同承担教育学生的责任，共同制定各项决策。

五、配套政策法规内容

美国各州的差异明显，因此，美国各州的特许学校法也不尽相同。但是，各州的特许学校法共同包含着如下几个基本部分：特许授权许可、学校地位、财政支持与经费来源、教师聘用与教师权利、招生与教学日常管理。

（一）特许授权许可

1. 特许授权机构

特许授权机构是指在州内有资格授予特许学校开办权并且对所授权的特许学校负监管责任的机构。各州由于背景不同，所以各州特许学校法对特许授权机构的规定也不同。到2002年时，美国共有26个州和哥伦比亚特区设一个以上的特许机构，有7个州只设一个特许授权机构，有5个州把授予权给予了大学，有12个州地方委员会是唯一的授权机构。①

2. 申办者资格

申办者是指有资格申请开办特许学校的个人和团体。因各州特许法各异，申办条款也有所不同。例如佐治亚州特许法有关公立学校转制的规定为：只有绝大多数教师同意和学生家长提议将公立学校改为特许学校的情况下，才允许私人管理特许学校。而其他各州对申办者

① 胡庆芳：《美国新兴特许学校的现状研究》，载于《外国教育研究》，2002年第4期。

的管理比较自由，如亚利桑那州的特许法允许任何公共团体、个人和无宗派组织去开办新的特许学校。①

3. 授权开办的数量

授权开办的数量是指各州及各学区对特许学校开办数量的限制。2002 年时，有 26 个州及哥伦比亚特区和波多黎各自治区的特许法限制开办特许学校的数量，特拉华州对特许学校的数量毫无限制，而其他各州的州教育部或地方学校董事会有可能会限制特许学校的数量。随着特许学校的迅速发展，各州呈现出控制特许学校开办数量和进一步提高办学质量的趋势。②

4. 特许期限

特许期限是指特许学校的更新时限，即授权机构对特许学校进行评估的时间间隔。授予特许学校几年的特许身份是确保特许学校自主办学的首要条件。在特许期限内，如果特许学校的办学目标和其他的合同条款达到了授权机构的要求，那么特许学校就可以继续办下去。否则，授权机构有权予以撤销、接管或重建。大部分州都设立了相对短暂的特许合同期限，一般是 3 ~ 5 年。不过也有的例外，如亚利桑那州和哥伦比亚特区的特许合同期限为 15 年。③

5. 转制、新建特许学校的许可

除密西西比州和波多黎各自治区以外，有 38 个州及哥伦比亚特区允许新建特许学校。共有 38 个州及哥伦比亚特区允许普通公立学校改制为特许学校；但只有 7 个州和哥伦比亚特区允许私立学校改

---

① Millot, M. D. (1995). "What are charter schools?: an introduction to the concept and the statutes," http://www.crpe.org/pubs/pdf/WhatareSChchools.pdf.

② Charter School Basics. http://www.ecs.org/ecsmain.asp? page =/html/projects.asp? am =7, 2004 - 08 - 19.

③ 胡庆芳：《美国新兴特许学校的现状研究》，载于《外国教育研究》，2002 年第 4 期。

制为特许学校。[①] 究其原因，主要在于普通公立学校和新建特许学校的教师管理、招生规章制度以及日常办学管理更容易达到特许学校法的要求。

6. 绩效考核和特许证延期管理标准

特许法规定了特许学校的绩效标准、评价方法，特许政策的取消和延续。大部分州的特许法要求特许学校在绩效方面至少达到与其他公立学校同样的标准，学校采用的评价方法主要有州成就考试、州或学区认可的全国成就考试（State Achievement Tests）、斯坦福成就考试（Stanford Achievement Test Series）等。如果特许学校的特许期满，就必须向授权机构申请“延续”特许，特许学校必须向授权机关和公众提交其教学情况[②]和财务状况。一旦授权机关评估特许学校达到了上一次的合同要求，授权机关有义务重新授权特许学校的特许期限，如果评估结果达不到上一次合同的标准，授权机关有权取消或接管特许学校。

（二）学校地位

学校地位是指学校性质的法律界定、权利及责任。在特许法中，授权机构必须明确说明学校的性质是独立的实体，而且是作为地方教育机构的一部分；各州的教育特许都写明了本州的特许学校是否受现存教育法规的限制。所有的州规定特许学校在保证健康安全以及消除种族歧视方面必须服从州的法律，但各州在特许学校所享有的特殊权

---

① Charter School Basics. http：//www. ecs. org/ecsmain. asp？ page =/html/projects. asp？ am =7，2004 -08 -19.

② 特许学校需要统计办学期间学生成绩分布并撰写各年度学生成绩报告书呈送至州监管机构。

利方面各不相同；各州都详细规定了特许学校应承担的责任。一些实体性质的特许学校须独立承担责任，而作为地方学区一部分的特许学校，通常由学区承担或地方学区共同承担。

（三）财政支持与经费来源

法律规定特许学校接受联邦政府及其他慈善机构、基金资助总量限制。有的州其特许学校享有和公立学校同样的资助权，有的州需和授权机构协商，还有的州由地方学区决定；法律还规定特许学校在学校的预算权中所享有的自由度，有的州规定特许学校享有充分而独立的预算权，如马塞诸塞州；有的州规定特许学校的预算权必须与学区或授权机构协商，如新墨西哥州。

（四）教师聘用与教师权利

特许法规定，作为实体的特许学校的聘用权在学校，教师与学校的关系是雇员与雇主的关系，教师须向学校负责；作为地方学区一部分的特许学校，教师的聘用由校董事会及学区负责。特许法还规定特许学校教师水平必须达到教师职业许可证的要求。各州情况不同，对教师职业的要求也不同，所以当一个州的教师到另一个州任教时，必须重新获得资格证书。

特许法规定特许学校的教师享有同公立学校一样的权利，如退休金计划。那些转制学校的教师或从公立学校以及私立学校到特许学校任教的教师享有保留以往工作的福利和转回学区教书的权利[①]。

---

① Sally Bomotti，*Rick Ginsberg*，*Brian Cobb*，*Teachers in California*. Colorado State University Press，August 1996.

（五）招生与教学日常管理

招生方面，特许法对特许学校在招生、消除歧视、种族平衡，纪律以及特殊教育等方面都有明确的规定。特许学校在自己的招生范围和招生能力内不能拒绝按时提交申请的学生，如果申请人数超过招生数，则可以采取公众认可的公平方式选择学生，如摇号或微机派位。另外，有的州规定只能招收特定地区的学生；有的州规定可招收州内的任何学生；还有的州规定特许学校向一切学生开放；各州特许法必许服从联邦的非歧视性法律，禁止特许学校对特定群体的歧视（如种族歧视、残疾人歧视等），保证入学的公平公正。

特许法规定了特许学校对教学目标的要求以及特许学校在教学实践上的自由度。特许学校要明确公布其教学目标，包括学生的成绩标准、课程设置、教学方法、学业结果评价标准等。这些目标的措辞必须绝对准确，以方便家长及其他公众很容易地与其他学校进行比较；特许学校的直接管理权属于创办者，他们必须保证教师在教学上的自主权和专业发展权，必须促进课程和教学理念的改革，从而为学生提供公平的面向未来的教育机会。①

六、对我国民办教育的启示

特许学校创立了绩效运作方式，使学校在拥有充分自主权的同时，还要承担相应责任。自主权越大，责任越大。学校必须对自己的绩效负责，对学校自身的生存负责；特许学校提倡自主、高效、灵活多样的教学管理模式；他们把提高教育质量作为办学的主要目标，鼓

① 姚霞：《叩问美国特许学校》，载于《上海教育》，2005 年第 2 期。

励教师对教学的创新改革，努力吸引家长及社区参与学校的共建，最大程度地满足了学生的需要，从而能不断提高学校教育的整体水平。上述特许学校的管理模式、办学思路有许多值得我国民办教育借鉴。从美国特许学校的发展历史中，可以得到以下几点启示。

（一）完善教育法规，推进合同制办学，调整政府角色

美国特许学校的发展采取“先立法，后运作”的策略，在发展的过程中一直依靠法律改革来推动其发展，这种做法值得我国借鉴——配套法律法规是民办教育发展的根本。此外，政府及主管机构应继续下放权力使学校拥有充分的办学自主权，在此可以参照美国的做法，让民办学校与政府和主管机构签订合同，完成一定的教学目标，并进行配套考核；同时，赋予民办学校一定的自主权，充分发挥民办学校在教学管理方面的灵活性。通过签订合同，明确政府与学校之间的权力与义务，政府对学校的管理由垂直行政管理转变为运用法律手段、政策引导、财务资助、信息服务和有效监督等间接管理。政府在做好权力下放工作的同时，结合负面清单管理，刺激民办教育的发展。

（二）激发学校内部动力

特许学校在资源处于劣势的情况下，通过激发学校内部动力。取得了比传统的公立学校更优异的成绩。特许学校创办者、教师和学生以及家长把特许学校的发展看作自己的使命。在特许学校，全体教职员工形成了一种专业学习的小社会（学习型组织），他们重视学生的品质表现，并不断进行评估，同时采取及时有效的指导措施来促进学生品德及学业的进步。这种教师组织的形成也促进了教师在日常教学过程中的自我提升，促进教学相长。我国民办教育在发展过程中对教

师缺乏多方位的激励，教师在教学过程中也缺乏配套的成长平台。因此，应借鉴美国特许学校的教师管理方法，创新教师管理模式，激发教师活力。

（三）建立缜密的外部责任制

特许学校的发展历史表明：如果没有一个缜密可行的教育监督、评估体系，教育责任制就难以有效发挥作用。教育责任制作为特许学校的生存根本，是在教育法的规范下体现的，因此一套成熟的法律法规才是刺激社会力量参与办学，发展教育、完善教育的根本。而在我国，公办学校不用为生源、教育经费发愁，民办学校的教育经费则完全依靠民间资本投入，两者待遇相差巨大。管理机构对学校管理的考核机制不健全，学校管理者的普遍目标是不出事，少麻烦，教师的目标是完成授课计划，干多干少一个样。上述办学思路导致了诸多问题的产生，因此我国有必要借鉴美国的做法，明确学校管理者的办学责任以及建立切实可行的校外监控与评估体制，完善教育管理上的外部教育责任制。

（四）提高社会对教育的参与度

特许学校作为以“消费者”为导向的新型学校，为了吸引学生家长的参与采取了许多改良措施，在激发社会力量参与办学积极性的同时，也提高了学校的办学水平与知名度，促进了学校发展。针对我国当前学校与家长之间缺乏交流、信任的情况，政府和教育决策者都应鼓励有兴趣、有能力的家长参与到学校的共建中，提高社会力量办学的积极性。我国民办教育在激发社会力量参与方面具有公办教育难以匹敌的优势，如何提高家长参与学校日常管理和教学质量评估是我国民办教育需要面对的问题，特许学校个性化定制教学方案、积极拓宽与家长交流渠道的诸多措施值得借鉴。

七、总　结

特许学校堪称美国教育界一次崭新的改革尝试，在地方教育行政部门、学生、家长和公立学校的四方博弈下产生，受教育行政部门管理。教育行政部门按当地生均费用为特许学校拨付经费，并提出办学质量要求。特许学校在课程设置、教学指导和预算等方面拥有自主权，但要达到州政府提出的具体质量指标，未达到预期目标的特许学校将会被强行关闭。

特许学校作为一种勇敢的尝试，使公立学校系统形成竞争，不断进步。特许学校以其市场竞争导向的办学体制、颇具特色的校本管理模式、更高的教学目标和标准吸收了更多的学生，从而获得更多的来自政府及公众的支持，打破了公立学校独家经营的局面，促使普通公立学校不断地进行机构调整与变革，以提高教育质量，应对特许学校带来的挑战。

从社会的角度看，特许学校补充了公立学校在个体化、小班办学方面的欠缺，与普通公立学校标准化、大规模化的办学思路形成良性互补，有助于满足社会不同群体对中小学教育的需求，形成多样化与一体化互补、标准化与个性化并立的教育体系。此外，特许学校还形成了与普通公立学校之间的良性竞争，两者相互借鉴、共同进步，有助于全社会中小学教育水平的整体提升。

从家长和学生的角度看，特许学校相对于普通公立学校更关注学生个体的需求和发展，配合通畅的学校家长间沟通渠道，具有很强的吸引力。此外，特许学校的创办可以丰富家长及其子女在教育方面的选择，增加其选择公立学校的权利和机会。

特许学校的发展壮大证明，对个性化、小班化教学的合同制公立学校的需求确实存在，政府和管理机构在特许学校的经营过程中更多充当裁判者而非参与者，激发了社会力量办学的积极性，收效显著。这对于我国民办教育发展具有广泛的借鉴意义，为政府推进教育体制改革提供了参考。

执笔人：倪旭君

后记 Postscript

本书是国务院发展研究中心2014年副研以上研究人员招标课题“促进民办教育健康发展研究”课题组的集体成果。这项课题得以顺利完成，需要感谢的人很多。首先，要感谢我所在单位领导和同事的大力支持。作为课题顾问之一的中央财经领导小组办公室副主任（时任国务院发展研究中心副主任）韩俊研究员在立项阶段提出了很多具有启发性的意见和建议，并向我推荐了河南兰考地区民办初中的案例。课题的另一位顾问、国务院发展研究中心社会发展研究部部长葛延风研究员也多次与我就民办教育的定位、功能及活动范围等关键性问题进行深入讨论，并对计划书及总报告提出具体的修改意见。此外，国务院发展研究中心社会发展研究部巡视员林家彬研究员对大部分报告进行了文字上的斧正，王列军副研究员也分享了他的相关研究成果。我还要感谢社会发展研究部的其他领导和同事，他们在日常工作中给予的无私帮助也是我能够顺利完成课题研究不可或缺的支持。

典型地区的调研得到了很多人的支持和帮助。课题组先后赴湖南省衡阳市、浙江省温州市、四川省成都市等地进行专题调研；而且，在江苏省南京市、安徽省阜阳市、合肥市和铜陵市等地就“教育重点领域和关键改革措施”调研时，课题组部分成员也对当地民办教育发展情况进行了初步了解。所到之处，均得到了各地政府部门，特别是政府研究中心（研究室）、教育部门的大力支持与帮助。在调研地，课题组通过深度访谈和焦点小组访谈，分别听取政府相关部门、民办教育机构负责人、教师等利益相关者对民办教育相关政策的看法与评价。同时，还深入各级各类民办教育机构进行实地调研，了解机构日常管理、教学活动开展等具体情况。据粗略统计，课题组在各地先后召开政府相关部门座谈会 12 场、各级各类民办学校（幼儿园）座谈 15 场，一些民办教育机构负责人也参加了政府相关部门座谈会。此外，课题组还充分利用“中国民生指数”2014 年入户问卷调查的相关数据，对城乡家庭子女接受民办教育情况进行分析；以及利用“促进学前教育健康发展研究”2013 年幼儿家长调查问卷的相关数据，着重分析幼儿家长对民办学前教育的认知和态度。大量一手资料的获取，使课题组对民办教育的现状、存在的问题及未来发展的方向等有了更为深刻的理解和把握。我要对他们表示由衷的感谢！

我要感谢课题组的所有成员——王宾、单大圣、王莹莹、王颖、曹启挺、韩巍、徐宗阳、王斯敏、倪旭君，无论是课题立项阶段，还是调研实施阶段，以及报告撰写及修改阶段，他们都为最后报告的完成提供了不可或缺的帮助。

我还要感谢我的家人，这项课题得以顺利完成，同样也凝结着他们的辛劳与汗水。

当然，这项课题还存在一些不足，例如：由于多种原因，民办高等学校（特别是独立学院）和民办培训机构并没有太多涉及，相关讨论也不够深入；对于教育服务公私合作供给的制度框架如何设计、民办职业教育未来如何发展等方面的研究还有待进一步补充与完善；除了在成都调研期间，课题组临时“借道”去了一所郊县的“打工子弟学校”外，也没有对此类较为特殊的民办中小学进行更为充分的实地调研；由于调查问卷的问题设计还不够全面，能够获取的信息较为有限；等等。而且，随着国务院常务会2015年1月审议通过了对《民办教育促进法》进行修改的修正案草案，决定提请全国人大常委会审议，明确对民办学校实行分类管理，允许兴办营利性民办学校，民办教育分类管理问题实现了主要的政策突破，迈出了关键一步。接下来，如何在尊重民办学校举办者历史贡献的基础上，选择务实、灵活的改革策略，统筹兼顾各方面的利益关系，向新的制度平稳过渡；除了明确分类标准外，还需要建立和完善哪些相关配套政策；等等。我想，这些都是课题组后续研究需要予以关注的内容。因此，本书呈现给各位读者的仍然是阶段性的研究成果，相关结论和观点也仅代表一家之言，课题组将会继续为促进民办教育健康发展尽一份绵薄之力。

最后，谨以本书献给所有关注民办教育发展的机构及个人。

佘　宇
乙未春于北京

参考文献

References

[1] 中华人民共和国教育部发展规划司．中国教育统计年鉴．北京：人民教育出版社，1995~2013

[2] 吴畏．民办教育的改革与发展．北京：教育科学出版社，2002

[3] 张博树，王桂兰．重建中国私立大学：理念、现实与前景．北京：教育科学出版社，2005

[4] 胡卫，方建锋．民办学校的运营．北京：教育科学出版社，2006

[5] 刘鹏照．我国人力资本形成中的民办教育投资分析．北京：经济科学出版社，2007

[6] 明航．民办学校办学模式——产权配置与治理机制研究．北京：教育科学出版社，2008

[7] 胡卫．民办教育的发展与规范．北京：教育科学出版社，2000

[8] 胡卫，何金辉，朱利霞．办学体制改革：多元化的教育诉求．北京：教育科学出版社，2010

[9] 董圣足．民办院校良治之道——我国民办高校法人治理问题研究．北京：教育科学出版社，2010

[10] 宋光辉．中国民办教育供给与需求的经济学分析．成都：西南财经大学出版社，2010

[11] 陶西平，王佐书．中国民办教育发展报告（2003-2009）．上海：上海人民出版社，2010

[12] 陶西平，王佐书．中国民办教育．北京：教育科学出版社，2010

[13] 吕文妙．中国民办学校制度形成过程的研究．北京：北京理工大学出版社，2010

[14] 刘建银．准营利性民办学校研究．北京：北京师范大学出版社，2010

[15] 王冬兰．西北地区农村民办幼儿教育研究．兰州：甘肃教育出版社，2011

[16] 肖甦等．生存与发展：国际视野下的私立教育．北京：高等教育出版社，2011

[17] 陈峰．民办教育创新：区域和学校的探索．广州：暨南大学出版社，2011

[18] 杨红霞．民办中小学政府干预问题研究．武汉：华中师范大学出版社，2012

[19] 程化琴.《民办教育促进法》制定过程研究．北京：北京大学出版社，2012
[20] 国务院发展研究中心课题组．民生为本——中国基本公共服务改善路径．北京：中国发展出版社，2012
[21] 张文国．中国民办学校法人制度研究．北京：教育科学出版社，2012
[22] 吴霓等．中国民办教育发展报告 2012. 北京：教育科学出版社，2013
[23] 清华大学中国农村研究院．用纯净眼光看中国农村：清华大学中国农村研究院“百村调查”成果汇集．北京：中国发展出版社，2013
[24] 侯小娟．中国民办教育立法问题．民办教育研究，2003，(2)
[25] 文东茅．论民办教育公益性与可营利性的非矛盾性．北京大学教育评论，2004，2 (1)
[26] 亨利·M·列文著．中国教育私营化的机遇与挑战．范皑皑译，阎凤桥校．北京大学教育评论，2005，(1)
[27] 潘懋元，姚加惠．民办高等教育发展之困境与前瞻．民办教育研究，2006，(4)
[28] 吴华．民办教育在中国的前景．民办教育研究，2008，(1)
[29] 陈武元．从补充教育走向选择教育——我国民办高校发展的必然选择．教育研究，2008，(5)
[30] 王烽．谈营利性与非营利性民办学校分类管理问题．广西师范大学学报，2010，(3)
[31] 王善迈．民办教育分类管理探讨．教育研究，2011，(12)
[32] 阎凤桥．我国农村民办教育发展的政治逻辑——基于北方某县的调查．北京大学教育评论，2012，(2)
[33] 王建．民办学校分类管理——从“四分法”到“二分法”．北京大学教育评论，2012，(2)